船舶尾气遥测与智慧监管

彭士涛　胡健波　齐兆宇　著

科学出版社

北　京

内 容 简 介

本书是关于我国船舶尾气遥测与智慧监管研究方面的专著。全书共 5 章，作者针对履行国际海事组织（IMO）全球限硫令和实施我国船舶大气污染物排放控制区管控要求的迫切需求，分别开展了在航船舶尾气嗅探遥测技术及装备、无人机载船舶尾气智能监视监测技术及应用、船舶尾气排放"陆海空"立体监测技术与精准管控系统及应用三个方面系列研究。在技术装备研发方面，发明了在航船舶尾气嗅探遥测装备、无人机载微型船舶尾气嗅探传感器。在系统研发方面，研发了一体化的船舶尾气排放智能遥测、精准溯源与执法查证系统，以及基于图像跟踪识别算法和虚拟比色卡的船舶尾气视频测黑系统。相关案例研究表明，所研发的船舶尾气遥测技术装备及智慧监管系统具有广阔的应用前景。

本书适合从事航运大气污染控制领域研究的学者、相关专业的研究生及本科生阅读，也可供相关决策部门参考。

图书在版编目（CIP）数据

船舶尾气遥测与智慧监管 / 彭士涛，胡健波，齐兆宇著 . —北京：科学出版社，2023.6
　 ISBN 978-7-03-075838-5

Ⅰ.①船⋯　Ⅱ.①彭⋯ ②胡⋯ ③齐⋯　Ⅲ.①船舶–废气治理–研究
Ⅳ.①U664.9

中国国家版本馆 CIP 数据核字（2023）第 108874 号

责任编辑：霍志国 / 责任校对：邹慧卿
责任印制：吴兆东 / 封面设计：东方人华

科 学 出 版 社 出版
北京东黄城根北街 16 号
邮政编码：100717
http://www.sciencep.com

北京中石油彩色印刷有限责任公司 印刷
科学出版社发行　各地新华书店经销

*

2023 年 6 月第 一 版　开本：720×1000　1/16
2023 年 6 月第一次印刷　印张：17 3/4
字数：358 000

定价：118.00 元
（如有印装质量问题，我社负责调换）

前　言

　　船舶尾气超标排放严重影响海域空气质量、沿海居民健康，制约航运事业的绿色发展。船舶大气污染防治是绿色航运发展的重要组成部分。开展船用燃油硫含量的科学监管是履行国际海事组织（IMO）全球限硫令和实施我国船舶大气污染物排放控制区管控要求的迫切需求，但传统手段只能对靠港船舶登船抽样检测，成本高、效率低且无法监管在航船舶。同时，目前仍采用传统目视或摄像手段监管船舶黑烟，相关的定量化检测技术存在空白，适用于固定污染源的技术并不适用船舶等移动目标。因此，船舶尾气遥测相关技术装备与智慧监管系统的研发显得尤为重要。

　　船舶尾气遥测是一种低成本、高效率的船舶燃油硫含量预检测技术，主要包含 4 种方式：嗅探法（sniffing method）、差分吸收光谱法（DOAS）、差分激光雷达法（LiDAR）、紫外相机法（UV camera）。相关研究结果表明嗅探法检测结果精度最高。嗅探法是一种直接接触式监测方法，其优势在于 SO_2 和 CO_2 同步监测。而其他方法仅仅是监测 SO_2 浓度，进而利用风速、船舶功率、航速等数据才能计算出尾气排放源强，最后推算出燃油硫含量，其复杂的模型计算过程增加了数据误差。因此，本书针对在航船舶尾气嗅探遥测技术及装备、无人机载船舶尾气智能监视监测技术及应用、船舶尾气排放"陆海空"立体监测技术与精准管控系统及应用三个方面，从技术装备到系统进行了系列研究。

　　首先，发明了在航船舶尾气嗅探遥测技术，揭示了船舶尾气中 NO 对 SO_2 浓度监测的干扰影响，提出了剔除干扰、提高精度的方法，研究了船舶吨位、风速等因素对遥测距离的影响，构建了适用于复杂航道条件的不同平台（桥基、岸基、船载、机载）船舶尾气嗅探遥测技术体系，提高了时效性和识别精度；发明了在航船舶尾气自动识别与溯源算法，提出了增量相关阈值综合判别方法，实现了对船舶尾气嗅探遥测信号的智能识别，识别率达 95% 以上，建立了在航船舶燃油硫含量概率估计方法，硫含量误差绝对值控制在 1.5‰ 以内，基于烟羽路径积分，形成了尾气源头船舶智能锁定算法，船舶溯源定位误差控制在 150m 以内；发明了在航船舶尾气嗅探遥测装备及系统，研发了小型化装备，提出了适用于不同平台的装备设计及配套使用方法，开发了基于物联网技术的多终端、全过程船舶尾气遥测成套软件（设备端、web 端、桌面端、移动端），实现了数据远程监控、实时分析及可视化。

　　其次，研发了智能、稳定穿越及跟踪船舶尾气的无人机飞控技术，揭示了无人机执行监视监测尾气任务时的要求，实现了自主设置及动态微调飞行姿态，提高了无人机载船舶尾气监视监测作业效率和安全性；研发了基于图像跟踪识别算法和虚拟比色卡的船舶尾气视频测黑技术，揭示了船舶尾气黑度监视的跟踪及量化难点，提出了船舶尾气图像跟踪识别算法及船舶尾气黑度图像检测算法，实现了目标移动及环境光变化下的船舶尾气黑度定量检测，解决了无人机监视情形下船舶黑度实时量化难题。

最后，针对繁忙航道多船尾气交叠、远距离尾气扩散稀释、其他排放源干扰等对船舶尾气排放嗅探遥测效果的影响，通过船舶尾气扩散数值模拟与实测验证，提出了免疫内河船尾气干扰的岸上遥测场景的适用高度范围和距离上限、免疫机动车尾气干扰的桥上遥测场景的管路铺设要求与选址方法，基于大量的现场测试，提出了免疫自身尾气干扰的艇上遥测场景的管路铺设要求与高效追踪方法、续航与避碰要求的无人机载遥测场景的高效飞行和安全追踪方法，构建了动静结合、远近皆宜的船舶尾气排放"陆海空"嗅探遥测技术体系，实现了立体化的船舶尾气嗅探遥测监管能力；针对当下船舶尾气排放遥测、溯源与执法脱节导致的高硫油船舶监管全过程效率低下的问题，统一船舶尾气排放遥测、船舶AIS、气象数据、油样检测等数据格式、传输与交换标准，开发船舶尾气遥测站点管理、遥测数据智能分析、尾气源头船舶精准溯源、执法任务派发、油样检测结果反馈、超标船舶事后跟踪管理等功能模块，打通了从嫌疑船舶筛查到执法查证全过程中的信息孤岛，形成了一体化的船舶尾气排放智能遥测、精准溯源与执法查证系统，实现了高硫油船舶及时发现、快速预警、高效执法与跟踪管理。

本书得到国家重点研发计划项目（2022YFC3203400）、国家国际科技合作专项项目（2022YEE0113500）、天津市中央引导地方科技发展资金项目（22ZYQYGX00140）和中央级公益性科研院所基本科研业务项目（TKS20220206）的资助，特此致谢！

本书涉及专业较多，由于作者研究认识水平有限，书中仍有不妥之处，敬请各界人士批评指正！

作　者

2023 年 4 月

目　录

第1章 绪 论

1.1 国际船舶排放控制区

随着经济全球化的快速发展、国际贸易及航运业的迅猛发展，船舶已成为港口城市大气污染物的重要来源。国际海事组织（IMO）资料表明，每年世界硫氧化物（SO_x）排放总量的 4% 来自于船舶排放。美国国家海洋和大气管理局（NOAA）2009 年发布的研究报告显示：每年全球仅海上船舶排放的颗粒污染物总量就占到全球汽车排放总量的一半，海上船舶排放的氮氧化物（NO_x）气体约为全球年排放总量的 1/3。因此，人们也越来越意识到船舶废气排放所带来的不利影响。特别是近些年，人们环保意识大幅提高，对于环境保护的呼声和重视越来越强烈，船舶废气排放控制也成为近几年航运界热议的话题之一。

船舶排放的大气污染物主要来源于船舶动力系统产生的废气、运输货物挥发、船上焚烧等，产生的大气污染物以 SO_2 和 NO_x 为主，同时含有一定量的可吸入颗粒物（PM_{10}）、细颗粒物（$PM_{2.5}$）、一氧化碳（CO）、挥发性有机化合物（VOCs）等大气污染物，以及二氧化碳（CO_2）为主的温室气体等。目前，国内外对船舶大气污染防控的研究主要聚焦在 SO_2、NO_x 和 PM。其中，SO_2 是由船舶燃料中的硫转化而来，因此 SO_2 的排放量与燃料类型、燃油质量及消耗量等因素直接相关；NO_x 主要是空气中的 N_2 在急剧燃烧和高压过程中发生氧化而产生，其排放量与发动机及其运行工况密切相关；PM_{10} 和 $PM_{2.5}$ 等颗粒态污染物包括直接排放的黑碳（BC）、重金属等一次 PM，以及经过化学反应转化生成的硫酸盐、硝酸盐、二次有机物等二次 PM，SO_x 和 NO_x 等均会转化形成 PM。

IMO 是专注于航运安全和防止船舶污染海洋的联合国专门机构，通过《国际防止船舶造成污染公约》（以下简称 MARPOL 公约）制定与环境有关的法规，以防止船舶对海洋环境和空气造成的污染。MARPOL 公约中包含六个附则，涉及船舶造成各种污染的规则，其附则 VI 为《防止船舶造成大气污染规则》，于 2005 年 5 月 19 日正式生效。我国作为公约缔约国之一，于 2006 年 8 月 23 日得到政府批准，对我国正式生效。附则 VI 专门针对防止船舶引起的大气污染，包括限制 NO_x、SO_x 和 PM 的排放。附则 VI 还允许缔约国向 IMO 申请设立排放控制区（emission control area，ECA），对国际船舶排放采取更为严格的控制。

1.1.1 排放控制区介绍

ECA 是为实现最大幅度地减少船舶大气污染物这一目标而实施比全球其他海域更加严格要求的特殊海域,具体来说,实施更加严格要求的 SO_x 排放控制区要求的 ECA 称为 SECA(SO_x 船舶排放控制区),NO_x 排放控制要求的 ECA 称为 NECA(NO_x 船舶排放控制区)。早期 IMO 通过 MARPOL 公约设立了 4 个排放控制区,其中波罗的海排放控制区和北海排放控制区为 SO_x、PM 排放控制,北美排放控制区和美国加勒比海排放控制为 SO_x、NO_x、PM 排放控制区。但随着国际社会对船舶 NO_x 污染控制的重视,国际上也逐渐将 SECA 和 NECA 结合起来,同时控制船舶 SO_x 和 NO_x 的排放。在 2016 年 MEPC 第 70 次会议上,通过了丹麦等国提交的 MEPC 70/5/Rev. 1 号文件附件 1 和 MEPC 70/5/1 号文件附件 1 中的将北海和波罗的海划定为 NO_x 第 III 级控制的排放控制区,并于 2021 年 1 月 1 日生效的提案及相关的防污公约附则 VI 建议修正案。因此自 2021 年 1 月 1 日后,国际四大排放控制区同时控制船舶 SO_x、NO_x、PM 的排放。与此同时,一些国家和地区也通过立法的形式设立了排放控制区,如欧盟排放控制区、美国加州排放控制区以及中国排放控制区等。

1.1.1.1 MARPOL 公约附则 VI 概述

MARPOL 公约附则 VI《防止船舶造成大气污染规则》,主要控制船舶臭氧消耗物质(ODS)、NO_x、SO_x、PM 及 VOC 的排放。附则 VI 的主要技术要求如下。

①附则 VI 禁止故意排放 ODS。ODS 是指 1987 年《蒙特利尔议定书》所定义的受控物质,如氯代烃(Halon)、含氯氟烃(CFCs)等。附则 VI 生效后,在所有船上都应禁止使用含有 ODS 的新装备(包括新的便携式灭火装置、隔热物或其他材料,但不包括以前安装的系统、设备、隔热或其他材料的修理或充加,或对便携式灭火装置的充加),但允许含有氢化氯氟烃(HCFC)的新装置在 2020 年 1 月 1 日前使用。

②控制 NO_x。对 NO_x 的控制适用于所有安装在 2000 年 1 月 1 日或以后建造(或经主要改装)的船上输出功率超过 130kW 的柴油机。2008 年修订版规定了远洋船舶 NO_x 的排放限值实施计划的 TIER I、TIER II、TIER III 三个阶段。2016 年 1 月 1 日之后,在 NECA 外航行的船舶 NO_x 排放需满足 TIER II 标准,在 NECA 区域内航行的船舶则需满足 TIER III 标准,其排放量相比 TIER I 降低了约 80%。

③控制 SO_x。SO_x 的控制主要通过对船上使用的任何燃料油中的硫含量设定限值标准,并在世界范围内对供应船上使用的燃料的硫含量进行检查。附则 VI 第 14 条规定了船舶在排放控制区内外的 SO_x 和 PM 排放要求。如自 2020 年 1 月 1 日后,船舶排放控制区外的船舶需使用硫含量不大于 0.5%(质量分数)的燃油

或等效替代措施。

④控制 VOC。MARPOL 公约缔约国管辖下的港口或装卸站对液货船产生的 VOC 的释放实施控制，应在加以控制至少 6 个月前书面通知 IMO，说明将要受到控制的液货船的尺度，要求蒸汽释放控制系统的货物以及开始控制日期，IMO 将把 1997 年议定书缔约国指定的港口和装卸站清单散发，上述港口、装卸站和其作为停靠的液货船均应按《蒸汽释放控制系统标准》（MSC/cire. 585）的要求备有认可的蒸汽释放系统。

⑤燃油供应和质量。附则 VI 除具体规定了燃油的质量要求外，主要实施了"燃油供应通知单"（附则 VI 附件 V）及代表样品的管理和对燃油供应商的管理。附则 VI 要求燃油供应商向主管机关登记，并如实向船方提供"燃油供应通知单"和样品。主管机关对船舶实施检查，对发现不如实填写"燃油供应通知单"的供应商采取适当措施。

⑥船上焚烧。附则 VI 主要包括对船用焚烧炉的类型认可和焚烧作业的限制两方面，船上焚烧除了在主、副发电机或锅炉内进行外，都应在船上的焚烧炉中进行。在船上除了焚烧船舶正常操作过程中产生的污泥和油渣外，禁止焚烧附则 III 中的货物残余物以及有关被污染的包装材料、多氯联苯（PCBs），附则 V 定义的含有超过微量重金属的垃圾、含有卤素化合物的精炼石油产品以及聚氯乙烯（PVCs）。但对于 IMO 认可的船上焚烧炉内焚烧聚氯乙烯除外。所有船舶（除只航行于其船旗国的领水或管辖水域）的焚烧炉都应由主管机关参照 IMO 制定的船用焚烧炉标准规格予以认可，并持有一本制造商的操作手册。附则 VI 第 16 条列明了禁止焚烧物质并在附件 IV 中规定了操作的限制条件。

⑦接受设施。1997 年议定书缔约国在提供岸上接受设施方面主要有两方面义务，即在维修和拆船港接受 ODS 和在不允许将废气滤清系统（控制 SO_x）产生的残余物排入海洋时接受废液。

1.1.1.2　排放控制区的设立背景及发展历程

1. 设立背景

为防止、减少和控制船舶造成的大气污染，早在 1973 年，IMO 在制定《MARPOL 公约》时，就曾经讨论过船舶废气排放带来的空气污染问题，但当时并没有将防止船舶空气污染列入公约条款中。在 1988 年召开的海上环境保护委员会（MEPC）第 26 届会议上，挪威就船舶污染空气的规模向 IMO 提了一份提案，提出防止船舶排放污染大气问题作为 MEPC 的研究课题，MEPC 第 26 届会议批准挪威的这一提案；在 1990 年召开的 MEPC 第 30 届会议上通过了减少船舶 NO_x、SO_x 排放的目标值和期限要求，提出 2000 年船舶 NO_x 排放降低到基准值的 70%，SO_x 排放降低到基准值的 50%，并将《防止船舶造成大气污染规则》列为

《MARPOL 公约》的附则。随后，IMO 将船舶污染空气问题列入其后续工作方案，并与 1991 年通过了一份防止船舶空气污染的决议［A. 719（17）］，呼吁在 MARPOL 公约中增加一个防止空气污染的附则。1997 年 9 月，IMO 根据《环境和发展里约宣言》第 15 条原则，采取了防止和控制船舶造成大气污染的行动和措施，批准了《（73/78 防污公约）1997 年议定书》，并以附件形式新增 MARPOL73/78 公约附则 VI《防止船舶造成大气污染规则》。由于 1997 年议定书的生效条件为不少于 15 个国家且其合计商船总吨位不少于世界商船总吨位的 50%，签署后 12 个月生效。在 2004 年 5 月 18 日萨摩亚群岛（Samoa）批准加入 MARPOL 公约附则 VI 后，该附则达到生效标准。MARPOL 公约附则 VI 正式生效后，要求船舶使用的任何燃油硫含量不超过 4.5%（质量分数），同时设立波罗的海排放控制区，要求控制区内船舶使用燃油硫含量不超过 1.5%（质量分数）。

2. 发展历程

（1）排放控制区的设立

根据上述可知，IMO 设立的第一个排放控制区是波罗的海排放控制区，它是和 MARPOL 公约附则 VI 同时生效。2005 年 7 月 22 日，IMO 海上环境保护委员会第 53 届会议（MEPC53）通过了对 MARPOL 公约附则 VI 和 NO$_x$ 技术规则的修订的决议［Resolution MPEC. 132（53）］，设立了北海船舶排放控制区，并在 2007 年 11 月 22 日正式生效。2010 年 3 月 26 日，IMO 海上环境保护委员会第 60 次会议（MEPC60）讨论通过设立了北美排放控制区［Resolution MEPC. 190（60）］（SO$_x$、NO$_x$ 和 PM）。2011 年 7 月 15 日，IMO 海上环境保护委员会第 62 次会议（MEPC62）讨论通过设立了美国加勒比海排放控制区［Resolution MEPC. 202（62）］（SO$_x$、NO$_x$ 和 PM）。这四个排放控制区的设立及生效实施时间见表 1-1。

表 1-1　MARPOL 公约附则 VI 船舶排放控制区设立及生效时间表

排放控制区	MARPOL 附则通过的修正案时间	修正案生效时间	强制生效时间
波罗的海排放控制区（SO$_x$）	1997 年 9 月 26 日	2005 年 5 月 19 日	2006 年 5 月 19 日
北海船舶排放控制区（SO$_x$）	2005 年 7 月 22 日［Resolution MEPC. 132（53）］	2006 年 11 月 22 日	2007 年 11 月 22 日
北美排放控制区（SO$_x$、NO$_x$ 和 PM）	2010 年 3 月 26 日［Resolution MEPC. 190（60）］	2011 年 8 月 1 日	2012 年 8 月 1 日
美国加勒比海排放控制区（SO$_x$、NO$_x$ 和 PM）	2011 年 7 月 15 日［Resolution MEPC. 202（62）］	2013 年 1 月 1 日	2013 年 1 月 1 日

（2）船舶 SO$_x$控制

IMO 在 MARPOL 公约附则 VI 下制定了全球船用燃油硫含量限值标准。从附则 VI 生效之初到现在，关于船舶燃油硫含量限值标准也是根据 MARPOL 公约附则 VI 的修正而严格按照时间节点逐渐趋于严格。其具体演变过程如图 1-1 所示。

图 1-1 IMO 船舶燃油硫含量限值（上线为全球标准，下线为排放控制区标准）

从图 1-1 可见，IMO 对于船舶燃油硫含量限值的发展可分为三个阶段。

第一阶段：全球范围内 4.5%（质量分数），排放控制区内 1.5%（质量分数）。1997 年 9 月，IMO 批准了《〈73/78 防污公约〉1997 年议定书》，要求船舶使用的任何燃油硫含量不超过 4.5%（质量分数），同时设立波罗的海排放控制区，要求控制区内船舶使用燃油硫含量不超过 1.5%（质量分数）。该规则于 2005 年 5 月 19 日起生效，修正案生效具有 1 年的缓冲期，即上述第一阶段的燃油硫含量限值标准自 2006 年 5 月 19 日强制实施。

第二阶段：全球范围从 4.5%（质量分数）降至 3.5%（质量分数），硫排放控制区从 1.5% 降至 0.1%（质量分数）。2008 年 3 月 IMO 海上环境保护委员会第 57 届会议（MEPC57）决定将全球范围内船舶使用的燃油硫含量上限从当时的 4.5%（质量分数）降至 3.5%（质量分数）（2012 年 1 月 1 日生效），对 SECA 内的船舶则是要求分步实施：2010 年 7 月 1 日以前不超过 1.5%（质量分数），2010 年 7 月 1 日至 2015 年 1 月 1 日不超过 1%（质量分数），2015 年 1 月 1 日以后不超过 0.1%（质量分数）。

第三阶段：全球范围 0.5%（质量分数）。IMO 海上环境保护委员会第 70 次会议（MEPC70）会议于 2016 年 10 月 24～28 日在伦敦召开。通过了 MEPC.280 (70) 决议：实施 MARPOL 附则 VI 第 14.1.3 条燃油标准的有效日期。该决议审议了燃油可获得性指导委员会提交的研究报告以及相关国家和组织提交的研究结果，并综合考虑会上相关代表团和组织的意见，确认将 2020 年 1 月 1 日定为全球船舶燃油硫含量不应超过 0.50%（质量分数）标准的实施时间。IMO 海上环境保护委员会第 73 届会议于 2018 年 10 月 22 日至 26 日在伦敦召开。通过了

MEPC.305（73）决议：MARPOL 附则 VI 修正案——禁止船上携带用于推进和操作的非合规燃油。其对 MARPOL 附则 VI 之第 14.1、14.3、14.4 条以及配套的 IAPP 证书附件做了修订。该修正案规定禁止船上携带超过 0.50%（质量分数）含硫量的用于燃烧目的的燃油，修正案将于 2020 年 3 月 1 日生效。

（3）船舶 NO_x 控制

2008 年 10 月 10 日，IMO 的组织成员国同意修订了 MARPOL 防污公约附则 VI，并通过了 SO_x 和 NO_x 新标准。其中 MARPOL 公约附则 VI 以 3 个分段函数的形式定义了船用柴油机的 NO_x 排放控制标准，如图 1-2 所示。

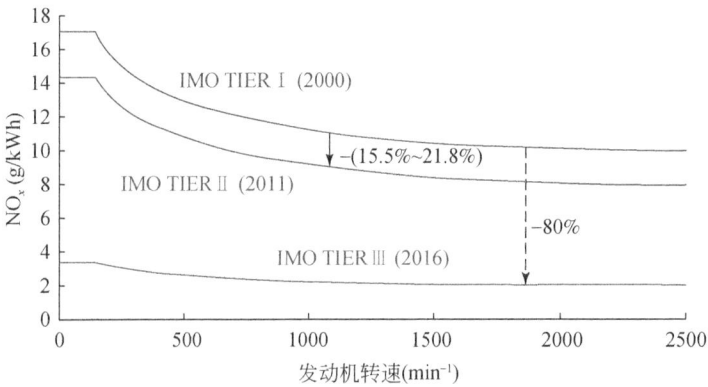

图 1-2　船舶 NO_x 排放限值标准

附则 VI 第 13 条规定，对于 2016 年 1 月 1 日以后的新建船舶安装的船用柴油机应满足第 3 阶段标准。对于 2016 年 1 月 1 日后建造完成的船舶，在排放控制区内航行的，其船用柴油机应满足第 3 阶段标准；在排放控制区外航行的船舶，其船用柴油机应满足第 2 阶段的标准。

2000 年 1 月 1 日以后建造船舶上安装的船用柴油机应符合表 1-2 规定的适用排放要求，否则应禁止使用。其中 n 为柴油机额定转速（每分钟曲轴转速）。

1.1.2　国外船舶排放控制区实施经验

1.1.2.1　欧洲船舶排放控制区的主要监管举措

1. 建立明晰且完善的监管流程

一是船舶检查前准备工作步骤明确。包括：熟悉各种船用燃油的油品性状；准备样品标签与封条、取样、相机、油品黏度对照表等执法套具。二是规范船舶登船检查程序明确有序。首先进行文书检查，若发现文书记录有误则对船舶燃油进行取样分析；若未发现文书存在明显不符合规定情况，则转入对船舶采取减排替代措施的详细检查。

表 1-2　2000 年 1 月 1 日以后建造船舶上安装的船用柴油机 NO_x 排放适用要求

船舶建造日期	排放标准	对应的 NO_x 限值（g/kWh）（按 NO_2 总加权排放量计算）		
		$n<130r/min$	$130r/min \leqslant n<2000r/min$	$n \geqslant 2000r/min$
2000 年 1 月 1 日或以后至 2011 年 1 月 1 日以前	TIER I	17.0	$45n^{-0.2}$	9.8
2011 年 1 月 1 日或以后	TIER II	14.4	$44n^{-0.23}$	7.7
2016 年 1 月 1 日或以后[①]	TIER III[②]	3.4	$9n^{-0.2}$	2.0

注：①适用于 2016 年 1 月 1 日或以后建造并且在 NO_x 排放控制区内航行的船舶。②TIER III 标准不适用于（a）船长（见 MARPOL 公约附则 I 第 1.19 条定义）小于 24m、经特殊设计并仅用于娱乐目的的船上安装的船用柴油机；或（b）主机额定功率之和小于 750kW 船舶上的所有柴油机，并向主管机关证实该船因设计或构造限制而不能符合 TIER III 标准；（c）船长（见 MARPOL 公约附则 I 第 1.19 条定义）等于或大于 24m、经特殊设计并仅用于娱乐目的的、在 2021 年 1 月 1 日之前建造、且小于 500 总吨的船上安装的船用柴油机。

2. 建立严格的抽样和抽查制度

一方面，提高抽样的比例。自 2016 年 1 月 1 日起，欧盟法令（Decision 2015/253）对进入排放控制区的船舶提高了抽查和燃油取样比例。一是检查 10% 到港船舶的加油记录单和航海日志的油类记录。二是对这 10% 的检查船舶，按下列规定进行燃油抽样和分析：①岸线全部在排放控制区范围内，燃油抽样和分析比例不低于 40%；②部分岸线在排放控制区范围内，燃油抽样和分析比例不低于 30%；③所有岸线都不在排放控制区范围内，燃油抽样和分析比例不低于 20%。另一方面，明确了例外情形的边界：一是船长声称无法购买船用低硫燃油，则须提供相应的证据；二是船长声称由于船舶或其设备在此期间处于损坏状态，无法使用符合标准的船用燃油，应及时告知船旗国行政部门和港口国当局，并提供适当的证据；三是船长声称由于恶劣天气或为保持船舶安全而必须延迟转换燃油，则须提供合适的证据且在到达港口之前通知港口国当局。

3. 构建对船舶的动态监测机制

一是创新船舶监管手段和监测技术。为提高船舶排放控制区的监管效率，沿岸国家纷纷在监管手段和监测技术方面不断创新，如丹麦、德国、比利时和瑞典等通过采用遥感监测新技术进一步提高了对违规排放船舶的监管效率。二是建立船舶的动态监测数据库，特别是针对在违规排放方面具有高风险的船舶，欧洲海事局（EMSA）构建了涵盖船舶类型、船舶尺度、危险货物等静态资料以及岸基和卫星船舶自动识别系统（AIS）关于船舶位置、航速、航向等动态数据的Thetis-S数据库。通过该数据库，欧洲海事监管当局能够全面掌握北海和波罗的海两大排放控制区水域内的航行船舶动态。

1.1.2.2　北美船舶排放控制区的主要监管经验

美国的船舶污染控制对大气质量改善有明显效果。西雅图港通过采取相关措施，与2005年相比，2011年西雅图港NO_x减排量为23%，VOCs的减排量为17%，CO的减排量为35%，SO_2的减排量为18%，$PM_{2.5}$的减排量为26%，柴油车排气PM的减排量为25%，CO_2的减排量为3%。与2005年相比，2015年长滩港的集装箱运量增长了7%，集装箱吞吐量增长了54%，集装箱船停靠率下降了31%，所有类型船舶到达率下降了26%，PM下降了84%，NO_x下降了48%，SO_x下降了97%，温室气体下降了14%。与2005年相比，2015年洛杉矶港排放的PM下降了85%，NO_x下降了51%，SO_x下降了97%。

1. 明确监管责任主体及其分工

北美船舶排放控制区美国范围内的监管工作主要由美国环境保护局和海岸警卫队两个部门负责，两大监管主体分工明确。其中，美国环境保护局主管岸上船用燃油采样检测，对供应商提供的燃料进行检测以及检查交易记录；受理审查"不能获得合规燃料的报告"；为海岸警卫队在船上抽样提供专业协助；负责民事罚款的执行和协助进行犯罪调查等。海岸警卫队则主要负责上船检查，有权撤销可疑违规排放船舶的通关文件，并要求在规定时间内纠正存在问题后方允许船舶继续运营，对于屡次违规或严重违规行为则开具违法、民事罚款通知或将案件移交美国环境保护局。

2. 实施高频率的抽样抽查机制

依据当前油价，若船方或船舶营运人使用合规低硫燃油来达到排放标准，事实可能出现守法成本高于违规成本情况，船方为避免损失会以"侥幸"心理采取违规行动。为了排查违规船舶，就必须要实施高频抽样检查。附则Ⅵ以美国海岸警卫队发布的2015年港口国监督检查报告为例，其中外籍船舶靠港艘次共73752次，检查了17920艘次，相比2014年外籍船舶靠港艘次79091次，检查了17794艘次，检查比例从22.5%增至24.3%，虽呈缓慢增长趋势，但总体仍维持较高水平。高频率的抽样检查，使得船东或船舶营运人采取"违规行动"的次数会不断减少，逐渐转变为采取"合规行动"。而这一转变，最直接的效果就是排放控制区内空气质量得到明显改善。

3. 建立完善的复合化惩罚机制

即使提高检查比例，如果不加强惩罚，对船方或船舶营运人的约束力仍较小。只有双管齐下，在提高抽样比例的同时，加强经济处罚和非经济处罚，才能起到震慑作用。2015 年 1 月美国环境保护局针对北美排放控制区船用燃油硫含量应达到的标准制定了经济惩罚措施。该惩罚措施主要包括两部分：一是将采取消除违规行为带来的经济利好及设定违规严重性罚额二者相结合来计算惩罚金额。其中违规严重性罚额又包括燃油含硫量超标等级，超标越多，基线罚额也越多，还考虑了违规次数，每天每次违反的罚额区间是 2500 ~ 15000 美元，违反次数越多，罚额越处于区间上方。二是引入调整因子来调整对 "违规严重性" 的罚额界定。其内容包括对故意或疏忽程度界定、协调程度界定、使用违规燃油历史界定。而在 2015 年 3 月 12 日，美国海岸警卫队发布的海事安全警示中又公布了其执行过程中采取的非经济惩罚措施。内容如下：若悬挂非美国国旗的船舶被查出违反了国际防污公约附则 VI 的规定，美国海岸警卫队依据国际防污公约和 APPS 法令有权扣留船舶。同时，海岸警卫队可对船舶进行潜在的违规行为调查，并由其或环境保护局进行裁判。视违规的严重程度，海岸警卫队可行使船舶海关放行取消权或扣留权。美国海岸警卫队曾扣押过涉嫌违法排放的船舶，对船方来说带来的非经济损失不亚于经济损失，可见美国对违法排放船舶进行严格监管。所以，到美国的船舶违法排放的程度也在不断降低。

4. 强化船舶燃油供应严格监管

实施高抽样检查和综合性处罚，是为了加强对船舶的监管，督促船东或船舶营运人积极采取措施达到排放标准。当船东采取合规燃油来达到排放控制区的标准时，也要保证足够的高质量低硫燃油供应，这就需要对船用燃油供应进行质量监管。

美国环境保护局为了保证船舶在美国本地能够买到合规燃油，其采取的措施是对岸上的燃油供应商进行检查，并制定详细的油品质量保障计划。除此之外，在 2014 年 12 月美国环境保护局针对排放控制区的船用燃料发布了排放控制船用燃油质量监管指南 *EPA Guidance on ECA Marine Fuel*，作出了如下监管要求：一是进口商和燃油精炼商应该使用 ASTMD 2622 或者另一种权威检测方法来对每一批进入排放控制区的燃油进行取样和检测；二是运输到船上的燃油，在燃油装舱期间，船方应该进行燃油取样并将该样本从运输日期始保留至少 1 年。通过对燃油供应过程开展质量监管达到了源头和链条双控制，有效地保障了船用燃油质量。

5. 构建分工协同模式

有效的监管举措需要部门间高度协同才能发挥作用。任一监管行动，部门间职能、主次划分不清，都可能会导致监管行动无效。在北美排放控制区美国海域内，对船舶排放进行监督的主要是美国环境保护局、海岸警卫队以及海岸警卫队下属的港口国检查部门。三部门之间职责明确，协同推进监管行动。例如美国环境保护局对岸上船用燃油检查做出要求，海岸警卫队负责登船进行船用燃油抽检，发挥具体动态监管作用。又如海岸警卫队负责对美国籍船舶进行检查、惩罚，其下属的港口国检查部门主要针对外籍船舶进行检查和惩罚。同时，不仅采取部门分工协同减少排放量，美国环境保护局还同墨西哥环境和自然资源部门从2009 年开始，以帮助建立墨西哥船舶排放控制区进行双边合作来减少船舶污染排放量并持续至今，美国环境保护局主要负责指导制定墨西哥国家船舶排放清单，且预计到 2030 年设立的墨西哥船舶排放控制区将削减 80% 的 SO_x 和 NO_x 排放、70% 的 PM 和 BC 排放，实现空气质量改善和居民健康效益提升，从而也可进一步减少美国早亡人数。

6. 多手段并举控制船舶污染排放，特别重视实施激励政策

美国在控制船舶污染排放中既有燃料标准和排放标准等强制性手段，也大量使用灵活多样的经济激励和自愿性措施。其中特别重视激励政策的运用，既降低行政执法成本，又最大限度地发挥船主降低排放的积极性和主动性。不管是国家层面还是州层面，美国出台了多项经济激励政策促进低硫燃料和清洁技术的应用。经济激励政策在船舶大气污染防治中具有"四两拨千斤"的重要意义和作用。美国加利福尼亚州除法律上对使用岸电进行强制规定外，还在港口建设岸电设施过程以及鼓励船舶使用岸电给予港口和船公司补贴。除了补贴外，还设立了各种经济激励计划和排放税等措施。这些措施和手段的综合应用对改善美国码头企业，特别是船舶公司对岸电系统建设、改造的积极性，充分发挥岸电设施的作用具有重要意义。

1.1.2.3 欧盟的嗅探法遥测监管经典案例

2005 年 IMO 制定 MARPOL73/78 附则 VI-"防止船舶大气污染规则"正式生效之际，瑞典 Chalmers 大学率先开展了 Identification of Gross Polluting Ships（IGPS）项目，研究利用嗅探法监测船舶尾气大气污染物成分，识别在鹿特丹港区违法使用重硫油的船只。目前，瑞典 Chalmers 大学已经在 IGPS 和 IGPS-plius 两期项目连续 8 年的支持下，成功研发了船舶排放控制区巡查飞机（图 1-3）。飞机巡查过程主要分两步，第一步是用差分吸收光谱法（DOAS）在 200～300m 的巡逻状态斜向下遥测，初步识别嫌疑船舶，虽然误差较大，但能提前筛查出嫌疑船舶，使得下一步的嗅探法检测更具针对性；第二步是下降飞行高度并穿过船舶尾气带，利用嗅探法进一步得到更准确的硫含量结果，随后通知海事管理部门登船执法。

通过 2008～2012 年一系列的巡查飞行，2010 年前后被测船只的硫含量直方

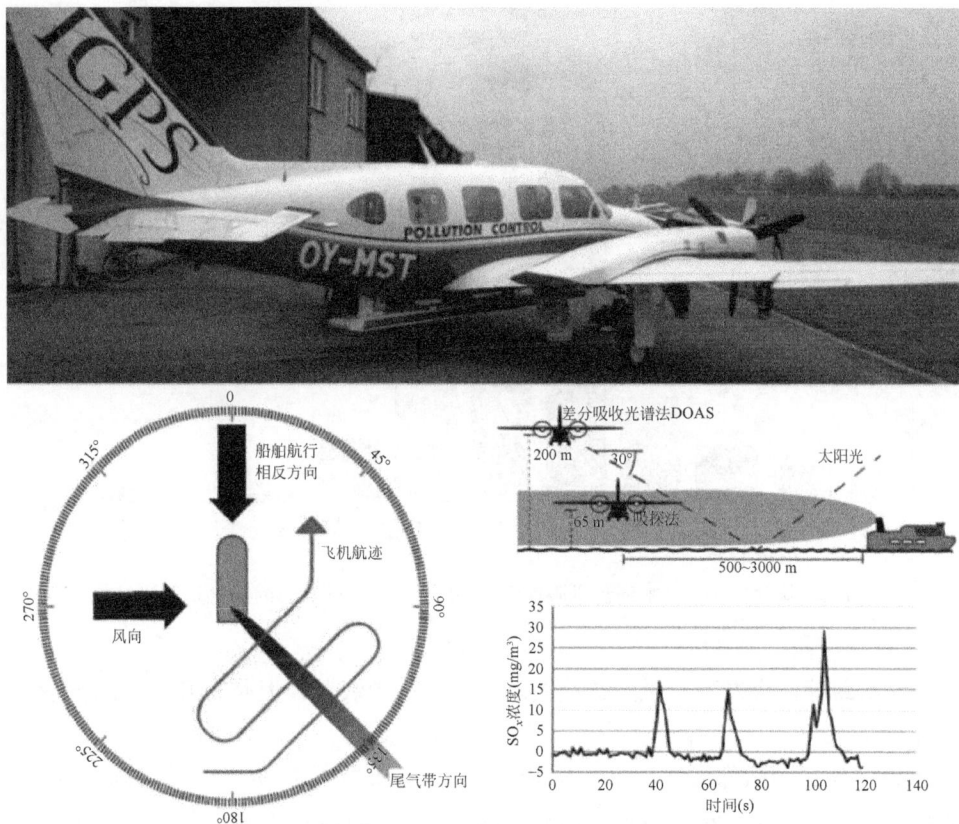

图 1-3　瑞典 IGPS 项目研发的船舶排放控制区巡查飞机

图存在一定的差别（图 1-4）。由于 2010 年欧洲排放控制区的硫含量限值从 1.5% 下降至 1%，在绝大多数船舶合规的情况下，总体上 2010 年后被测船只的硫含量有一定程度的下降。2010 年前大多数船舶使用的燃油硫含量在 1% ~ 1.2%，而 2010 年后大多在 0.8% ~ 1%，合规率仅为 85%。IGPS 项目成功地证明了嗅探法在排放控制区监管中的价值，并积累了大量的实践经验，项目结束后瑞典 Chalmers 大学的研究团队利用研发的巡查飞机继续为欧洲排放控制区监管服务。

2015 年后排放控制区的硫含量限值降低至 0.1%。2015 ~ 2016 年，在丹麦周边的巡查飞行结果表明，考虑到嗅探法的不确定性将限值设定在 0.2% 的情况下，合规率达 94%，不合规的船舶中 60% 是散货船。而排放控制区的其他区域合规律较高，约为 97%。在英吉利海峡的排放控制区边界处的巡查飞行结果表明，13% 的船舶在离开排放控制区之前就过早使用高硫油。2016 年，对一艘客

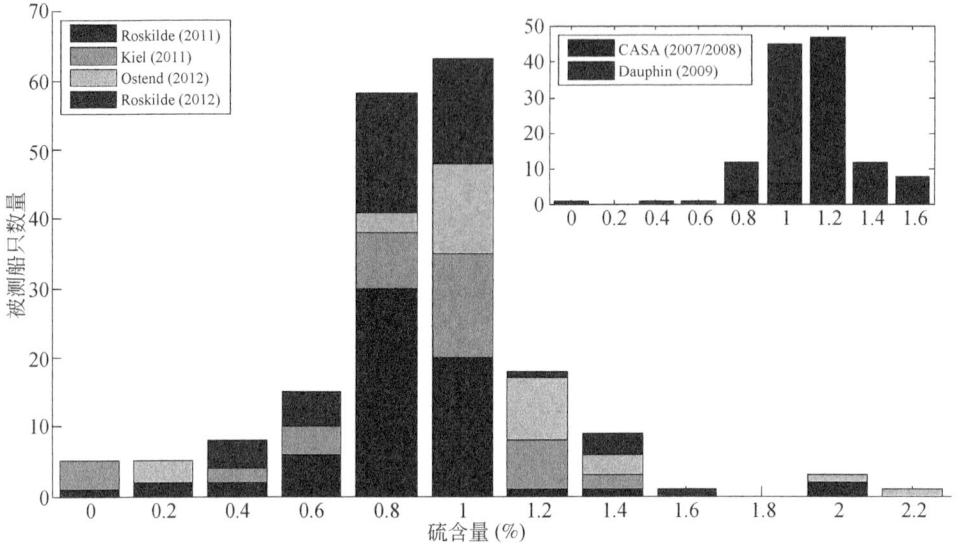

图 1-4　排放控制区 1% 硫含量限值于 2010 年正式执行前后的硫含量监测结果

船的多次跟踪巡查发现，虽然该船安装有尾气处理装置，但是有几次查获该装置未开启。

2012 年德国联邦海事和水文局 BSH 及 Bremen 大学合作启动了 Measurements of shipping emissions in the marine troposphere（MeSmart）项目，利用嗅探法遥测了通往汉堡港的航道以及河口处的过往船舶用油硫分含量。MeSmart 研究项目设定了两处地面固定监测点位，一处是易北河河口岛礁上的灯塔 Neuwerk，距离航道 6～7km，后来的监测数据表明此处效果较差，主要是因为距离太远，尾气扩散到监测点位前基本已经融入空气背景中，监测到的波峰低矮且平缓，信噪比很低导致硫含量计算结果的不确定性很高。另一处是尚未进入汉堡港的易北河航道岸边 Wedel，距离航道中心线约 400m，监测到的尾气波峰高耸且尖锐（图 1-5）。

汉堡港位于德国易北河下游，距离河口约 110km，是欧洲第 3、世界第 14 大港，月均靠港船舶约 800 艘次。汉堡港当地主风向是南风，因此 Wedel 监测点位设置于河的北岸，离港和进港船舶距离监测点位的垂直于航向距离分别是 300m 和 500m 左右。该处监测点位周边人口稀少，几乎无额外的污染源，因此空气背景中的 SO_2 浓度低且稳定。由于距离较近且背景干净，可监测到硫含量为 0.1% 的燃油生成尾气中的 SO_2 的信噪比有 10 左右，因此该监测点在 2015 年后排放控制区硫含量限值降到 0.1% 后依然有效。

2014 年 9 月、11 月和 12 月这三个月，共监测到 824 个有效波峰，对应 474

图 1-5 德国 MeSmart 项目中建立的两处地面固定监测点位 Neuwerk 和 Wedel

艘船（进出港两次经过监测点），这期间的排放控制区硫含量限值是 1%。2015年 1 月，共监测到 589 个有效波峰，对应 374 艘船，这期间的排放控制区硫含量限值是 0.1%。考虑到 0.1% 的硫含量比 1% 的硫含量低 10 倍，各种可能导致误差的不确定性高得多，因此将 2015 年嗅探法测得的硫含量限值设定为 0.15%。2014 年的监测结果表明，99.6% 的船舶合规；2015 年的监测结果表明，95.4%的船舶合规。如果剔除掉长度小于 100m 的只能使用低硫油的船舶，则 2015 年的船舶合规率下降至 93%（图 1-6）。

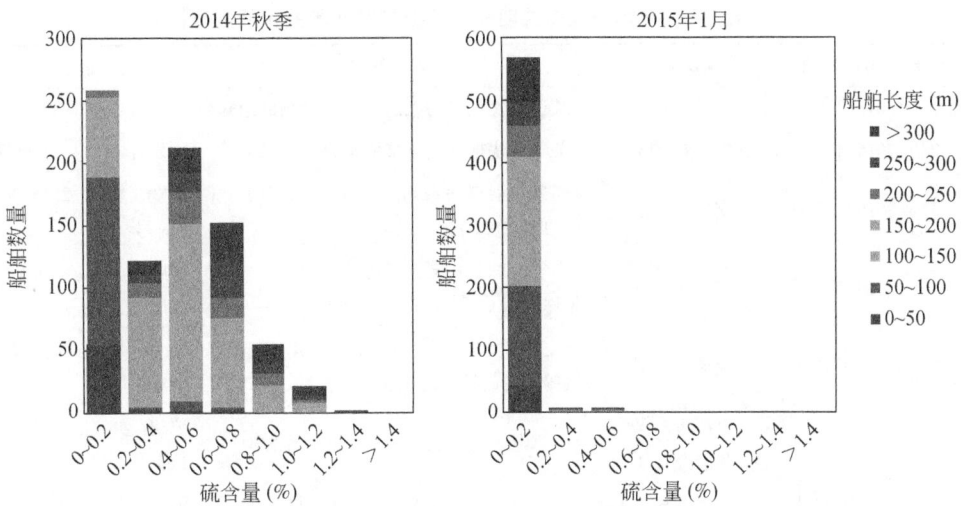

图 1-6 排放控制区 0.1% 硫含量限值于 2015 年 1 月 1 日正式执行前后的硫含量监测结果

1.2　中国船舶排放控制区

随着我国水运规模的快速增长、全社会节能减排工作的不断深化以及公众环保意识的提升，我国船舶空气污染物排放问题越来越凸显。推进船舶排放控制区实施是实现空气质量持续改善、满足民众美好生活的期望、落实国家"打好污染防治攻坚战、打赢蓝天保卫战"总体要求的重要抓手，是展现我国负责任大国形象、积极参与全球环境治理体系建设的重要行动。应用排放控制区控制船舶空气污染物排放的措施基于局部区域先行先试，率先在经济实力强、公众环境质量要求高的区域设立排放控制区，继而实现全国性船舶空气污染物排放控制政策应用。

1.2.1　中国船舶排放控制区政策演变过程

1.2.1.1　中国船舶排放控制区政策文件梳理

为准确把握我国船舶排放控制区政策的演变过程，本节列举了 2013 年 9 月至 2019 年 12 月出台的 16 项规范性政策文件（含法律法规），如表 1-3 所示。这些规范性政策文件既包括中央宏观层面的框架指导性文件，也包括地方微观层面的具体执行文件，可以较为全面地把握我国船舶排放控制区政策的演变过程及其主要特征。

表 1-3　2013~2019 年中国有关船舶排放控制区政策的主要规范性文件

序号	出台时间	制发主体	文件名称	发文字号
1	2013 年 9 月	国务院	《关于印发大气污染防治行动计划的通知》	国发〔2013〕37 号
2	2015 年 4 月	中共中央 国务院	《关于加快推进生态文明建设的意见》	中发〔2015〕12 号
3	2015 年 8 月	交通运输部	《船舶与港口污染防治专项行动实施方案（2015~2020）》	交水发〔2015〕133 号
4	2015 年 8 月	全国人民代表大会常务委员会	《中华人民共和国大气污染防治法》（2015 年修订版）	主席令 31 号（第十二届）
5	2015 年 12 月	交通运输部	《珠三角、长三角、环渤海（京津冀）水域船舶排放控制区实施方案》	交海发〔2015〕177 号
6	2016 年 2 月	上海市人民政府办公厅	《上海港实施船舶排放控制区工作方案》	沪府办〔2016〕7 号
7	2016 年 11 月	国务院	《"十三五"生态环境保护规划》	国发〔2016〕65 号

序号	出台时间	制发主体	文件名称	发文字号
8	2017 年 8 月	交通运输部	《关于推进长江经济带绿色航运发展的指导意见》	交 水 发〔2017〕114 号
9	2017 年 8 月	交通运输部办公厅	《港口岸电布局方案》	交 办 水〔2017〕105 号
10	2017 年 11 月	交通运输部	《关于全面深入推进绿色交通发展的意见》	交政研发〔2017〕186 号
11	2018 年 6 月	中共中央 国务院	《关于全面加强生态环境保护坚决打好污染防治攻坚战的意见》	中发〔2018〕17 号
12	2018 年 6 月	国务院	《打赢蓝天保卫战三年行动计划》	国发〔2018〕22 号
13	2018 年 6 月	交通运输部	《关于全面加强生态环境保护坚决打好污染防治攻坚战的实施意见》	交规划发〔2018〕81 号
14	2018 年 8 月	上海海事局、上海市地方海事局	《关于上海港提前实施在航船舶排放控制措施的通告》	沪海危防〔2018〕239 号
15	2018 年 12 月	交通运输部	《船舶大气污染物排放控制区实施方案》	交 海 发〔2018〕168 号
16	2019 年 12 月	交通运输部	《港口和船舶岸电管理办法》	交通运输部令 2019 年第 45 号

1.2.1.2　中国船舶排放控制区政策的演变特征

通过对上述政策文件的对比研究，特别是对有关船舶排放控制区政策内容的分析，可以看到我国船舶排放控制区政策在不断发展和完善，主要表现出如下四方面的演变特征。

1. 排放控制区地理范围逐步扩大

自 2006 年 8 月正式批准和加入 MARPOL 公约附则 VI 以来，我国政府就高度重视船舶的空气污染控制问题。国发〔2013〕37 号文在提到加强环境气象观测网络和保障体系建设、建立重污染天气监测预警体系和发展气象干预措施等要求时，就明确要优先考虑在长三角、珠三角和京津冀地区展开相关工作，这不仅为我国的空气污染控制提供了较为清晰的路线图，也为日后在三大区域建立船舶排放控制区奠定了政策基础。2015 年 8 月，为贯彻落实国发〔2013〕37 号文和中发〔2015〕12 号等宏观指导性环保文件，结合履行国际公约相关义务和我国水运发展实际，推进我国绿色水路交通发展，交通运输部出台交水发〔2015〕133 号文，决定在珠三角、长三角、环渤海（京津冀）水域设立船舶大气污染物排放控制区，控制船舶 SO_x、NO_x 和 PM 排放。2015 年 12 月，交通运输部出台交海发〔2015〕177 号文作为具体实施方案,正式设立了上述三大船舶排放控制区,并具体划定了排放控制区的海域边界和内河水域范围,确立了分阶段分步骤实施的原则。其中,明确提及要在 2019 年底前对船舶排放控制区政策的实施效果进行评估,以确定是否采用扩大排放控制区地理范围等进一步措施。

2018 年 6 月,中发〔2018〕17 号文要求落实船舶排放控制区管理政策,随后出台的国发〔2018〕22 号文就明确 "2019 年底前,调整扩大船舶排放控制区范围,覆盖沿海重点港口"。交通运输部随即形成《船舶排放控制区 2.0 方案(征求意见稿)》,拟扩大排放控制区范围,以覆盖更多的重点大型港口和航行密集水域。2018 年 12 月,交通运输部出台交海发〔2018〕168 号文,正式扩大我国的船舶排放控制区地理范围,将控制区沿海水域拓展至全国领海基线外延 12 海里内的所有海域及港口,特别划定海南水域及其港口以实施更为严格的控制政策。另在原有内河控制区的基础之上,新增两个控制区,分别是长江干线(云南水富至江苏浏河口)和西江干线(广西南宁至广东肇庆段)的通航水域。至此,我国船舶排放控制区的地理范围由珠三角、长三角、环渤海(京津冀)三大区域性水域拓展至全国沿海和主要内河水域。

2. 排放控制区限排要求不断提高

在我国船舶排放控制区正式设立之前,交水发〔2015〕133 号文在其工作目标中就提到 "到 2020 年,珠三角、长三角、环渤海(京津冀)水域船舶 SO_x、NO_x、PM 与 2015 年相比分别下降 65%、20%、30%"。为了实现上述目标,交海发〔2015〕177 号文将使用硫含量不大于 0.5%(质量分数)的船用燃油作为排放控制区政策框架中的关键限排要求,并把使用硫含量不大于 0.1%(质量分数)的船用燃油作为重要的未来政策选项之一。2018 年底,交海发〔2018〕168 号文出台,将使用硫含量不大于 0.1%(质量分数)的船用燃油正式确立为限排要求,规定 "2020 年 1 月 1 日起,海船进入内河控制区,应使用硫含量不大于0.1%(质量分数)的船用燃油" 和 "2022 年 1 月 1 日起,海船进入沿海控制区海南水域,应使用硫含量不大于 0.1%(质量分数)的船用燃油",并将 "2025年 1 月 1 日起,海船进入沿海控制区使用硫含量不大于 0.1%(质量分数)的船用燃油" 作为政策评估后的备用政策选项。

此外,需要关注的是,交海发〔2015〕177 号文所规定的相关举措仅是对船舶排放的 SO_x 予以控制,未涉及 NO_x。而交海发〔2018〕168 号文在强化 SO_x 排放控制要求的同时,对 NO_x 排放也予以限制性规定,要求船舶根据建造或船用柴油发动机重大改装时间、单台船用柴油发动机输出功率是否超过 130kW 等条件,满足 MARPOL 公约各阶段 NO_x 排放限值要求。另外,值得一提的是,国家鼓励采取多种方式来确保使用低硫燃油或其替代措施的落实,例如,国发〔2016〕65号文、交水发〔2017〕114 号文、中发〔2018〕17 号文等政策文件就强调要通过优先使用岸电、建设船舶大气污染物排放遥感控制和油品质量监测网点等措施来贯彻落实排放控制要求。其中，岸电使用受到了高度关注。交海发〔2018〕168 号文还将船舶靠港使用岸电纳入排放控制区政策框架中，要求具有船舶岸电系统船载装置的船舶在排放控制区内具备岸电供应能力的泊位停泊超过一定时间时，在不使用其他等效替代措施（包括使用清洁能源、新能源、船载蓄电装置或关闭辅机等）的情况下应使用岸电。交办水〔2017〕105 号和 2019 年第 45 号交通运输部令均是针对港口及船舶岸电管理的专门性政策。

3. 政策实施过程具有明显的阶段性

分阶段分步骤实施是我国船舶排放控制区政策在执行过程中的突出特点。船舶排放控制区政策的核心在于船舶使用低硫船用燃油，而低硫船用燃油的普遍使用受港口供油能力、船舶经营成本、燃油质量检测能力等多方面因素影响。因此，船舶排放控制区政策的实施不可能一蹴而就，需要递进式地分阶段实施。值得说明的是，IMO 层面的国际船舶排放控制区政策在执行过程中也遵循着分阶段实施的工作原则，这为我国船舶排放控制区政策实施提供了很好的借鉴。

从我国船舶排放控制区政策制定的角度来看，交海发〔2018〕168 号文以交海发〔2015〕177 号文为基础，对其进行了有效深化与完善，这就很大程度上体现了政策实施的阶段性。就上述两份政策文件的具体内容而言，更是凸显了阶段性特征。两者均以时间为轴，将船舶排放控制区政策分为多个阶段来相继执行，有序推进。

4. 大型枢纽港口起到引领示范作用

由于我国港口众多，且各港口因地理位置、腹地经济发展程度、集疏运条件等差异，港口规模和发展水平存有差异，进而也使得各港口贯彻实施船舶排放控制区政策的难易存有差别。对此，我国船舶排放控制区政策本身也予以较为充分的考虑。例如，交海发〔2015〕177 号文就对相关港口做了"有条件的港口""核心港口"等划分。总体来看，大型枢纽港口在贯彻落实船舶排放控制区政策过程中发挥了引领示范作用，其中，以上海港为典型代表。

早在我国船舶排放控制区政策正式实施以前，2015 年上海市就制定了《上海绿色港口三年行动计划（2015—2017 年)》，表示"研究支持长三角区域船舶减排的法律法规和鼓励政策，推进排放控制区或协作区的建立"。我国船舶排放控制区政策正式实施后，为进一步改善城市环境空气质量，促进上海国际航运中心绿色发展，上海市专门印发沪府办〔2016〕7 号文，以长三角区域核心港口身份率先实施船舶排放控制区政策，即自 2016 年 4 月 1 日起，上海市港口区域（包括海域和内河水域）实施高于现行排放控制要求的措施，要求船舶在上海港区域靠岸停泊期间（靠港后的 1h 和离港前的 1h 除外）应使用硫含量不大于0.5%（质量分数）的船用燃油。这也意味着上海港提前 9 个月履行交海发

〔2015〕177 号文所要求的政策职责。2018 年 8 月，上海海事局与上海市地方海事局联合发布沪海危防〔2018〕239 号文，提前 3 个月实施交海发〔2015〕177号文的第四阶段排放控制措施，也即自 2018 年 10 月 1 日起，要求国际航行船舶和国内沿海航行船舶在上海港内行驶及靠岸停泊期间，应当使用硫含量不大于0.5%（质量分数）的燃油。此外，在政策执行实践中，上海海事部门积极探索使用新技术手段来确保船舶排放控制区政策的有效实施。2019 年 7 月，浦东海事局在全国范围内首次利用无人机和艇载船舶尾气遥测仪查获在航船舶使用燃油硫含量超标案件。

大型枢纽港口带头提前实施船舶排放控制区政策，一方面发挥了引领示范作用，另一方面也为及时掌握政策实施难点提供了可能，可为后续中小型港口实施船舶排放区控制政策提供必要经验。

1.2.2　船舶排放控制区（2015）

1.2.2.1　背景

我国《国民经济和社会发展十二五规划纲要》以及国务院发布的《"十二五"节能减排综合性工作方案》将 SO_2 和 NO_x 减排设为约束性指标，要求 2015年全国 SO_2 排放总量控制在 2086.4 万吨，比 2010 年的 2267.8 万吨下降 8%；全国 NO_x 排放总量控制在 2046.2 万吨，比 2010 年的 2273.6 万吨下降 10%。

为贯彻实施《中华人民共和国大气污染防治法》（2015 年 8 月 29 日修订通过，自 2016 年 1 月 1 日起实施），推进绿色航运发展和船舶节能减排，减少船舶在我国重点区域的大气污染物排放，2015 年 12 月交通运输部印发了《珠三角、长三角、环渤海（京津冀）水域船舶排放控制区实施方案》（交海发〔2015〕177 号）。

1.2.2.2　起草过程

2014 年底，船舶排放控制区研究工作正式启动。

2015 年 3 月，交通运输部海事局组织召开"珠三角水域船舶排放控制区设立研究工作集中办公会议"，共同研究讨论《珠三角水域船舶排放控制区设立研究工作方案》，确定总体研究思路，并部署下阶段的主要工作。

2015 年 5 月，正式印发《中华人民共和国海事局关于印发长三角和珠三角水域船舶排放控制区设立研究工作方案的通知》（海船检〔2015〕237 号）。同月，在北京组织召开了"长三角和珠三角水域船舶排放控制区设立研究"工作组会议，成立研究组，会议研究确定了珠三角和长三角水域船舶排放控制区设立研究的具体研究内容、技术方法、任务分工及进度安排等。

2015 年 7 月，交通运输部海事局与部水运局联合开展调研工作，先后前往环渤海、长三角和珠三角地区进行实地调研和座谈研讨，深入了解船舶排放控制区设立的基础条件与现存问题等关键信息；同时对全国各直属海事局和多家航运企业进行信函调研，了解船用燃油质量与船舶污染防治工作现状等重要信息，形成多份专题调研报告。

2015 年 8 月，《中华人民共和国大气污染防治法》正式颁布，明确了"国务院交通运输主管部门可以在沿海海域划定船舶大气污染物排放控制区，进入排放控制区的船舶应当符合船舶相关排放要求"等要求。据此，结合调研情况和研究成果，编制船舶排放控制区实施方案初稿，最终形成《珠三角、长三角、环渤海（京津冀）水域船舶排放控制区实施方案（征求意见稿)》及起草说明。

2015 年 11 月，在广泛征集地方环保管理部门、地方交通运输管理部门、港口企业、航运企业、油品供应企业等单位对实施方案的意见建议后，对实施方案进行了修改完善。

2015 年 12 月，《珠三角、长三角、环渤海（京津冀）水域船舶排放控制区实施方案》（交海发〔2015〕177 号）正式发布。同时，为保障实施方案的顺利实施，编制完成了《船舶排放控制区监督管理指南》，于 2016 年 2 月 1 日以《中华人民共和国海事局关于加强船舶排放控制区监督管理工作的通知》（海船检〔2016〕48 号）的形式正式发布。

1.2.2.3　主要内容

1. 适用对象

本方案适用于在排放控制区内航行、停泊、作业的船舶，军用船舶、体育运动船艇和渔业船舶除外。

2. 排放控制区范围

设立珠三角、长三角、环渤海（京津冀）水域船舶排放控制区，确定排放控制区内的核心港口区域，具体如下：

（1）珠三角水域船舶排放控制区

海域边界为下列 A、B、C、D、E、F 六点连线以内海域（不含中国香港、中国澳门管辖水域），即 A：惠州与汕尾大陆岸线交界点；B：针头岩外延 12 海里处；C：佳蓬列岛外延 12 海里处；D：围夹岛外延 12 海里处；E：大帆石岛外延 12 海里处；F：江门与阳江大陆岸线交界点。

内河水域范围为广州、东莞、惠州、深圳、珠海、中山、佛山、江门、肇庆 9 个城市行政管辖区域内的内河通航水域。

本排放控制区内的核心港口区域为深圳、广州、珠海港。

（2）长三角水域船舶排放控制区

海域边界为下列 A、B、C、D、E、F、G、H、I、J 十点连线以内海域，即 A：南通与盐城大陆岸线交界点；B：外磕脚岛外延 12 海里处；C：佘山岛外延 12 海里处；D：海礁外延 12 海里处；E：东南礁外延 12 海里处；F：两兄弟屿外延 12 海里处；G：渔山列岛外延 12 海里处；H：台州列岛（2）外延 12 海里处；I：台州与温州大陆岸线交界点外延 12 海里处；J：台州与温州大陆岸线交界点。

内河水域范围为南京、镇江、扬州、泰州、南通、常州、无锡、苏州、上海、嘉兴、湖州、杭州、绍兴、宁波、舟山、台州 16 个城市行政管辖区域内的内河通航水域。

本排放控制区内的核心港口区域为上海、宁波–舟山、苏州、南通港。

（3）环渤海（京津冀）水域船舶排放控制区

海域边界：大连丹东大陆岸线交界点与烟台威海大陆岸线交界点的连线以内海域。

内河水域范围为大连、营口、盘锦、锦州、葫芦岛、秦皇岛、唐山、天津、沧州、滨州、东营、潍坊、烟台 13 个城市行政管辖区域内的内河通航水域。

本排放控制区内的核心港口区域为天津、秦皇岛、唐山、黄骅港。

3. 控制要求

①自 2016 年 1 月 1 日起，船舶应严格执行现行国际公约和国内法律法规关于 SO_x、PM 和 NO_x 的排放控制要求，排放控制区内有条件的港口可以实施船舶靠岸停泊期间使用硫含量≤0.5%（质量分数）的燃油等高于现行排放控制要求的措施。

②自 2017 年 1 月 1 日起，船舶在排放控制区内的核心港口区域靠岸停泊期间（靠港后的 1h 和离港前的 1h 除外，下同）应使用硫含量≤0.5%（质量分数）的燃油。其中，上海市港口区域（包括沿海水域和内河水域）自 2016 年 4 月 1 日起已按此排放控制要求率先实施。

③自 2018 年 1 月 1 日起，船舶在排放控制区内所有港口靠岸停泊期间应使用硫含量≤0.5%（质量分数）的燃油。

④自 2019 年 1 月 1 日起，船舶进入排放控制区应使用硫含量≤0.5%（质量分数）的燃油。

⑤2019 年 12 月 31 日前，评估前述控制措施实施效果，确定是否采取以下行动：

• 船舶进入排放控制区使用硫含量≤0.1%（质量分数）的燃油；
• 扩大排放控制区地理范围；
• 其他进一步举措。

⑥船舶可采取连接岸电、使用清洁能源、尾气后处理等与上述排放控制要求

等效的替代措施。

1.2.2.4 方案实施情况评估

1. 政策总体实施情况

由于《大气污染防治法》明确要求地方各级人民政府应当对本行政区域的大气环境质量负责，再加上经济发达地区经济实力强、民众对空气质量敏感程度高，因此，这些地区的地方政府推动船舶排放控制的积极性更高，一些地方政府主动在交通运输部规定的时间之前实施控制区船舶大气污染物排放控制。其中，长三角控制区的 4 个核心港口和深圳港先行先试，分别提前 9 个月和 3 个月执行2017 年的排放控制要求，长三角非核心港口提前 4 个月执行 2018 年的排放控制区要求，发挥了示范引领作用。

（1）长三角排放控制区

核心港口：上海港、宁波舟山港、苏州港和南通港。

2016 年 1 月 19 日，长三角区域率先实施船舶排放控制区，并宣布自 2016 年4 月 1 日起，船舶在长三角水域排放控制区核心港口靠岸停泊期间（靠港后的 1h和离港前的 1h 除外）应使用硫含量不高于 0.5%（质量分数）的燃油并在评估后确定实施进一步管控措施。

（2）环渤海湾区域

核心港口：秦皇岛港、唐山港、天津港和黄骅港。

从 2017 年 1 月 1 日起，环渤海湾区域将首先在秦皇岛港、唐山港、天津港和黄骅港等四个重点港口实施船舶排放控制新规定，要求船舶在这些港口停泊期间（靠港后的第 1h 和离港前的最后 1h 除外）必须使用含硫量低于 0.5%（质量分数）的燃油。

（3）珠三角水域

核心港口：广州港、珠海港。

从 2017 年 1 月 1 日起，船舶在珠三角水域排放控制区核心港口靠岸停泊期间（靠港后的第 1h 和离港前的最后 1h 除外）应使用硫含量不高于 0.5%（质量分数）的燃油。

核心港口：深圳港。

①船舶在深圳港港界范围（包括海域和内河水域）内停泊、作业的船舶，除军用船舶、渔业船舶和体育运动船艇外，都应使用硫含量不高于 0.5%（质量分数）的燃油。

②自 2016 年 10 月 1 日起，船舶在靠岸停泊期间（靠港后的第 1h 和离港前的最后 1h 除外）应使用硫含量不高于 0.5%（质量分数）的燃油。鼓励船舶在靠岸停泊期间使用硫含量不高于 0.1%（质量分数）的燃油。

③船舶可采取与上述要求减排效果等效的替代措施，除使用岸电或液化天然气清洁能源外，其他措施的替代效果须经市人居环境委事先认可。

2. 各地落实情况

各地区均结合自身特点积极推进控制区政策实施。

(1) 出台配套文件

方案发布后，各地均建立了方案落实运行管理机制，出台了配套方案，细化了任务措施，明确了职责分工。其中京津冀及周边地区大气污染防治协作小组将船舶排放控制区要求纳入《京津冀及周边地区深化大气污染控制中长期规划》，天津、河北和山东分别印发了《天津市船舶排放控制区实施方案》《河北省船舶排放控制区实施方案》和《山东海事局船舶与港口污染防治专项行动实施方案》；长三角两省一市先后发布了《上海港实施船舶排放控制区工作方案》《长三角水域江苏省船舶排放控制区实施方案》和《浙江省船舶排放控制区实施方案》等具体的推进方案；广东省出台了《广东省关于推进珠三角水域船舶排放控制区的实施意见》，深圳市出台了《深圳市绿色低碳港口建设五年行动方案（2016—2020年)》，珠海市多部门联合发布了《关于加强船舶排放控制的通告》。

(2) 推行激励政策

部分地区通过推行激励政策保障方案的落实。其中深圳市推行了船舶使用低硫燃油和岸电的奖励政策，至今已累计发放7696万元资金补贴；广州市拨款220余万作为船舶大气污染防治专项经费，支持船舶排放控制区方案的实施；上海市、浙江省、江苏省以及连云港市均出台了激励政策，对使用岸电给予资金补贴。

(3) 开展区域联动

辽宁、天津、河北、山东海事局签署了"环渤海（京津冀）水域船舶排放控制区海事监管联动协作机制"协议，建立了区域协作机制，开展信息共享、数据互认和执法联动，协查处理船舶违规案件；长三角两省一市建立了区域联防联控机制，实施了"纵横"管理模式，在区域内统一实施时间、执法标准和政策安排，会商解决执行中存在的问题；基于部海事局与中国香港特别行政区政府环境局签署的内地与香港船舶大气污染防治合作协议，广东、深圳海事部门与香港环境局、香港海事处建立了珠三角水域船舶排放控制执法监管联动机制，定期会晤，统一燃油取样送检比例，交流执法信息，共同开展课题研究。

(4) 推进等效措施应用

岸电、LNG等清洁燃料、尾气后处理装置均为换用低硫燃油的等效替代措施。目前全国已建成港口岸电1000多套，内河船舶使用低压岸电已较为普遍，部分沿海大型码头也已具备提供岸电能力。全国已建内河LNG动力船舶135艘，基本建成的内河LNG加注码头16个，但仅有3个开展加注作业，上海、江苏正在通过相关政策推进 LNG 加注站规划建设和船舶使用 LNG 动力改造。

3. 执法监管情况

航运企业要使船舶符合排放控制区的排放控制要求，就会增加一定的营运成本，因此航运企业缺少这方面的主动性和积极性。在有效的违规惩罚机制下，海事部门需要具备并发挥相应的监管能力，确保船舶进入排放控制区后按照规定控制船舶大气污染物排放，从而获得预期的、实质性的船舶大气污染物排放成效。

海事部门对船舶使用燃油硫含量的监管工作主要依据 IMO 要求和我国相关法律法规的要求进行，监管方式主要是选择部分进入船舶排放控制区的船舶进行文书检查或燃油检查，确认船舶是否切实执行排放控制要求。

文书检查主要检查轮机日志、燃油供受单据和燃油转换程序，确认记录的真实性和完整性、燃油的合规性以及实施燃油转换操作的实时性，如果文书检查发现燃油合规性存疑，则进行燃油检查。燃油检查是由海事部门按照《MARPOL 公约》附则 VI 的规定进行燃油取样，将燃油样品送国家认可的检测机构，检测机构按照《MARPOL 公约》附则 VI 规定的方法和程序进行检测并形成检测报告，海事部门依据检测报告确认船舶所使用的燃油的合规性并做出处理决定。

我国实施船舶大气污染物排放控制区政策后，截至 2017 年底，海事部门共检查船舶 36706 艘，抽取燃油样品 6494 份，处罚船舶 251 艘，其中，国际航行船舶燃油抽样检查不合格率为 3.2%，国内沿海航行船舶燃油抽样检查不合格率为 5.3%，内河及江海直达船舶燃油抽样检查不合格率达 25.9%。

随着方案实施逐步扩大，海事部门着力解决现场执法面临的执法手段缺乏、能力不足的新问题。部海事局为全国直属海事系统配备了 109 台船用燃油快速检测装备。浙江海事局先于国家的统一配备，提前为宁波、舟山一线执法人员配置了 2 台船用燃油快速检测装备，同时利用激光雷达、紫外差分、无人机等多种监测技术开展了排放控制区执法监测监管研究；上海市布设了船舶尾气监测设备，建立了大气监测网络，高效筛选、锁定涉嫌违规船舶，同时在多个港区进行了空气质量监测，摸清了排放控制区实施前后港口的空气质量变化；深圳海事局配备了 2 台船用燃油快速检测设备，2 套船舶尾气采样和检测设备，1 套船舶尾气无人机检测设备和 1 套船舶尾气在线监测设备，并联合科研院校，着眼于排放控制要求适用到领海水域的监管问题，开展了船舶大气排放监视监测系统的建设。

4. 环境效益评估

从污染物排放量估算结果看，方案实施后，三个排放控制区的船舶 SO_2 年排放量减少了 6.9 万吨、PM 0.8 万吨，减排量占控制区内船舶排放总量的 14.6% 和 11.2%，占全国船舶排放总量的 9.3% 和 6.7%。若继续按现行控制区政策实施，2018 年将比 2015 年减少 SO_2 排放 13.1 万吨、PM 1.4 万吨；2019 年将减少 SO_2 排放 39.3 万吨、PM 5.7 万吨（图 1-7）。

(a) SO$_2$

(b) PM$_{10}$

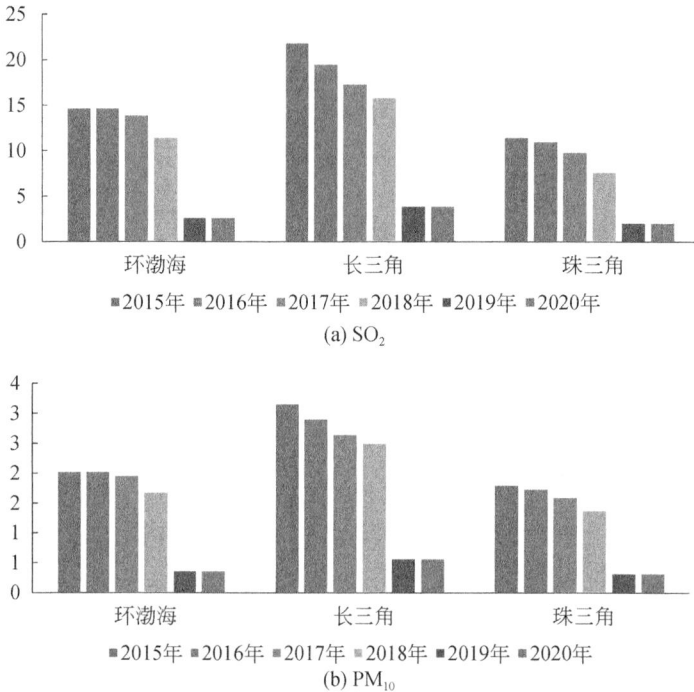

图 1-7　现行船舶排放控制区要求下船舶污染物减排量估算值

从环境监测数据看，施行排放控制的港口空气质量持续向好，部分港区 SO$_x$ 的降幅明显。例如，上海市 2016 年 4 月至 2017 年底，平均 SO$_2$ 浓度为 12.0μg/m^3，较同期下降 26.2%。临近港区的宝山监测站 SO$_2$ 浓度同比下降 30.2%，高桥监测站 SO$_2$ 浓度同比下降 52%。2017 年上半年，宁波镇海监测点的 SO$_2$ 同比下降了 31%，北仑监测点同比下降了 21%。深圳东部港区附近空气监测点的 SO$_2$ 浓度较方案实施前降低约 38%。京唐港环境监测数据显示，船舶排放控制区方案实施后一个月内，港区 SO$_2$ 日均浓度较方案实施前降幅达 56%。

上海港作为长三角水域排放控制区的核心港口，2016 年 4 月 1 日开始实施靠港船舶使用硫含量上限 0.5% 的船用燃料油要求，2016 年 4～12 月，上海浦东高桥监测站和新江湾城监测站的 SO$_2$ 浓度，较 2015 年同期分别下降 52% 和 23%，尽管检测结果有当年为迎接 G20 峰会召开采取的各种改善空气质量措施的影响，但是在 2016 年 4～12 月外高桥 4 个主要集装箱码头吞吐量较上年同期增长了 11% 的情况下，离港区较近的高桥监测站 SO$_2$ 浓度下降幅度远大于离港区相对较远的新江湾城监测站 SO$_2$ 浓度下降幅度的结果表明，靠港船舶使用硫含量上限 0.5% 的船用燃料油对港区 SO$_2$ 浓度下降产生了显著影响。

2017 年上半年，宁波镇海和北仑两地的环境监测站测得的 SO_2 浓度同比下降了 31% 和 21%，其主要原因是靠港船舶使用低硫燃油。

深圳港作为珠三角水域排放控制区的核心港口，2016 年 10 月 1 日开始实施靠港船舶使用硫含量上限 0.5% 的船用燃料油要求，2016 年 10 月至 2017 年 8 月，深圳盐田港深圳盐田监测站和大鹏湾监测站 SO_2 浓度较 2016 年 1 月至 9 月分别下降了 43% 和 20%，同期深圳市 SO_2 浓度下降了 $1\mu g/m^3$。上述成效是在深圳市没有采取其他特别降低 SO_2 措施且盐田港区月均集装箱吞吐量后期约比前期增长 7.7% 的情况下获得的，足以说明靠港船舶使用硫含量上限 0.5% 的船用燃料油对港区 SO_2 浓度下降产生了显著影响。

上述环境监测数据对比结果表明，设立船舶排放控制区取得了改善港口城市环境空气质量的预期成效。

5. 实施问题

（1）合规船用低硫燃油供应保障不足

国内炼厂不愿直接生产低硫油，内贸船用燃料油以调和供应为主，调和油市场"主体多、品质低"，内贸船用燃油市场"劣币驱逐良币"问题严重，导致船用燃油质量环保不达标，安全性能与船舶发动机不匹配，成为船舶排放控制区方案推动的瓶颈问题之一。

国内船舶使用船用燃料油质量问题突出，船舶使用劣质调和油容易产生安全和环保问题，为加强船用低硫燃料油的质量管控，交通运输部会同其他 12 个部门联合发布了《交通运输部等十三个部门关于加强船用低硫燃油供应保障和联合监管的指导意见》，落实了建立船用低硫燃油基本供应制度、加快船用燃油标准制修订、加大船用燃油监管力度和加强船用燃油监管部门协作等 4 项重点任务，以便通过政策引导，保障船用低硫燃油供应，提升船用低硫燃油供应与航运市场需求的适应性；通过强化监管，打击不合规船用燃油进入流通市场的违法行为，促进船用燃油流通市场公平、有序、健康发展。

（2）监管体系有待进一步完善

通过船舶报告和港口国检查的方式，监管和确认船舶使用合规燃油。此种方式投入人员多、检查效率低、结果确认时间周期长，难以对船舶实施有效监管。船舶排放监测监管技术是保障控制区政策顺利实施的重要基础。目前，船舶排放监测监管技术包括燃油快速监测技术和船舶尾气排放监测技术。

为提升海事机构的船舶排放监管能力和监管效率，交通运输部已经完成了一批快速燃油硫含量检测仪的配置，为基层海事机构配置了 109 台快速燃油硫含量检测仪。燃油快速检测设备相对成熟，具有便携程度高、检测速度快等优点，该设备的配备能明显提高执法效率，降低执法成本。但是基层海事还是面临监管业务量大，设备需求多，设备数量无法满足现场执法需求，大部分地区的海事部门的执法手段仍以文书检查和油样送检为主，成本高、能效低，制约了方案的实施成效。

船舶尾气排放监测设备包括紫外差分光谱仪、红外光谱仪、激光雷达、空气站/嗅探器等，上述技术和设备在国外有一定应用，在国内也开展了一定的研究和试验，目前仅有基于嗅探原理的设备在部分海事机构进行了试点应用，虽然应用效果良好，能够大幅提高监管效率，但是在全国海事系统中并未推广使用。

（3）减排替代措施推进困难

船舶使用岸电的供售电机制尚未建立，油电、油气价格倒挂，"港、船、电（气）"三方动力不足。船舶脱硫脱硝尾气处理船舶改造成本高，尚未被广泛认可和应用。

1.2.3　船舶排放控制区（2018）

1.2.3.1　背景

近年来，IMO 大力推进船舶大气污染防治，2020 年船舶在全球水域将强制使用硫含量小于 0.5%（质量分数）的燃油以降低 SO_x 排放，很多国家和地区正在逐步加强对 NO_x 排放的控制。

我国《珠三角、长三角、环渤海（京津冀）水域船舶排放控制区实施方案》（交海发〔2015〕177 号）（以下简称"《1.0 方案》"）未涉及 NO_x 排放控制，地理范围上也未完全覆盖重点大型港口和航行密集水域，有必要进一步制定 2.0 方案，满足当前的国内污染控制需求与国际污染防治形势。部海事局在多次征求意见与实地调研基础上，进一步扩大控制区地理范围、提高排放控制要求，目前已形成《船舶大气污染物排放控制区实施方案》（交海发〔2018〕168 号）（以下简称"《2.0 方案》"）。

1.2.3.2　起草过程

2018 年 1 月，交通运输部海事局组织十几家科研单位与海事管理机构进行了集中办公，评估《1.0 方案》实施情况，研究和论证排放控制区 2.0 方案，在此基础上起草了《船舶排放控制区调整备选方案》。

2018 年 2~8 月，船舶排放控制区调整专班人员先后前往青岛、湛江、海口、南宁、福州和宜昌等拟新纳入控制区的代表性城市开展调研，共召开了 7 次座谈会、2 次专题研讨会，与 35 家航运企业、15 家燃油生产供应企业、6 家港口企业、4 家船舶发动机制造商、3 家脱硫脱氮装置研发生产企业和 55 家国务院和地方主管部门进行了沟通交流，考察了 3 处港口码头和 2 处船舶及设备制造现场，较为全面地了解了上述地区的基本情况，以及相关利益方对于调整控制区备选方案的意见建议。基于调研情况，专班人员修改形成了《船舶排放控制区 2.0 方案（征求意见稿）》（以下简称"征求意见稿"）。

征求意见稿在交通运输部网站公示，并向 106 家单位征求意见。公示期间，共收到 65 家单位反馈的 135 条意见，包括 33 家政府部门、32 家航运及燃油供应企业。专班人员对反馈意见进行了研究处理，并就控制区范围、NO_x 控制、燃油供应保障、岸电强制使用等重点内容分别征求了外交部边海司、生态环境部大气司、国家能源局能源节约和科技装备司以及部水运局的意见，进一步修改完善征求意见稿，采纳和部分采纳意见 98 条，未采纳意见 37 条。

经 2018 年 9 月 18 日局长办公会和 10 月 18 日部长专题会审议后，修改完善形成《船舶大气污染物排放控制区实施方案》。

1.2.3.3 主要内容

《船舶大气污染物排放控制区实施方案》由六部分构成，第一部分说明了控制区方案调整工作的总体目标；第二部分介绍了四项控制区调整原则；第三部分明确了方案的适用对象；第四部分明确了控制区地理范围；第五部分提出了 17 条具体的控制要求，包括 SO_x 和 PM 控制要求、NO_x 控制要求、船舶靠港使用岸电要求和其他相关要求；第六部分提出了保障措施，包括加强组织领导、强化监督管理、注重政策引导、发挥科技支撑作用。

相较于 1.0 方案，调整后的排放控制区方案主要体现在以下六点不同：一是扩大了排放控制区的地理范围；二是提高了船舶 SO_x 控制要求，并对船舶装载燃油的硫含量做出了规定；三是明确了 NO_x 的控制措施；四是增加了岸电强制使用要求；五是增加了 VOC 控制要求；六是明确了尾气后处理装置的使用要求。

1.2.3.4 实施要点

1. 关于适用对象

根据《大气污染防治法》第 64 条"国务院交通运输主管部门可以在沿海海域划定船舶大气污染物排放控制区"，本方案适用于在排放控制区内航行、停泊、作业的船舶，未区分船舶种类。在方案实施过程中，交通运输部将按职责做好相关船舶的执法监管工作。

2. 关于适用范围

综合考虑国家区域发展战略、港口航运发展状况、人口密集程度和大气污染现状，《2.0 方案》在现行三个排放控制区的基础上进一步扩大地理范围：

一是沿海控制区，为创造相对公平公正的航运环境，同时考虑船舶大气污染减排的经济性（领海基线外延 12 海里以内水域船舶大气污染物排放量占领海基线外延 200 海里以内水域船舶大气污染物排放量的 45% ~ 50%），《2.0 方案》将沿海控制区范围扩展至全国沿海，根据国家公布的领海基点和我国与相关国家划界协定中有关界点等用 60 个经纬度点依次连线划出（大部分处于领海基线外延 12 海里的位置）。同时，为贯彻落实习近平总书记关于"将海南省建设成为国家生态文明试验区"的要求，《2.0 方案》在沿海控制区中专门划出了海南水域，用 20 个经纬度点（部分和 60 个经纬度点重复）依次连线划出，对海南水域提出了相对于其他沿海水域更为严格的控制要求。上述经纬度点业经外交部边海司审核同意。

二是内河控制区，《2.0 方案》在《现有方案》基础上增加了长江干线云南水富至江苏浏河口段水域和西江干线广西南宁至广东肇庆段水域。关于长江干线的地理范围，《2.0 方案》未将长江上海段纳入其中，主要考虑是上海港一直被视作海港实施管理，将其纳入内河排放控制区可能会导致同一水域管理标准的差异；此外，浏河口界线比长江入海口界线更为清晰，便于船舶换用超低硫燃油。

3. 关于 SO_x 控制要求及实施时间

虽然《2.0 方案》发布与该要求执行之间的时间较短，但考虑到一是《1.0方案》要求 2019 年 1 月 1 日起船舶进入三个排放控制区应使用硫含量不大于 0.5%（质量分数）的船用燃油，《2.0 方案》将控制区范围扩大到全国沿海后，如对三个原控制区以外海域设定不同控制要求，会导致船公司、船舶无所适从，一线海事监管难度也会大幅上升；二是硫含量不大于 0.5%（质量分数）的燃油主要依靠调和方法获得，原料充足、操作简单，市场能够保障燃油供应。因此《2.0 方案》要求 2019 年 1 月 1 日起船舶进入沿海控制区均应使用硫含量不大于 0.5%（质量分数）的船用燃油。

同时，为了给船公司、船舶、供油商以及海事管理机构足够的时间落实此要求，拟修订船舶排放控制区执法监管指南，设置一定的免责规则，对于个别确实无法执行的船舶（如需要对油舱、管线进行改造的，或确实在个别港口无法获取合规船用燃油的）给予一定的宽限。考虑到燃油成本以及燃油生产供应问题，未采纳生态环境部关于"2019 年 1 月 1 日起船舶进入沿海控制区均应使用硫含量不大于 0.1%（质量分数）的船用燃油"的意见。

4. 关于增加船舶不得装载不合规燃油的规定

《国际防止船舶造成污染公约》要求 2020 年 1 月 1 日起全球水域船舶不得使用硫含量大于 0.5%（质量分数）的船用燃料油，3 月 1 日起不得装载硫含量大于 0.5%（质量分数）的船用燃料油。该规定有利于海事一线执法监管，大幅度降低对船舶航行期间大气污染物排放监管的投入和执法压力。因此《2.0 方案》引用了公约的要求，提出 2020 年 3 月 1 日起，未使用 SO_x 和 PM 污染控制装置等替代措施的船舶进入排放控制区只能装载和使用按照本方案规定应当使用的船用燃油。

5. 关于进入内河的海船、内河船舶以及江海直达船舶的 SO_x 控制要求

考虑到船舶航行的安全性问题，《2.0 方案》未完全采纳关于进入内河的海船应使用与内河船舶相同油品的意见，但提高了海船进江标准，要求 2020 年 1 月 1 日起进入内河排放控制区的海船应使用硫含量不大于 0.1%（质量分数）的船用燃料油。《大气污染防治法》第 63 条规定"内河和江海直达船舶应当使用符合标准的普通柴油"，但 2018 年国务院印发的《打赢蓝天保卫战三年行动计划》（国发〔2018〕22 号）明确了"取消普通柴油标准"并同步"研究制定内河大型船舶用燃料油标准"工作任务，且国家能源局已启动了《船用燃料油》标准的修订并将于年底前生效，自 2019 年 1 月 1 日起禁止市场销售普通柴油。

基于上述情况，《2.0 方案》直接按照国务院文件提出了大型内河船舶和以河出海规范为主的江海直达船舶用油应按照 2018 年底即将完成修订的《船用燃料油》（GB 17411）标准执行，以海进江规范为主的江海直达船舶进入内河排放控制区应使用硫含量不大于 0.1%（质量分数）的船用燃油、进入沿海排放控制区应使用硫含量不大于 0.5%（质量分数）的船用燃油，其他内河船舶应使用符合国家标准的柴油的要求。

6. 关于低硫燃油供应保障问题

《2.0 方案》前期已征求国家能源局意见，从国内炼厂生产能力看，国内市场低硫（0.5%，质量分数）及超低硫（0.1%，质量分数）船用燃料油和柴油资源基本充足，可以保障内贸水上船用油市场的供应。但是，自 2020 年 1 月 1 日全球硫限令实施后，全球将会出现保税低硫船用燃料油供应不足的问题。为解决这一问题，抢占全球船用低硫燃油市场，也为打造我国航运中心，目前中石化等正在推动国内炼厂生产低硫油出口退税工作，若能成则可以满足我国保税油供应需求。

7. 关于 NO_x 控制对象和控制要求

关于控制对象，《国际防止船舶造成污染公约》要求 2000 年 1 月 1 日及以后建造（以铺设龙骨日期为准）或进行船用柴油发动机重大改装的国际航行船舶，所使用的单台船用柴油发动机输出功率超过 130kW 的，应满足《国际防止船舶造成污染公约》第一阶段 NO_x 排放限值要求；2011 年 1 月 1 日及以后建造（以铺设龙骨日期为准）或进行船用柴油发动机重大改装的国际航行船舶，所使用的单台船用柴油发动机输出功率超过 130kW 的，应满足《国际防止船舶造成污染公约》第二阶段 NO_x 排放限值要求。现行国内沿海及内河航行船舶法定检验技术规则要求 2015 年 3 月 1 日及以后建造或进行船用柴油发动机重大改装的船舶，所使用的单台船用柴油发动机输出功率超过 130kW 的，应满足《国际防止船舶造成污染公约》第二阶段 NO_x 排放限值要求。因此《2.0 方案》仅针对航行于特定水域的部分船舶提出了更为严格的 NO_x 控制要求，原则采纳了不对现有船舶进行

追溯的意见。

关于控制要求，目前船舶 NO$_x$ 排放控制要求有两套标准，一是 IMO《国际防止船舶造成污染公约》对国际航行船舶提出的限值要求；二是《船舶发动机排气污染物排放限值及测量方法（中国第一、二阶段）》（GB 15097—2016，以下简称"《船机标准》"）对国内船舶发动机提出的限值要求。船舶为满足以上两项要求，均需要进行发动机改造或加装尾气后处理装置，成本相似。但是，《船机标准》第二阶段控制要求仅可使船舶 NO$_x$ 减排 20% 左右，与《国际防止船舶造成污染公约》第二阶段控制要求相似，而《国际防止船舶造成污染公约》第三阶段控制要求则可实现 NO$_x$ 减排 80% 左右。

考虑到《2.0 方案》主要目的是控制船舶 NO$_x$ 排放，从而有效降低臭氧污染和雾霾快速形成，故部分采纳生态环境部的意见，要求进入沿海控制区海南水域和内河控制区的中国籍国内航行船舶，所使用的单缸排量大于或等于 30L 的船用柴油发动机应满足《国际防止船舶造成污染公约》第三阶段 NO$_x$ 排放限值要求。考虑到目前业界执行《船机标准》的困难和抵触情绪，《2.0 方案》未提及《船机标准》的相关要求。

8. 关于海南水域的特殊控制要求

征求意见稿对海南水域提出了较早实施严于其他沿海水域的控制要求，海南省交通厅反馈意见希望能和周边省市同步推进船舶排放控制工作，或者推迟几年执行更严格的控制要求。考虑到《中共中央国务院关于支持海南全面深化改革开放的指导意见》中明确提出"实行最严格的生态环境保护制度"的要求，印发的《交通运输部贯彻落实〈中共中央国务院关于支持海南全面深化改革开放的指导意见〉实施方案》中也强调要"研究设立高标准的海南船舶污染排放控制区"。

经商海南省交通厅、海南海事局等部门，《2.0 方案》采纳了海南省交通厅关于推迟执行更严格的控制要求的意见，即自 2022 年 1 月 1 日起，要求进入海南水域的船舶，一是要使用 0.1%（质量分数）的超低硫油；二是新改建船舶要执行《国际防止船舶造成污染公约》第三阶段 NO$_x$ 排放限值要求。上述要求为当地主管部门及相关业界留足了准备时间。

9. 关于 VOC 的控制要求

考虑到目前船岸衔接条件尚不完善、标准规范不健全、油气回收经验较少、作业潜在安全风险较高以及改造经济成本等原因，《2.0 方案》参照原环境保护部联合交通运输部等六部委于 2017 年共同印发的《"十三五"挥发性有机物污染防治工作方案》，要求 2020 年 1 月 1 日及以后建造的 150 总吨及以上中国籍油船进入排放控制区应当具备油气回收条件，在使用方面以鼓励为主。

10. 关于船舶靠港使用岸电要求

对于新建船舶，《2.0 方案》参照《港口岸电布局方案》（交办水〔2017〕105 号）以及即将修订完成的船检规范，要求 2019 年 1 月 1 日及以后建造的中国籍公务船、内河船舶（液货船除外）和特定航线江海直达船舶，2020 年 1 月 1 日及以后建造的一定类型和尺度的沿海航行船舶应具备船舶岸电系统船载装置。

2019 年 7 月 1 日起，要求船舶在沿海控制区内具备岸电供应能力的码头泊位停泊超过 3h（参照美国加利福尼亚州环保局空气资源委员会发布的法规《靠港海船柴油辅机停用的减排措施》的规定），或者在内河控制区内具备岸电供应能力的码头泊位停泊超过 2h（参照欧盟指令 2005/33/EC（替代 1999/32/EC）的规定），且不使用其他等效措施的，应强制使用岸电。

对于已具备船舶岸电系统船载装置的现有船舶（液货船除外），《2.0 方案》提出了强制使用岸电的要求；对于不具备船舶岸电系统船载装置的现有船舶，《2.0 方案》采用了选择性追溯的方式，即现有船舶必须满足船舶发动机 NO_x 控制要求或者具备船舶岸电系统船载装置，要求 2022 年 1 月 1 日起，船上最大单台发动机输出功率大于 130kW、且不满足《国际防止船舶造成污染公约》第二阶段 NO_x 排放限值要求的一定类型和尺度的中国籍船舶，应具备船舶岸电系统船载装置，并按照有关规定使用岸电。

11. 关于《2.0 方案》的保障主体和监管能力不足问题

关于保障主体，根据方案的适用范围、适用对象和控制要求，《2.0 方案》的保障措施责任主体在"各级交通运输主管部门"的基础上增加了"海事管理机构、长江航务管理局和珠江航务管理局"，保障《2.0 方案》顺利实施。关于监管能力，目前，交通运输部海事局正在按照部领导的要求，抓紧推进船用燃油硫含量快速检测装备二期工程建设，同步在上海浦东海事局开展在航船舶尾气监测装备示范工程。下一步，交通运输部海事局将在示范工程经验的基础上，逐步加大在航船舶尾气监测能力建设的力度，为此，需要部财审、规划等部门的支持配合。

12. 其他

《2.0 方案》明确提出，将适时开展可行性论证，科学制定 2025 年 1 月 1 日以后的控制要求，包括进入沿海控制区航行、停泊、作业使用硫含量不大于 0.1%（质量分数）的船用燃油，新建或重大改装的中国籍船舶所使用单缸排量大于或等于 30L 的船用柴油发动机应满足《国际防止船舶造成污染公约》第三阶段 NO_x 排放限值要求等。内河控制区范围采取循序渐进、逐步扩大的原则，鼓励其他内河水域所在的地方人民政府按照内河排放控制区的要求，对海船和江海直达船舶进入本水域所使用的燃油硫含量提出控制要求。另外，《2.0 方案》允许船舶可使用清洁能源、新能源、船载蓄电池装置或尾气后处理等替代措施满足排放控制要求。

参 考 文 献

Alföldy B, Lööv J B, Lagler F, et al. 2013. Measurements of air pollution emission factors for marine transportation in SECA. Atmospheric Measurement Techniques, 6 (7): 1777-1791.

Anand A, Wei P, Gali N K, et al. 2020. Protocol development for real-time ship fuel sulfur content determination using drone based plume sniffing microsensor system. Science of The Total Environment, 744: 140885.

Balzani Lööv J M, Alfoldy B, Gast L F, et al. 2014. Field test of available methods to measure remotely SO_x and NO_x emissions from ships. Atmospheric Measurement Techniques, 7 (8): 2597-2613.

Beecken J, Mellqvist J, Salo K, et al. 2014. Airborne emission measurements of SO_2, NO_x and particles from individual ships using a sniffer technique. Atmospheric Measurement Techniques, 7 (7): 1957-1968.

Berg N, Mellqvist J, Jalkanen J P, et al. 2012. Ship emissions of SO_2 and NO_2: DOAS measurements from airborne platforms. Atmospheric Measurement Techniques, 5 (5): 1085-1098.

Bo Z, Mihardjo L W, Dahari M, et al. 2021. Thermodynamic and exergoeconomic analyses and optimization of an auxiliary tri-generation system for a ship utilizing exhaust gases from its engine. Journal of Cleaner Production, 287: 125012.

Burgard D A, Bria C R, 2016. Bridge-based sensing of NO_x and SO_2 emissions from ocean-going ships. Atmospheric Environment, 136: 54-60.

Cao K, Zhang Z, Li Y, Zheng W, et al. 2021. Ship fuel sulfur content prediction based on convolutional neural network and ultraviolet camera images. Environmental Pollution, 273: 116501.

Carr E W, Corbett J J, 2015. Ship compliance in emission control areas: technology costs and policy instruments. Environmental Science & Technology, 49 (16): 9584-9591.

Chen D, Zhao Y, Nelson P, et al. 2016. Estimating ship emissions based on AIS data for port of Tianjin, China. Atmospheric Environment, 145: 10-18.

Chen S, Meng Q, Jia P, et al. 2021. An operational-mode-based method for estimating ship emissions in port waters. Transportation Research Part D: Transport and Environment, 101: 103080.

Davidson G. 1989. Simultaneous trajectory and dilution predictions from a simple integral plume model. Atmospheric Environment, 23 (2): 341-349.

De A, Mamanduru V K R, Gunasekaran A, et al. 2016. Composite particle algorithm for sustainable integrated dynamic ship routing and scheduling optimization. Computers & Industrial Engineering, 96: 201-215.

Dulebenets M A. 2022. Multi-objective collaborative agreements amongst shipping lines and marine terminal operators for sustainable and environmental-friendly ship schedule design. Journal of Cleaner Production, 342: 130897.

Goldsworthy B, Goldsworthy L. 2019. Assigning machinery power values for estimating ship exhaust emissions: comparison of auxiliary power schemes. Science of the Total Environment, 657: 963-977.

He L, Wang J, Liu Y, et al. 2021. Selection of onshore sites based on monitoring possibility evaluation of exhausts from individual ships for Yantian Port, China. Atmospheric Environment, 247: 118187.

Heij C, Bijwaard G E, Knapp S. 2011. Ship inspection strategies: effects on maritime safety and environmental protection. Transportation Research Part D: Transport and Environment, 16 (1): 42-48.

Huang J, Carrica P M, Stern F. 2012. A method to compute ship exhaust plumes with waves and wind. International Journal for Numerical Methods in Fluids, 68 (2): 160-180.

Huang L, Wen Y, Geng X, et al. 2018. Integrating multi-source maritime information to estimate ship exhaust emissions under wind, wave and current conditions. Transportation Research Part D: Transport and Environment, 59: 148-159.

Kulkarni P, Singh S, Seshadri V. 2007. Parametric studies of exhaust smoke-superstructure interaction on a naval ship using CFD. Computers & fluids, 36 (4): 794-816.

Ma D, Ma W, Hao S, et al. 2021. Ship's response to low-sulfur regulations: from the perspective of route, speed and refueling strategy. Computers & Industrial Engineering, 155: 107140.

Mellqvist J, Ekholm J, Salo K, et al. 2014. Technical Report. Identification of gross polluting ships to promote a level playing field within the shipping sector. vol. 11. Earth and Space Sciences, Chalmers University of Technology.

Mellqvist R J, Conde V, Beecken J, et al. 2017. Certification of an aircraft and airborne surveillance of fuel sulfur content in ships at the SECA border (EU project CompMon, Compliance monitoring pilot for Marpol Annex).

Ooms G. 1972. A new method for the calculation of the plume path of gases emitted by a stack. Atmospheric Environment, 6 (12): 899-909.

Pan P, Sun Y, Yuan C, et al. 2021. Research progress on ship power systems integrated with new energy sources: a review. Renewable and Sustainable Energy Reviews 144: 111048.

Park H J, Bhatti U H, Joo S H, et al. 2019. Experimental study on the selective removal of SO_2 from a ship exhaust gas stream using a membrane contactor. Industrial & Engineering Chemistry Research, 58 (32): 14897-14905.

Paxian A, Eyring V, Beer W, et al. 2010. Present-day and future global bottom-up ship emission inventories including polar routes. Environmental Science & Technology, 44 (4): 1333-1339.

Song S K, Shon Z H, Moon S H, et al. 2022. Impact of international Maritime Organization 2020 sulfur content regulations on port air quality at international hub port. Journal of Cleaner Production, 347: 131298.

Tao L, Fairley D, Kleeman M J, et al. 2013. Effects of switching to lower sulfur marine fuel oil on air quality in the San Francisco Bay area. Environmental Science & Technology, 47 (18): 10171-10178.

Van Roy W, Schallier R, Van Roozendael B, et al. 2022. Airborne monitoring of compliance to sulfur emission regulations by ocean-going vessels in the Belgian North Sea area. Atmospheric Pollution Research, 13 (6): 101445.

Yang L, Zhang Q, Zhang Y, et al. 2021. An AIS-based emission inventory and the impact on air quality in Tianjin port based on localized emission factors. Science of The Total Environment, 783: 146869.

Yu C, Pasternak D, Lee J, et al. 2020. Characterizing the particle composition and cloud condensation nuclei from shipping emission in western europe. Environmental Science & Technology, 54 (24): 15604-15612.

Yuan H, Xiao C, Wang Y, et al. 2020. Maritime vessel emission monitoring by an UAV gas sensor system. Ocean Engineering 218: 108206.

Zhang X, Zhang Y, Liu Y, et al. 2019. Changes in the SO_2 level and $PM_{2.5}$ components in Shanghai driven by implementing the ship emission control policy. Environmental Science & Technology, 53 (19): 11580-11587.

Zhang Y, Deng F, Man H, et al. 2019. Compliance and port air quality features with respect to ship fuel switching regulation: a field observation campaign, SEISO-Bohai. Atmospheric Chemistry and Physics, 19 (7): 4899-4916.

Zhang Y, Zhou R, Chen J, et al. 2022. The effectiveness of emission control policies in regulating air pollution over coastal ports of China: spatiotemporal variations of NO_2 and SO_2. Ocean & Coastal Management, 219: 106064.

Zhang Z, Zheng W, Cao K, et al. 2020. Simulation analysis on the optimal imaging detection wavelength of SO_2 concentration in ship exhaust. Atmosphere, 11 (10): 1119.

Zhou F, Fan Y, Zou J, et al. 2022. Ship emission monitoring sensor web for research and application. Ocean Engineering, 249: 110980.

Zhu S, Zhang K, Deng K. 2020. A review of waste heat recovery from the marine engine with highly efficient bottoming power cycles. Renewable and Sustainable Energy Reviews, 120: 109611.

Zhu Y, Xia C, Shreka M, et al. 2020. Combustion and emission characteristics for a marine low-speed diesel engine with high-pressure SCR system. Environmental Science and Pollution Research, 27 (12): 12851-12865.

第 2 章　在航船舶尾气嗅探遥测技术及装备

2.1　在航船舶尾气嗅探遥测技术

2.1.1　技术简介

2.1.1.1　船舶尾气嗅探遥测技术流程

船舶尾气嗅探遥测技术流程图如图 2-1 所示。

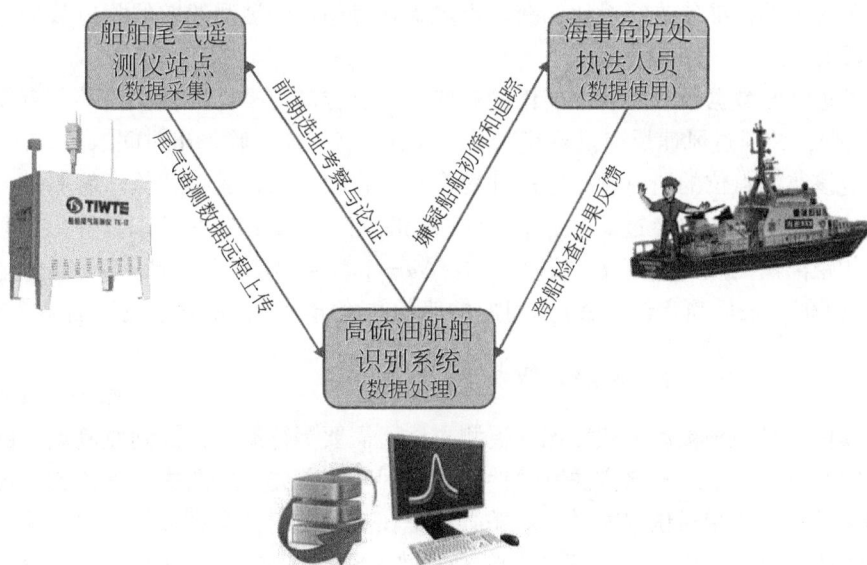

图 2-1　船舶尾气嗅探遥测技术流程图

1. 遥测船舶尾气

利用设置在监测点位处，如岸边、桥梁或监测船上的船舶尾气采集装置对行驶在航道上的过往船舶按时序进行尾气采集；其中，每次尾气采集的间隔时间不超过 10s；所述船舶尾气采集装置包括 SO_2 分析仪和 CO_2 分析仪。

2. 计算燃油硫含量

根据 SO_2 分析仪和 CO_2 分析仪连续获取的多个 SO_2 的浓度数据和多个 CO_2 的浓度数据，以时间为横坐标、气体浓度值为纵坐标分别绘制 SO_2 监测曲线和 CO_2 监测曲线；由于监测曲线上的每一个波峰代表一艘经过监测点上风向的船舶，因此根据相同监测时间段下获得的 SO_2 波峰和 CO_2 波峰获取被测船舶的 SO_2 浓度值和 CO_2 浓度值，并根据分别位于 SO_2 波峰和 CO_2 波峰两侧的峰谷对应的浓度值获取相同监测时间下的 SO_2 背景浓度值和 CO_2 背景浓度值；最终，根据以下公式计算得到船舶燃油硫含量值。

$$S\% = 硫（kg）/油（kg）\times 100\% = 87\% \times\{[SO_2尾气（ppm）-SO_2背景（ppm）]\times 32\}/\{[CO_2尾气（ppm）-CO_2背景（ppm）]\times 12\} = [\Delta SO_2（ppb）/\Delta CO_2（ppm）\times 0.232]\%^{①}$$

3. 锁定源头船舶

将计算得到的每艘被测船舶燃油中的硫含量值与船舶排放控制区规定的船舶燃油硫含量的标准值进行对比，获取出现硫含量超标的被测船舶的相应数据采集时间段 $t_1 \sim t_2$。

通过 AIS 数据接收天线或船讯网获取监测点位周边半径 R 范围内的所有船舶 AIS 数据，并通过风速风向仪器获取实时风速 s 和风向；筛选出时间点 t_1 前 $t_0$min 内经过该监测点位的所有嫌疑船舶并提取其航行轨迹数据，接着从每艘船舶的航行轨迹数据中提取出经过监测点上风向时的时间 t_3 和经纬度位置以计算出当时每艘船舶距离监测点的距离 d，按照公式：$\Delta d = |(t_3-t_1)\times s-d|$ 计算出每艘船舶对应的 Δd 值，最后锁定最小 Δd 值对应的船舶并确定为燃油硫含量超标船舶。

2.1.1.2　桥、岸、船、机四大应用平台

嗅探法是一种被动的船舶尾气遥测方法，需要等待尾气扩散到监测点方能有效，因此风是一个影响该方法有效性的重要因素。首先，风向决定了监测点位与被测船舶之间的相对位置关系，船舶必然是在上风向的某个区域；其次，风速同样能够决定监测的成败，风速过小则因扩散不远而"嗅"不到尾气（针对固定监测点），而风速过大则因尾气稀释过度而"嗅"不出尾气。另外一个影响该方法有效性的重要因素是距离，尾气扩散的过程中污染物浓度不断下降，距离过远则导致尾气稀释过度而"嗅"不出尾气。

因此，能够适应风环境或接近被测船舶的应用平台十分重要。目前有大致 4 种嗅探法应用平台，分别是桥基、岸基、船载、机载（图 2-2）。岸基和桥基是

---

① 1ppm $= 1\times 10^{-6}$，1ppb $= 1\times 10^{-9}$。

固定平台，将仪器布设于岸上或桥上固定位置，船舶尾气随风飘至仪器处进行监测，适合狭长航道（距离限制），没有平台本身的额外成本投入，属于被动式监测方法；船载和机载是移动平台，将仪器布设于船上或飞机上，由移动式的交通工具将仪器带至船舶尾气处进行监测，开阔水域、狭长航道均适合，由于船和飞机平台本身要比嗅探法监测系统的成本更高，属于主动式的监测方法。总体而言，桥基平台比岸基平台优先，没有桥梁的狭长航道才需要岸基平台；船载平台比机载平台更安全、更成熟，我国的低空飞行空域尚未充分开放，因此机载平台是未来长远的方案。

图 2-2　嗅探法应用的 2 种固定平台（桥、岸）和 2 种移动平台（船、机）

2.1.2　遥测精度测定与验证

通过比较嗅探法测得的硫含量与油样化验所得硫含量，测定并验证嗅探法的遥测精度，使用的仪器包括姜堰市高科分析仪器有限公司生产的 ZXS-2000 型 X 荧光测硫仪，CO_2 监测仪器是美国 LICOR 公司生产的 LI-6400XT 型便携式光合仪（只用于环境 CO_2 浓度数据），SO_2 监测仪器是武汉市天虹仪表有限责任公司生产的 TH-2002H 型紫外荧光法二氧化硫分析仪（图 2-3）。

2.1.2.1　重油硫含量精度测定与验证

2017 年 3 月 29 日至 2017 年 4 月 4 日，天津新港船厂的 18 万吨新建大型散货船（图 2-4）出海试航期间，研究团队分别在甲板上和烟囱舱内监测 CO_2 和 SO_2 的浓度波动，并利用嗅探法计算燃油硫含量，并与实验室油样检测结果对比，

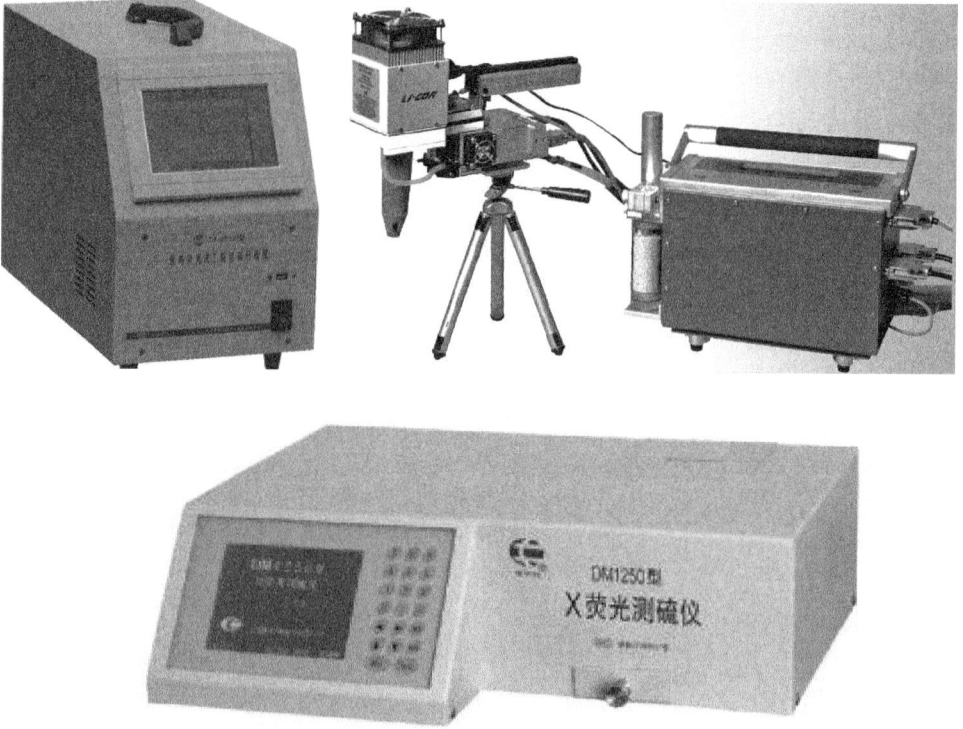

图 2-3　本研究使用的设备 SO_2、CO_2、硫含量分析仪

分析精度与误差。

图 2-4　实验场地——18 万吨散货船

1. 甲板监测实验

本次实验期间，船舶使用高硫的燃料油，而且船舶顺风航行，尾气被风力吹回甲板，造成驾驶舱与烟囱舱之间的甲板上 SO_2 含量升高。因此，选择在驾驶舱与烟囱舱之间的甲板上监测尾气，在附近的船舷边（迎风较大，尾气无法扩散至此）监测背景（图 2-5）。实验期间，定时（2 ~ 4min）将仪器在尾气监测点和背景监测点之间来回搬动，人为制造尖锐的波峰。为了确保 CO_2 和 SO_2 数据的同步以及避免实验人员呼吸对 CO_2 监测结果的干扰，搬动仪器由 1 人左右手同时完成，且搬动过程中憋气。本次实验总共分 2 天进行了 2 次。

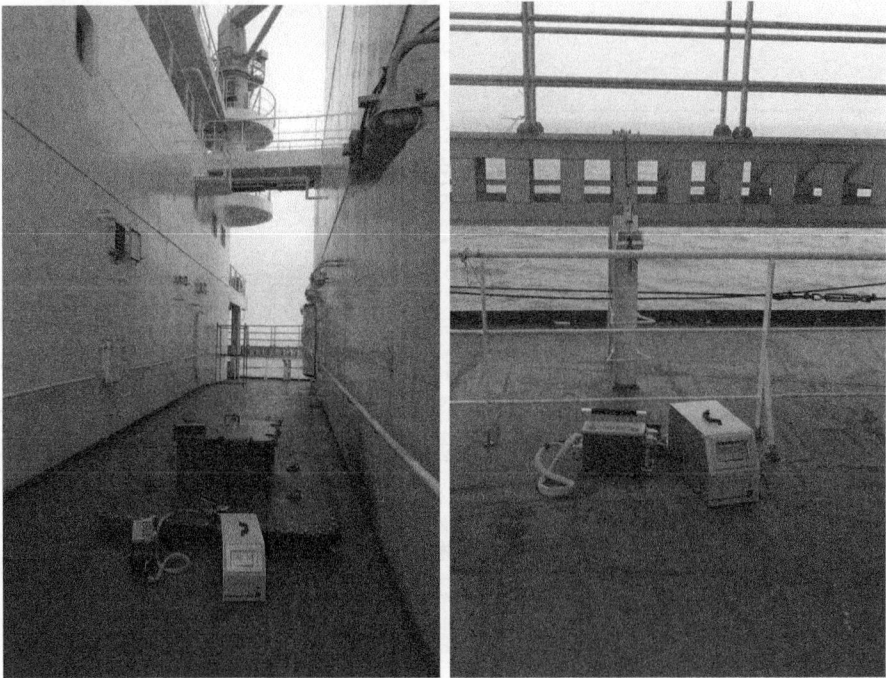

图 2-5　大型散货船驾驶舱与烟囱舱之间甲板的尾气和背景监测位置

从 CO_2 和 SO_2 监测曲线（图 2-6）可以看出，本次实验共计人为制造了 13 个波峰，其中第 1 个波峰忽略（两个仪器搬动不同步），有效波峰数为 12 个。信号最弱的波峰是 17：04：00 ~ 17：06：59 这个时间段内的波峰，平均 SO_2 浓度约 20ppb。最窄的波峰是 17：18：50 ~ 17：21：10 之间的这 2 个波峰，监测时间较短且未能长时间连续监测背景值。这 3 个波峰产生在尾气监测点位和背景监测点位之间，为了尝试说明低浓度 SO_2 尾气的有效性。

12 个波峰推算得到的硫含量平均值为 2.10，标准差为 0.26（表 2-1）。油品

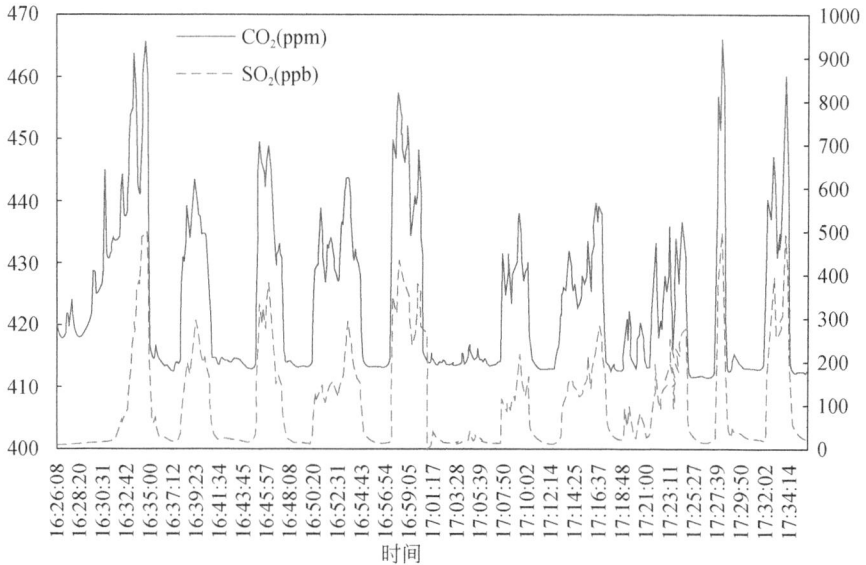

图 2-6 大型散货船尾气 CO_2 和 SO_2 监测曲线（第一日）

送样检测得到的真实值是 2.23。总体上，实验结果比较可靠，与真实值较接近。信号最弱的波峰的结果偏低，最窄的 2 个波峰结果十分接近真实值，不比其他 9 个信号明显的波峰差。本次实验不仅通过嗅探法测得了船舶使用的燃料油的硫含量，而且也证实了嗅探法的有效性。

表 2-1　嗅探法测得的大型散货船燃油硫含量（第一日）

监测时间	背景时间	SO_2 监测浓度（ppb）	SO_2 背景浓度（ppb）	CO_2 监测浓度（ppm）	CO_2 背景浓度（ppm）	硫含量（%，质量分数）
16：37：00 ~ 16：41：59	16：42：00 ~ 16：43：59	125.91	21.90	426.22	414.27	2.02
16：44：00 ~ 16：48：59	16：42：00 ~ 16：43：59	141.11	21.90	426.81	414.27	2.21
16：50：00 ~ 16：55：59	16：56：00 ~ 16：56：59	126.19	14.44	427.80	413.32	1.79
16：57：00 ~ 17：00：10	16：56：00 ~ 16：56：59	292.15	14.44	441.97	413.32	2.25
17：04：00 ~ 17：06：59	17：07：00	20.58	15.50	414.65	414.00	1.80

监测时间	背景时间	SO_2 监测浓度（ppb）	SO_2 背景浓度（ppb）	CO_2 监测浓度（ppm）	CO_2 背景浓度（ppm）	硫含量（%，质量分数）
17：07：00 ～ 17：10：59	17：11：00 ～ 17：11：59	97.83	17.69	424.35	413.07	1.65
17：12：00 ～ 17：17：59	17：18：50	123.36	17.00	424.58	413.00	2.13
17：18：50 ～ 17：19：59	17：18：50	57.51	17.00	417.39	413.00	2.14
17：20：00 ～ 17：21：10	17：18：50	52.10	17.00	416.31	413.00	2.46
17：21：10 ～ 17：25：59	17：26：00 ～ 17：26：59	130.25	16.20	422.63	411.69	2.42
17：27：00 ～ 17：30：59	17：31：00 ～ 17：31：30	108.79	21.07	422.10	412.94	2.22
17：31：00 ～ 17：35：54	17：31：00 ～ 17：31：30	167.09	21.07	425.02	412.94	2.81
					硫含量平均值	2.10
					硫含量标准差	0.26

从 CO_2 和 SO_2 监测曲线（图 2-7）可以看出，本次实验历时 5 个多小时，共计人为制造了 20 多个波峰，去除数个 SO_2 浓度超出量程的情况以及数个 CO_2 波峰和 SO_2 波峰形状差别较大的情况，有效波峰数为 19 个。

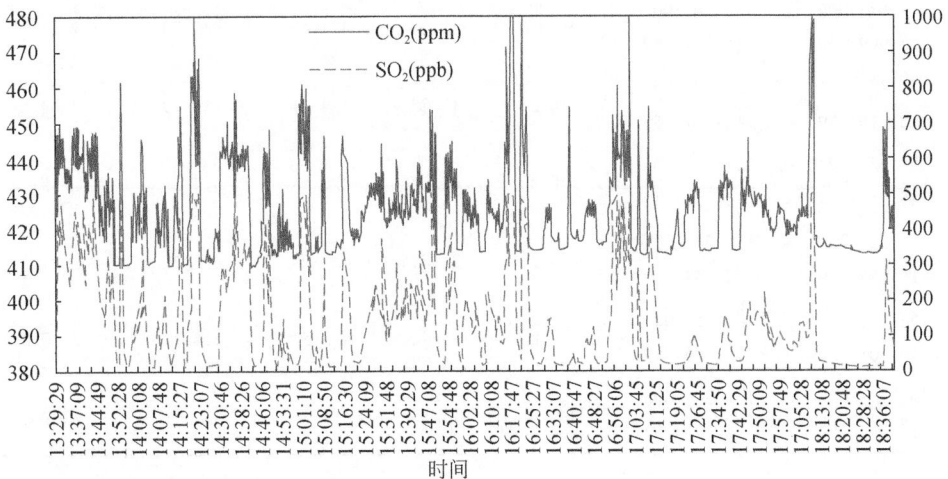

图 2-7　大型散货船尾气 CO_2 和 SO_2 监测曲线（第二日）

19 个波峰推算得到的硫含量平均值为 2.25，标准差为 0.29（表 2-2）。油品送样检测得到的真实值是 2.23。总体上，实验结果比较可靠，与真实值较接近。本次实验不仅通过嗅探法测得了船舶使用的燃料油的硫含量，而且也证实了嗅探法的有效性。

表 2-2　嗅探法测得的大型散货船燃油硫含量（第二日）

监测时间	背景时间	SO_2 监测浓度（ppb）	SO_2 背景浓度（ppb）	CO_2 监测浓度（ppm）	CO_2 背景浓度（ppm）	硫含量（%，质量分数）
13：29：29 ~ 13：50：59	13：51：00	319.64	87.37	434.82	411.16	2.28
13：52：00 ~ 13：54：59	13：55：00 ~ 13：55：59	129.45	22.03	419.44	410.18	2.69
13：56：00 ~ 14：03：59	14：04：00 ~ 14：04：59	127.33	12.83	422.42	410.75	2.27
14：05：00 ~ 14：11：59	14：12：00 ~ 14：12：30	88.81	10.06	419.11	410.05	2.01
14：12：00 ~ 14：16：59	14：17：00 ~ 14：17：30	136.29	16.22	423.81	410.28	2.06
14：24：00 ~ 14：42：59	14：43：00 ~ 14：43：59	191.81	15.40	429.51	409.82	2.08
14：44：00 ~ 14：50：59	14：43：00 ~ 14：43：59	156.83	15.40	423.08	409.82	2.47
14：51：00 ~ 14：56：59	14：57：00 ~ 14：57：59	54.56	17.91	417.69	413.27	1.93
15：07：00 ~ 15：09：59	15：10：00 ~ 15：11：59	91.07	12.23	421.48	412.79	2.11
15：12：00 ~ 15：18：59	15：10：00 ~ 15：11：59	118.50	12.23	424.91	412.79	2.04
15：22：00 ~ 15：51：59	15：52：00 ~ 15：52：30	178.30	21.07	427.53	413.21	2.55
15：52：30 ~ 15：58：59	15：52：00 ~ 15：52：30	186.93	21.07	426.90	413.21	2.81
15：59：00 ~ 16：06：59	16：06：00 ~ 16：06：59	117.80	33.40	422.55	414.71	2.50
16：29：00 ~ 16：35：59	16：36：00 ~ 16：36：59	62.01	18.33	419.34	414.49	2.09

续表

监测时间	背景时间	SO₂监测浓度（ppb）	SO₂背景浓度（ppb）	CO₂监测浓度（ppm）	CO₂背景浓度（ppm）	硫含量（%，质量分数）
16：52：00 ~ 17：03：59	17：03：20	254.27	44.64	435.06	413.73	2.28
17：04：00 ~ 17：06：59	17：07：00 ~ 17：07：30	69.40	19.45	418.39	412.78	2.06
17：07：00 ~ 17：13：59	17：14：00 ~ 17：14：59	135.04	20.89	423.08	413.20	2.68
17：42：00 ~ 18：14：59	18：15：00 ~ 18：15：59	112.77	19.49	425.82	415.11	2.02
18：35：00 ~ 18：40：31	18：34：00 ~ 18：34：59	118.49	10.50	426.74	412.98	1.82
					硫含量平均值	2.25
					硫含量标准差	0.29

2. 烟囱舱内一层

本次实验期间，船舶使用高硫的燃料油，船舶逆风行驶，尾气对甲板空气质量没有影响。由于轮机与排气管道之间并非完全严丝合缝，因此存在一定量的尾气泄露，从烟囱舱下面的轮机室扩散至整个烟囱舱，从而造成烟囱舱内 CO_2 和 SO_2 浓度的升高。本次实验监测位置是烟囱舱内一层，背景监测位置有两处，一处是烟囱舱门内附近，另一处是烟囱舱门外的甲板（图 2-8）。两次监测并非在一天内完成。

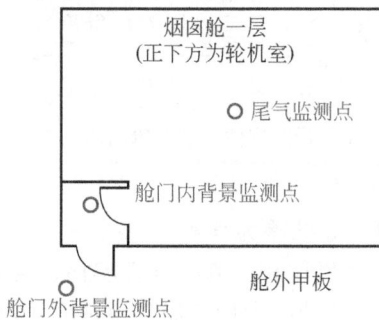

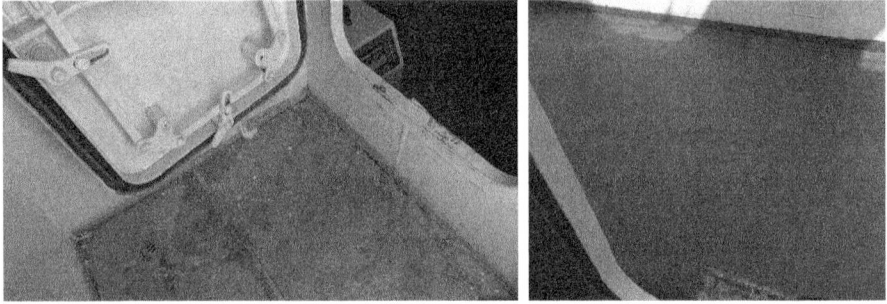

图 2-8　烟囱舱监测点示意图及尾气、舱门内背景和舱门外背景监测点照片

由 CO_2 和 SO_2 监测曲线（图 2-9）可以看出，本次实验共计人为制造了 5 个波峰，波峰明显。本次实验的背景监测位置位于烟囱舱门内附近。

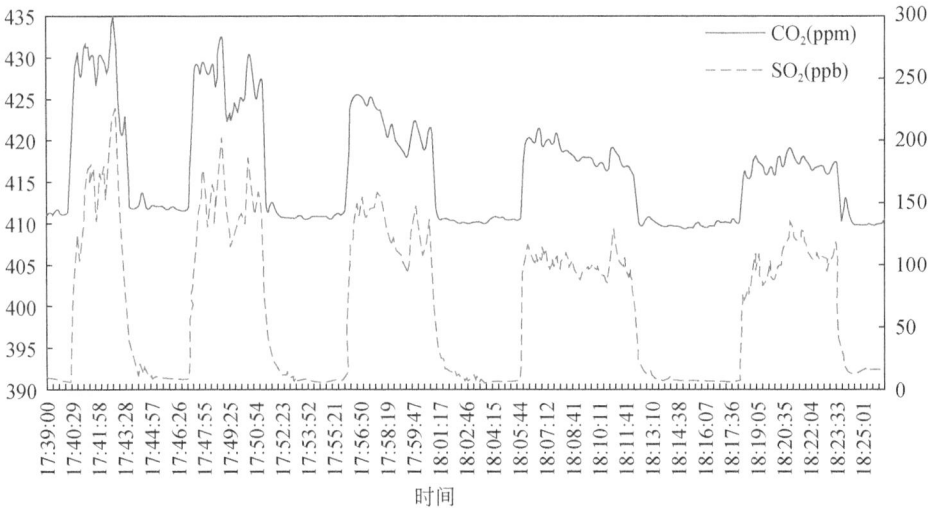

图 2-9　大型散货船尾气 CO_2 和 SO_2 监测曲线（背景监测位于烟囱舱门内）

5 个波峰推算得到的硫含量平均值为 2.48，标准差为 0.41（表 2-3）。油品送样检测得到的真实值是 2.23。总体上，实验结果比较可靠，与真实值较接近。本次实验不仅通过嗅探法测得了船舶使用的燃料油的硫含量，而且也证实了嗅探法的有效性。

表 2-3　嗅探法测得的大型散货船燃油硫含量（背景监测位于烟囱舱门内）

监测时间	背景时间	SO₂监测浓度（ppb）	SO₂背景浓度（ppb）	CO₂监测浓度（ppm）	CO₂背景浓度（ppm）	硫含量（%，质量分数）
17：40：00 ~ 17：45：59	17：46：00 ~ 17：46：30	86.25	9.05	421.01	411.94	1.97
17：46：00 ~ 17：52：59	17：46：00 ~ 17：46：30	96.61	9.05	420.98	411.94	2.25
17：55：00 ~ 18：02：59	17：53：00 ~ 17：54：59	83.52	8.02	417.56	410.92	2.64
18：05：00 ~ 18：13：59	18：14：00 ~ 18：16：59	75.70	7.94	416.07	409.81	2.51
18：18：00 ~ 18：25：59	18：14：00 ~ 18：16：59	85.78	7.94	415.72	409.81	3.06
					硫含量平均值	2.48
					硫含量标准差	0.41

CO_2 和 SO_2 监测曲线（图 2-10）可以看出，本次实验共计人为制造了 4.5 个波峰，波峰明显。第一个波峰只有一半，说明本次实验开机时位于烟囱舱内。本次实验的背景监测位置位于烟囱舱门外的甲板上。

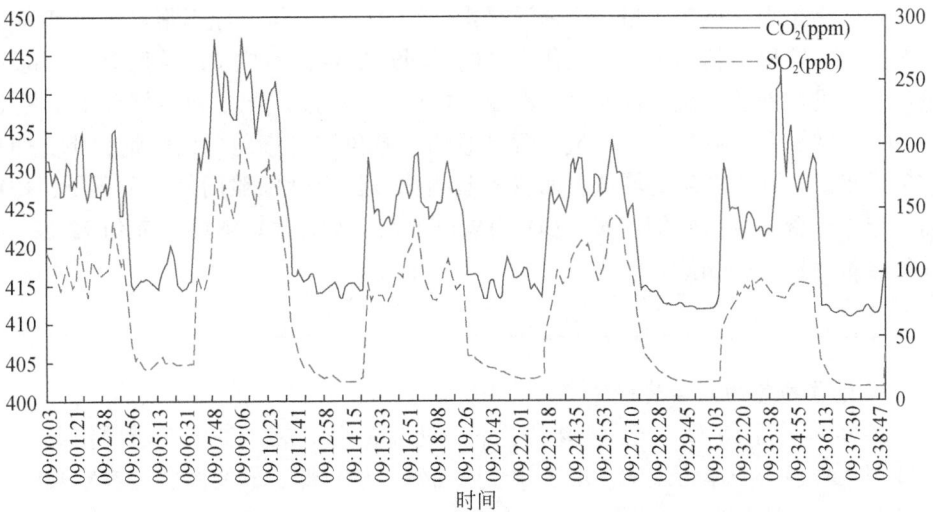

图 2-10　大型散货船尾气 CO_2 和 SO_2 监测曲线（背景监测位于烟囱舱门外）

4.5 个波峰推算得到的硫含量平均值为 1.32，标准差为 0.20（表 2-4）。油品送样检测得到的真实值是 2.23。基本上，所有结果都离真实值偏差较大，且从统计学角度分析本次实验结果基本错误。

表 2-4　嗅探法测得的大型散货船燃油硫含量（背景监测位于烟囱舱门外）

监测时间	背景时间	SO_2 监测浓度（ppb）	SO_2 背景浓度（ppb）	CO_2 监测浓度（ppm）	CO_2 背景浓度（ppm）	硫含量（%，质量分数）
9：00：00 ~ 9：04：15	9：06：15	97.94	28.21	427.54	414.64	1.25
9：06：30 ~ 9：11：59	9：12：00 ~ 9：14：59	126.75	23.08	433.49	415.58	1.34
9：14：00 ~ 9：19：59	9：12：00 ~ 9：14：59	79.56	23.08	423.94	415.58	1.57
9：23：00 ~ 9：29：59	9：30：00 ~ 9：30：59	75.75	13.71	422.13	411.94	1.41
9：31：00 ~ 9：36：59	9：37：00 ~ 9：37：59	67.79	11.50	423.75	411.17	1.04
					硫含量平均值	1.32
					硫含量标准差	0.20

　　两次实验都在烟囱舱内一层开展监测，背景监测位置的差别导致了结果的巨大差别，一个相对准确，另一个错误严重。经过讨论分析，原因很可能是烟囱舱相对封闭，轮机室长期值守的工作人员的呼吸造成烟囱舱内 CO_2 浓度升高。也就是说，假设烟囱舱内没有任何尾气泄露，CO_2 背景浓度应当是自然情况下甲板上的 CO_2 浓度加上呼吸产生的增量。背景监测位置位于烟囱舱门内的情况下，CO_2 监测结果已含呼吸产生的增量；而背景监测位置位于烟囱舱门外的情况下，CO_2 监测结果未含呼吸产生的增量，CO_2 测量浓度与"CO_2 背景浓度"差值偏高，造成硫含量计算结果偏低。

2.1.2.2　柴油硫含量精度验证

1. 港作拖轮的跟船嗅探法实验

2017 年 3 月 10 日，天津港港作拖轮（港船 6 号）在天津港航道内作业，该船使用 0 号轻柴油作为燃油。由于 0 号柴油硫含量较低，研究团队在拖轮其中一个烟囱顶部近距离监测烟囱附近 1m 处的 CO_2 和 SO_2 的浓度波动，并利用嗅探法计算燃油硫含量，并与实验室油样检测结果对比，分析精度与误差。

　　实验场地是如图 2-11 所示的左边的烟囱顶部，为了实验安全起见，该处已经建有 1m 多高的金属围栏。CO_2 和 SO_2 监测仪器位于顶部一角，距离烟囱约 1m。

当船舶顺风航行或作业期间突然发力时，向后排放的尾气中的一部分会扩散至该监测点，形成 CO_2 和 SO_2 浓度波峰。本次实验中，SO_2 监测频率是 1min，而 CO_2 监测频率是 5s。

图 2-11　实验场地——天津港港作拖轮（港船 6 号）

从 CO_2 和 SO_2 监测曲线（图 2-12）可以看出，本次实验共计监测到 SO_2 波峰 9 处，其中第 2～4 波峰未能分开作为 1 个波峰处理，第 4 个波峰没有对应的 CO_2 波峰，第 8 个波峰较小且与第 9 个波峰未能分开作为 1 个波峰处理，共计有效波峰 5 个。

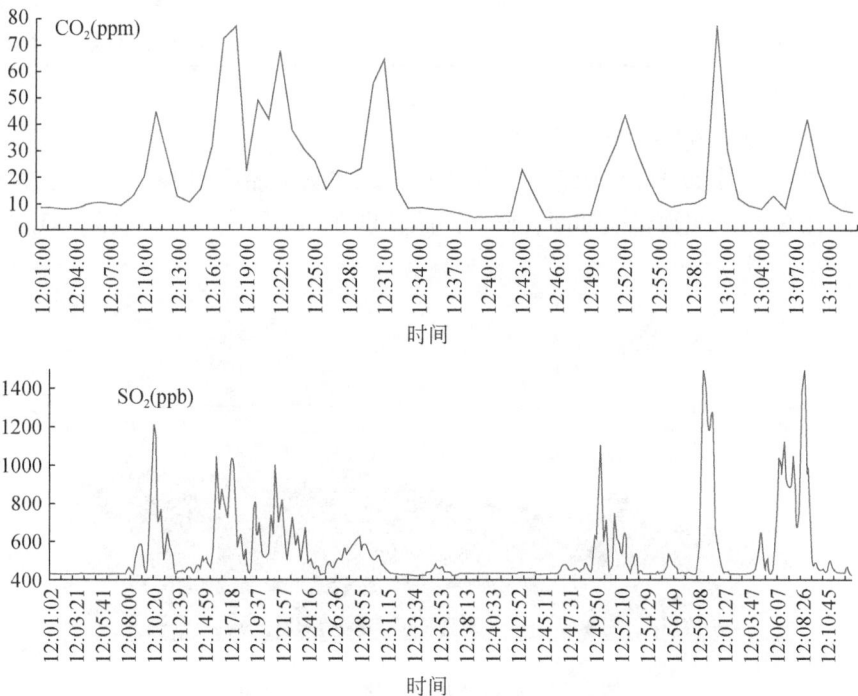

图 2-12　港作拖轮的尾气 CO_2 和 SO_2 监测曲线

5 个波峰推算得到的硫含量平均值为 0.026，标准差为 0.015（表 2-5）。油品送样检测得到的真实值是 0.025。本次实验取平均值的结果较准确，但是标准差较大。本次实验不仅通过嗅探法测得了船舶使用的轻柴油的硫含量，而且在一定程度上说明了嗅探法的前提要求，即足够的监测频次形成足够饱满的波峰。

表 2-5 嗅探法测得的港作拖轮燃油硫含量

监测时间	背景时间	SO₂监测浓度（ppb）	SO₂背景浓度（ppb）	CO₂监测浓度（ppm）	CO₂背景浓度（ppm）	硫含量（%，质量分数）
12：08：00 ~ 12：14：59	12：01：00 ~ 12：07：59	19.87	9.21	564.53	433.13	0.019
12：14：00 ~ 12：33：59	12：01：00 ~ 12：07：59	38.46	9.21	615.10	433.13	0.037
12：49：00 ~ 12：55：59	12：46：00 ~ 12：48：59	22.86	7.50	536.69	457.18	0.045
12：59：00 ~ 13：02：59	12：56：00 ~ 12：58：59	32.90	9.69	729.53	432.16	0.018
13：03：00 ~ 13：10：59	13：11：00 ~ 13：15：59	17.25	6.60	691.28	433.89	0.010
					硫含量平均值	0.026
					硫含量标准差	0.015

2. 大型散货船的跟船嗅探法实验

2017 年 3 月 29 日至 2017 年 4 月 4 日，天津新港船厂的 18 万吨新建大型散货船（图 2-13）出海试航期间，研究团队分别在烟囱舱内部开孔监测 CO_2 和 SO_2

图 2-13 实验场地——18 万吨散货船

的浓度波动，并利用嗅探法计算燃油硫含量，并与实验室油样检测结果对比，分析精度与误差。

在出港到锚地的过程中，该船使用 0 号轻柴油作为燃油。由于 0 号轻柴油的硫含量远低于燃料油的硫含量，为了能够测得 SO_2 波峰，在主机烟囱上的一处开口安装阀门，人为控制放气近距离监测（图 2-14）。开阀监测尾气，关阀监测背景。由于阀门较小，气团较小，为了保证 CO_2 和 SO_2 测得数据的同步性，SO_2 设备的进气口接延长管并与 CO_2 设备的传感器捆绑，确保两个设备吸入同一位置的尾气。但是，SO_2 设备的延长管会导致 SO_2 浓度监测结果滞后约半分钟。

图 2-14 大型散货船主机烟囱阀门开口处尾气监测现场

出港阶段主要分两个过程，第一个过程是当天下午 16 点之前，从码头到天津港锚地阶段，该阶段航速较低，尾气产生量较小，极少量尾气从阀门溢出；第二个过程是当天下午 16 点之后，在锚地绕圈测试，轮机转速较快产生大量尾气，少量尾气能够从阀门喷出。

从 CO_2 和 SO_2 监测曲线（图 2-15）可以看出，第一个过程中，测到的浓度较低，原因是溢出尾气量少，扩散到监测仪器处时尾气稀释到很低的浓度，检测到 3 个波峰；第二个过程中，尾气量较多，扩散到监测仪器处时浓度尚较高，SO_2 波峰 2 个，而 CO_2 波峰大于 2 个（来自检测人员呼吸的干扰）。

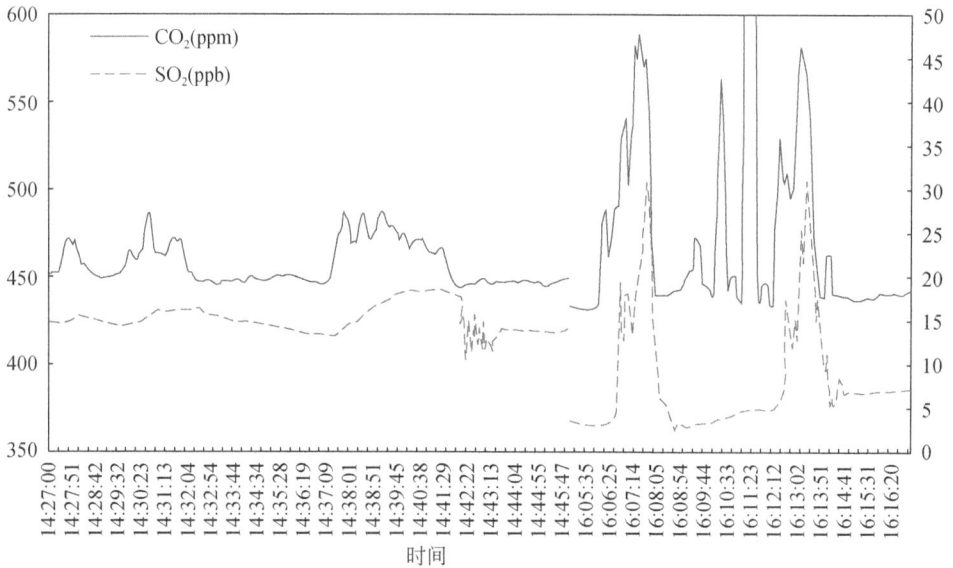

图 2-15　大型散货船尾气 CO_2 和 SO_2 监测曲线（使用低硫油）

5 个波峰推算得到的硫含量平均值为 0.026，标准差为 0.007（表 2-6）。油品送样检测得到的真实值是 0.03。本次实验的 5 个波峰中，前 2 个波峰的 SO_2 浓度稍高于背景值，容易产生较大的误差，结果也表明了 2 个结果明显低于真实值；后 2 个波峰的 SO_2 浓度明显高于背景值，结果非常可靠，与真实值之间的偏差约为 0.001。第 3 个波峰的浓度虽然也较小，但是结果准确。本次实验不仅通过嗅探法测得了船舶使用的轻柴油的硫含量，而且在一定程度上说明了嗅探法的前提要求，即能够测到较明显的波峰。

2.1.2.3　NO 干扰影响及其剔除

1. 发现 NO 干扰影响

2019 年 6 月 14 日，在重庆内河水域（船舶燃油来源合规，硫含量几乎都在 10ppm 以内），依托海巡艇平台对海巡艇尾气进行近距离监测，发现了尾气中 NO

对紫外荧光法 SO_2 监测结果的影响。采用的主要设备是赛默飞 42i SO_2 分析仪、LICOR850 CO_2 分析仪（图 2-16）。

表 2-6　嗅探法测得的大型散货船燃油硫含量（使用低硫油）

监测时间	背景时间	SO_2 监测浓度（ppb）	SO_2 背景浓度（ppb）	CO_2 监测浓度（ppm）	CO_2 背景浓度（ppm）	硫含量（%，质量分数）
14：27：00 ~ 14：28：59	14：29：00	15.11	14.54	457.86	449.38	0.016
14：29：30 ~ 14：33：00	14：29：00	15.63	14.54	460.74	449.38	0.022
14：37：00 ~ 14：43：59	14：44：00 ~ 14：44：59	15.85	13.75	462.90	447.11	0.031
16：06：00 ~ 16：08：59	16：05：00 ~ 16：05：59	11.11	3.20	491.42	432.37	0.031
16：12：00 ~ 16：14：59	16：15：00 ~ 16：15：59	12.32	6.80	482.80	437.96	0.029
					硫含量平均值	0.026
					硫含量标准差	0.007

图 2-16　近距离监测海巡艇自身尾气的现场工作照和设备

如图 2-17 所示，燃油硫含量不超过 10ppm 的情况下，每一次采样头靠近海巡艇排气口就会产生一个明显的 CO_2 和 SO_2 波峰。正常情况下，在如此低的燃油硫含量情况下，SO_2 波峰不可能如此之高。经过多次监测，计算获得的硫含量如表 2-7 所示。

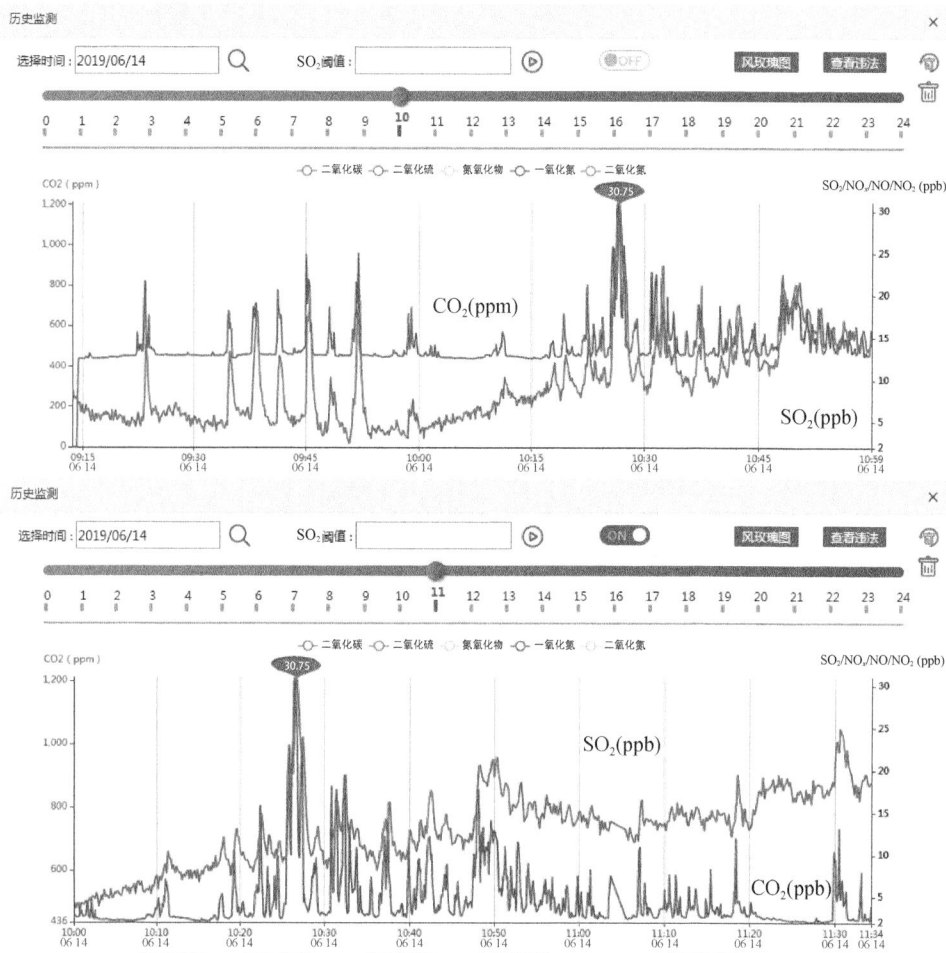

图 2-17　近距离监测海巡艇自身尾气的 SO_2 和 CO_2 浓度曲线

表 2-7　近距离监测海巡艇自身尾气
并通过嗅探法测得的硫含量明显超过真实结果

时刻	原硫含量计算结果（ppm）	备注
9：23	70	
9：34	137	
9：38	132	船舶高速航行，特意将采样器伸至排
9：41	103	气口
9：45	91	
9：48	131	

续表

时刻	原硫含量计算结果（ppm）	备注
9：59	54	船舶刹车并靠岸检查，采样器在甲板上
10：18	134	船舶转弯，采样器在甲板上
10：19	59	
10：22	64	
10：26	69	
10：29	60	
10：32	69	
10：37	72	船舶靠泊但未熄火，采样器在甲板上
10：42	80	
10：44	40	
10：48	54	
11：15	62	
11：18	45	
11：30	132	船舶减速，靠泊趸船
11：33	50	

2. 剔除 NO 干扰影响

2019 年 6 月 15 日，在原有设备的基础上增加了赛默飞 42i NO_x 分析仪，同步监测海巡艇尾气中的 SO_2、NO 和 CO_2 浓度，识别 NO 的干扰系数，并提出了自动剔除 NO 影响的方法（图 2-18）。

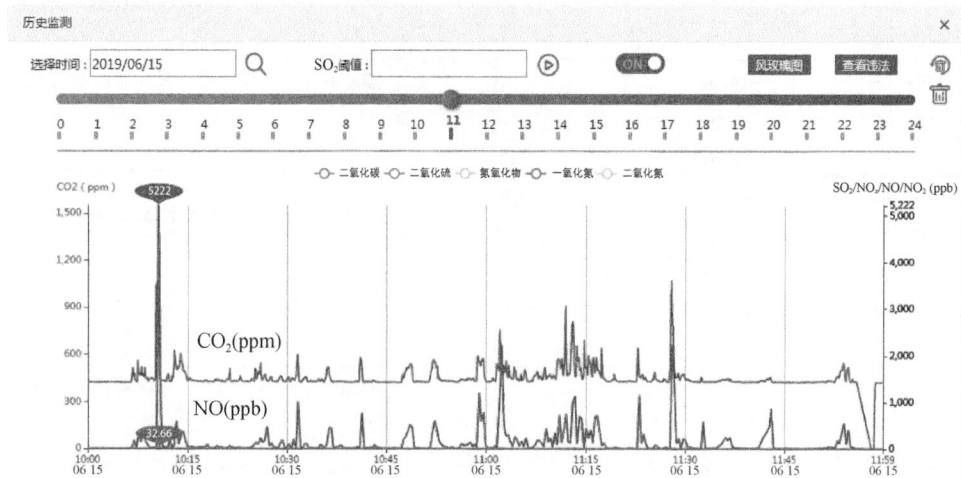

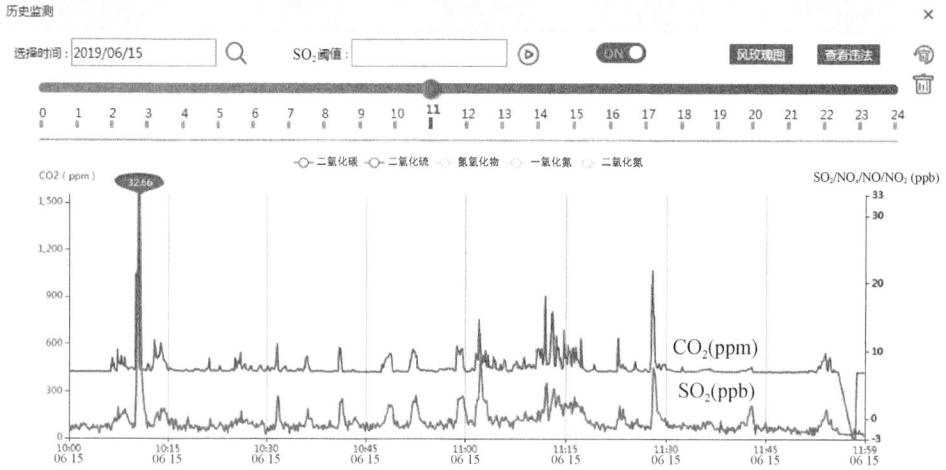

图 2-18　近距离监测海巡艇自身尾气的 SO_2、NO 和 CO_2 浓度曲线

经过多轮测定，得到了 NO 的干扰系数为 0.8%，即浓度为 1000ppb 的 NO 会被误测为 8ppb 的 SO_2。对测得的 SO_2 浓度剔除 NO 干扰影响前后的硫含量计算结果如表 2-8 所示。

表 2-8　近距离监测海巡艇自身尾气并通过嗅探法
测得的硫含量结果（剔除 NO 干扰影响前后对比）

时刻	剔除 NO 干扰影响后的硫含量计算结果（ppm）	剔除 NO 干扰影响前的硫含量计算结果（ppm）	备注
10：07	15.00	87	船舶高速航行，特意将采样器伸至排气口
10：10	22.00	117	
10：13	−14.00	33	船舶刹车并靠岸检查，采样器在甲板上
10：26	−5.00	96	
10：31	−1.00	129	
10：36	−2.00	80	船舶高速航行，特意将采样器伸至排气口
10：41	2.50	85	
10：48	−4.00	64	
10：52	6.00	80	
10：58	−2.00	98	
11：12	−3.70	55	船舶刹车并靠岸检查，采样器在甲板上
11：28	−3.00	62	启动回程
11：54	−11.00	77	船舶减速，靠泊逛船

3. 在 NO 干扰影响下自动识别燃油硫含量超标船舶的方法

考虑到不同厂家的 SO_2 分析仪之间可能存在的差异，导致 NO 对 SO_2 监测的干扰系数可能会因设备而异。本项目提出了根据现场大量的船舶尾气监测数据自动优化设定干扰系数，同时能够识别出硫含量超标船舶的方法。该方法默认绝大多数船舶燃油的硫含量符合规定，具体流程如下：

首先，利用公式 $n=（SO_{2波峰}-SO_{2背景}）/（NO_{波峰}-NO_{背景}）$ 计算每一艘船尾气独立的干扰系数 n；然后，集中所有船舶的 n 值绘制直方图；最后，利用单峰直方图阈值自动寻优算法识别到 n 值异常大的船舶为硫含量超标船舶（图 2-19）。

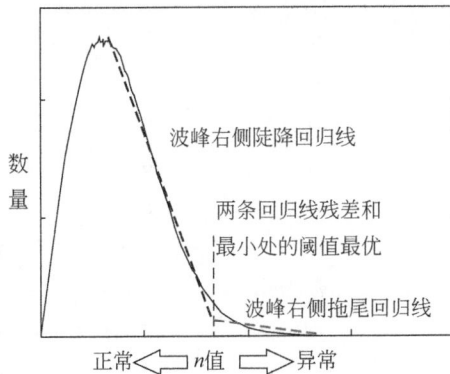

图 2-19 在 NO 干扰影响下识别燃油硫含量超标船舶的单峰直方图阈值寻优算法 T-point 法

2020 年 10 月 27 日，项目组在中山市西河船闸开展船舶尾气监测实验，共测得 19 艘船舶的尾气。利用以上算法识别到 1 艘燃油硫含量超标的船舶（图 2-20）。

根据 T-pint 法识别到的最优阈值 n 为 3.6%，虽然该值明显大于之前测定的 0.8%，但是考虑到燃油中存在一定的硫含量以及监测随机误差的存在，该阈值较为合理（表 2-9）。

表 2-9 2020 年 10 月 27 日在中山市西河船闸测得的 19 艘船舶的 NO 和 SO_2 比值 n

序号	$SO_{2背景}$（ppb）	$SO_{2波峰}$（ppb）	$NO_{背景}$（ppb）	$NO_{波峰}$（ppb）	n 值
1	0	117	−6	2280	0.051
2	−3	42	−5	1309	0.034
3	−1	33	55	1097	0.033
4	−6	32	−5	1469	0.026

续表

序号	SO$_2$背景 （ppb）	SO$_2$波峰 （ppb）	NO背景 （ppb）	NO波峰 （ppb）	n 值
5	−6	78	−5	4415	0.019
6	−4	36	−4	1825	0.022
7	−4	24	−4	1498	0.019
8	−8	29	−4	1997	0.019
9	−7	46	114	2664	0.021
10	−8	35	11	1340	0.032
11	−1	42	−7	1340	0.032
12	1	32	−5	1156	0.027
13	−1	25	20	1345	0.020
14	−1	79	20	4410	0.018
15	−2	80	0	4304	0.019
16	0	67	−2	3665	0.018
17	−1	72	−4	4294	0.017
18	−1	77	−4	4128	0.019
19	−2	39	1	1446	0.028

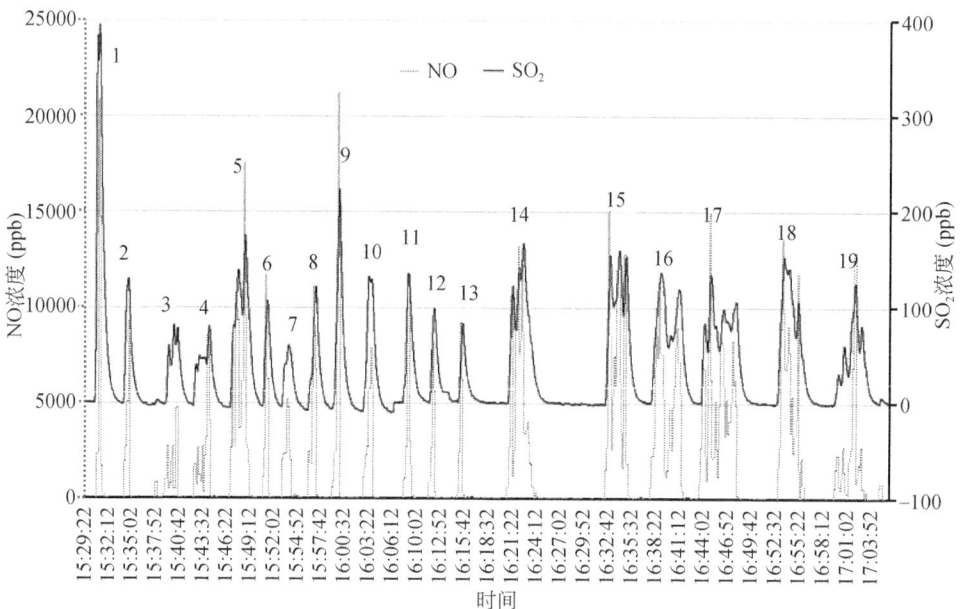

图 2-20　2020 年 10 月 27 日在中山市西河船闸测得的 19 艘船舶的 SO$_2$ 和 NO 浓度曲线

2.1.3 遥测距离模拟与验证

航船舶尾气嗅探遥测技术的有效遥测距离是船舶尾气遥测站点选址的关键。有效遥测距离的判别标准是尾气扩散至远处位置时残留浓度高于仪器的检出限（例如，超过检出限的 3 倍）。船舶尾气扩散稀释的浓度受船舶吨位、风速风向的影响，本研究通过集成高精度的 SO_2 和 CO_2 分析仪实现了超远距离的监测，利用高斯模型模拟了理论上的有效遥测距离，并通过实际现场监测验证了远距离情况下船舶尾气的可测性。

本研究只考虑岸基平台和桥基平台两种情况，前者考虑船舶尾气的水平扩散为主，后者考虑船舶尾气的垂直扩散为主。船载平台和机载平台的遥测距离与岸基平台一致，区别仅在于平台可移动。

2.1.3.1 船舶尾气扩散模型

1. 高斯烟羽扩散模型

高斯烟羽模型（Gaussian plume model）是一种典型的气体扩散模型，其模型简单可靠。Michel 等提出通过峡谷与高速公路地形结合，多源高斯烟羽城市大气扩散模型，对短时模型修正效果较为明显。Ristic 等在 Michel 的基础上又提出了参数估计中最佳可实现精度的理论分析，对模型的精度测量也有所提高。近几年，国内外学者将高斯烟羽模型应用于多种场景，以此来描述或者模拟气体扩散，从而可以有效对环境大气污染扩散进行仿真、分析气体成分，也可在研究溢油等液体扩散基础上对气体扩散进行分析。

将高斯烟羽扩散模型有效应用于船舶尾气扩散条件下需有相关约束条件。

约束 1：将船舶烟囱看作单个点源，且源强 Q 恒定。

约束 2：风速大小恒定且风向沿着与行船方向呈一定夹角，而最后风速与船速矢量合成的方向，即为船舶尾气扩散方向 x 轴方向。

约束 3：扩散是各向同性的，且涡流扩散系数仅依赖于下风距离。

约束 4：风速足够大以至于除 x 方向的扩散外其他方向可以忽略。

约束 5：污染物质不会渗透到海水之中。

在以上约束条件下，可得到船舶尾气高斯烟羽扩散模型 [式（2-1）]。式（2-1）中 $X(x, y, z)$ 为下风向任意一点处尾气气体浓度数学模型，单位为 kg/m^3；a 为尾气水平扩散参数，单位为 m^{-2}；b 为尾气垂直扩散参数，单位为 m^{-2}。

$$X(x, y, z) = A(x) \cdot e^{-ay^2} \cdot e^{-bz^2} \tag{2-1}$$

其原理如图 2-21 所示，M 为船舶烟囱位置，而任意一点 N 的尾气浓度值受到实源和像源共同影响，实源到 N 点的纵向距离为 $z-H$，而像源 M′ 对 N 点影响相当于 M 向下经过反射面 X 轴反射后再回到 N 点，则纵向距离为 $z+H$。

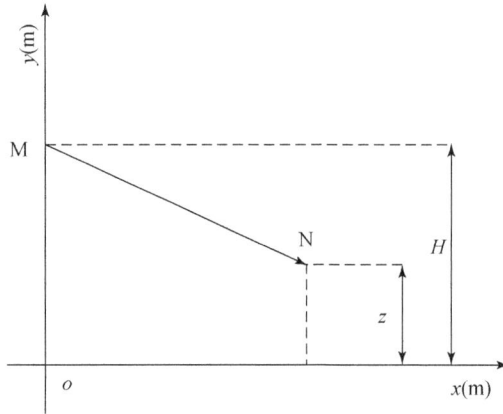

图 2-21　实源像源对任意点叠加示意图

因此，可以得到实际船舶尾气的高斯烟羽模型，如式（2-2）所示。

$$X^*(x,y,z,H)=\frac{Q}{2\pi u\sigma_y\sigma_z}\exp\left(-\frac{y^2}{2\sigma_y^2}\right)\cdot\left\{\exp\left[-\frac{(z-H)^2}{2\sigma_z^2}\right]+\exp\left[-\frac{(z+H)^2}{2\sigma_z^2}\right]\right\}$$

$$(2\text{-}2)$$

式中，X^*（x，y，z，H）为下风向任意一处船舶尾气气体浓度，单位为 kg/m³；u 为风速，单位为 m/s；H 为船舶烟囱高度，单位为 m；z 为垂直方向距离，单位为 m。σ_y 和 σ_z 分别为船舶尾气在 y 方向和 z 方向的扩散系数。

2. 船舶尾气"风速"合成

船舶稳定航行时具有一定的船速，而传统的高斯烟羽扩散模型没有考虑到船速对其扩散方向和强度的影响。若以船舶烟囱口作为坐标原点，将排放源点作为移动参考系，则经过改进后的高斯烟羽扩散模型可以看作船不动，原模型中的风速 u 可以通过将船舶航行速度的反向速度$-u_c$ 和实际风速 u_f 进行矢量合成，合成后的风向 u 为尾气扩散的方向，其矢量合成方式如图 2-22 所示。

其中各个角度关系如式（2-3）所示，矢量关系如式（2-4）所示。

$$\angle u_f ou_c=\theta_1\ \angle uou_f=\theta_2\ \angle uou_c=\theta_1+\theta_2=\theta \qquad (2\text{-}3)$$

$$\vec{u}=\overrightarrow{(-u_c)}+\vec{u_f} \qquad (2\text{-}4)$$

式中，u_c 为船舶航行速度；u_f 为实际风速；u 为尾气扩散方向。

3. 船舶尾气模型参数设定

（1）船舶航速

船舶航行速度 u_c 是船舶尾气扩散模型中最重要的参数之一，航速以"节"表示（1kn＝1.852km/h）。船舶的航速依船型不同而不同，其中干散货船和油轮

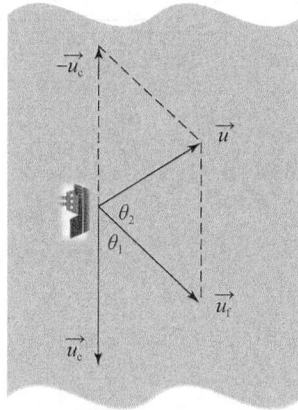

图 2-22　实际风速与船速矢量合成模型风速

的航速较慢，一般为 13 ~ 17 节；集装箱船的航速较快，目前最快的集装箱船航速可达 24.5 节。客船的航速也较快。因此，为了得到相对较准确的船舶尾气扩散模型，在计算中分别选择干散货船和油轮的平均航速 15 节、集装箱船的平均航速 20 节作为船舶尾气模型中的航速 u_c。船舶航行以海里为记程单位，1 海里等于 1.852km。

（2）烟囱高度

船舶烟囱高度 H 也是船舶尾气扩散模型中十分重要的参数。由于船舶种类繁多，不同船舶的烟囱高度差异较大。且船舶烟囱高度除了与设计的船型尺度有关外，与船舶的吃水深度等船舶航行状态也有关系。因此，为了使船舶尾气扩散模型尽量接近实际烟气扩散情况，选择船舶烟囱平均高度 20m 作为模型中的计算参数。

（3）源强

源强 Q，即尾气排放速度，决定了烟羽中各点的浓度分布情况。一般来说 3000t 以上的船舶基本配备燃烧重油的发动机，一般情况下该吨位船舶航行的油耗是 3t/d。假设燃油中 C 含量为 87%，则 CO_2 排放强度为 0.125kg/s。为简化起见，约定 10000t 船舶的油耗、源强和尾气浓度分布是 3000t 船舶的 3 倍。

（4）尾气扩散参数

船舶尾气扩散参数 σ_y 和 σ_z 的确定参考 GBT/3840—1991《制定地方大气污染物排放标准的技术方法》，如表 2-10 和表 2-11 所示。其中大气稳定度根据 Pasquill 研究得到的大气稳定度表查询可知，如表 2-12 所示。

表 2-10　横向扩散参数 σ_y 确定方法（$\sigma_y = \gamma_1 x^{\alpha_1}$）

大气稳定度	α_1	γ_1	下风距离（m）
A	0.901074	0.425809	0 ~ 1000
	0.850934	0.602052	>1000
B	0.914370	0.281846	0 ~ 1000
	0.865014	0.396353	>1000
B ~ C	0.919325	0.229500	0 ~ 1000
	0.875086	0.314238	>1000
C	0.926849	0.177154	0 ~ 1000
	0.885157	0.232123	>1000
C ~ D	0.926949	0.143940	0 ~ 1000
	0.886940	0.189396	>1000
D	0.929418	0.110726	0 ~ 1000
	0.888723	0.146669	>1000
D ~ E	0.925118	0.0985631	0 ~ 1000
	0.892794	0.124308	>1000
E	0.920818	0.0864001	0 ~ 1000
	0.896864	0.101947	>1000
F	0.929418	0.0553634	0 ~ 1000
	0.888723	0.0733348	>1000

表 2-11　垂直扩散参数 σ_z 确定方法（$\sigma_z = \gamma_2 x^{\alpha_2}$）

大气稳定度	α_2	γ_2	下风距离（m）
A	1.12154	0.0799904	0 ~ 300
	1.51360	0.00854771	300 ~ 500
	2.10881	0.000211545	>500
B	0.964435	0.127190	0 ~ 500
	1.09356	0.057025	>500
B ~ C	0.941015	0.114682	0 ~ 500
	1.00770	0.0757182	>500
C	0.917595	0.106803	>0

大气稳定度	α_2	γ_2	下风距离（m）
	0.838628	0.126152	0 ~ 2000
C ~ D	0.756410	0.235667	2000 ~ 10000
	0.815575	0.136659	>10000
	0.82212	0.104634	0 ~ 1000
D	0.632023	0.400167	1000 ~ 10000
	0.55536	0.810763	>10000
	0.776864	0.111771	0 ~ 2000
D ~ E	0.572347	0.5289922	2000 ~ 10000
	0.499149	1.03810	>10000
	0.788370	0.0923529	0 ~ 1000
E	0.565188	0.433384	1000 ~ 10000
	0.414743	1.73421	>10000
	0.784400	0.0620765	0 ~ 1000
F	0.525969	0.370015	1000 ~ 10000
	0.322659	2.40691	>10000

表 2-12　Pasquill 大气稳定度

地面风速 （m/s）	日间太阳辐射			夜间云量	
	强	中	弱	多云	无云
<2	A	A ~ B	B	E	F
2 ~ 3	B	B ~ C	C	D	E
3 ~ 5	C	C ~ D	D	D	D
5 ~ 6	C	C ~ D	D	D	D
>6	C	D	D	D	D

　　根据相应的气象条件选择对应的大气稳定度，进一步确定烟气扩散系数，就可通过 MATLAB 进行编程仿真，模拟船舶尾气扩散模型。通过计算得到的船舶尾气扩散模型，可以为遥测仪器的选址提供参考。

2.1.3.2　岸基适用条件模拟

在近海和沿海水域安装船舶尾气遥测仪器，大多数情况下需要将仪器安装在近海和沿海水域的岸边，岸基船舶尾气遥测系统选址，需要结合当地气象条件，充分考虑岸船最短距离、安装位置高度等因素。

通过 MATLAB 进行编程仿真，模拟船舶尾气扩散模型，从计算结果可得到船舶尾气烟羽中任一点 CO_2 气体浓度，即得到遥测系统不同选址点位可测得船舶尾气中 CO_2 气体浓度。模型可为岸基系统的选址提供参考。

1. 近海和沿海水域集装箱货船尾气扩散模型

近海和沿海水域集装箱货船平均船速为 20 节。通过 MATLAB 进行编程仿真，其中模型中各个参数及其符号、单位和相应仿真数据如表 2-13 所示，模型结果如图 2-23 所示。

表 2-13　模型参数表

参数	船速	风力	航向夹角	源强	烟囱高度	大气稳定度
符号	u_c	u_f	θ_1	Q	H	
单位	节	级	rad	kg/s	m	B ~ D
数据	20	7 ~ 2	$\pi/2$	0.125	20	

图 2-23 表示了不同条件下尾气烟羽中 CO_2 浓度的空间分布情况。从图 2-23 可以观察到，随着预测有效高度 z 的改变，CO_2 扩散浓度和范围也不断变化。虽然图像在形状上有所类似，但是在右侧浓度分布的颜色条上，CO_2 浓度数量级明显不同。当预测有效高度为 0m 时，CO_2 最大浓度出现的位置为下风向 300m 附近，CO_2 最大浓度值约为 4.2ppm；当预测有效高度为 10m 时，CO_2 最大浓度出现在下风向 200m，CO_2 最大浓度值约为 7.6ppm；当预测有效高度与烟囱高度相同

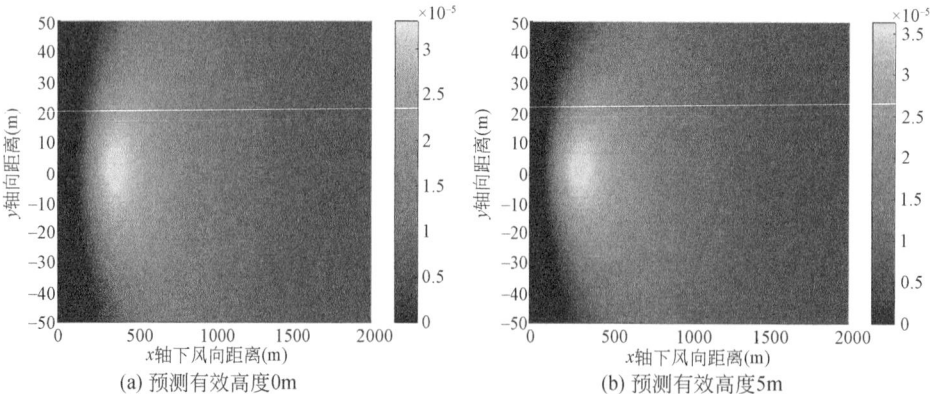

(a) 预测有效高度0m　　　　　　　　(b) 预测有效高度5m

(c) 预测有效高度10m

(d) 预测有效高度15m

(e) 预测有效高度20m

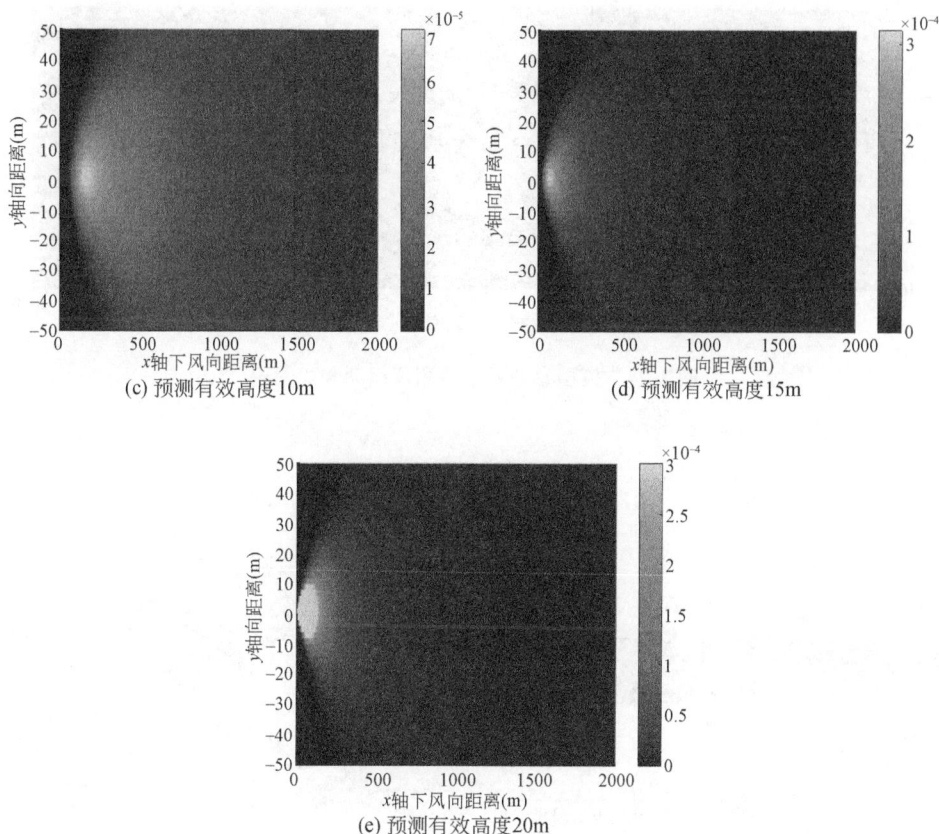

图 2-23　航速 20 节、风力 7 级下船舶尾气中 CO_2 浓度空间分布图

时（20m），CO_2 最大浓度出现在排放点烟囱口附近。

　　模型是将航行中的船舶作为运动参考系来进行编程仿真，在该参考系下，船舶烟囱排放点由移动连续点源转换成为固定连续点源，而设置于海岸的船舶尾气遥测系统在该参考系下，则沿着平行于船舶航行的反方向，以船舶航行相同的航速运动，其运动形式如图 2-24 所示。

　　从图 2-24 可以看出，在该参考系中，遥测系统是以 u_c 的速度沿着白线方向穿过船舶尾气烟羽，因此在模型中插入遥测系统运动轨迹，其运动轨迹与尾气烟羽模型形成的切面，即为设置在此处的遥测系统可测得的该条船舶尾气的浓度。其切面形成的方式如图 2-25 所示。

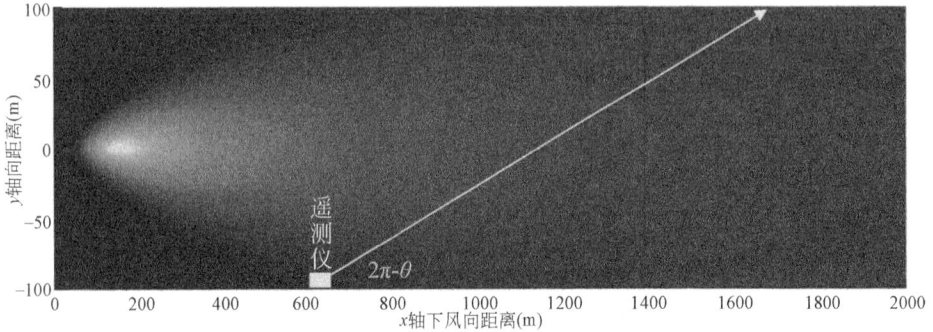

图2-24　模型参考系中遥测仪运动方式图像

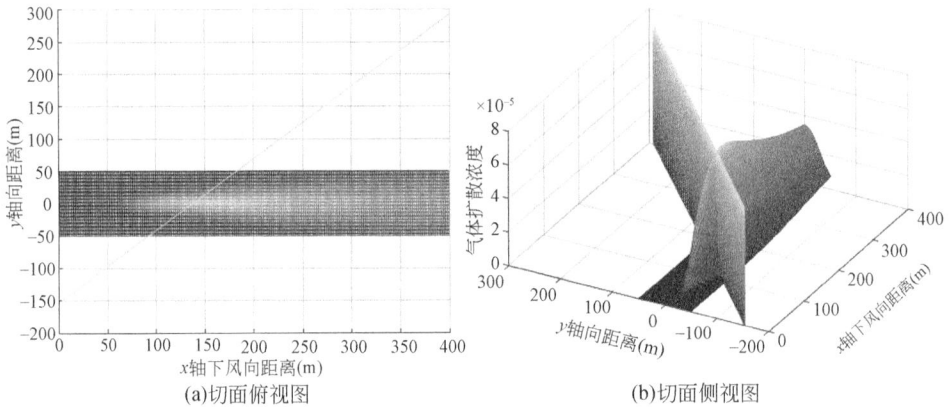

(a)切面俯视图 　　　　　　　　　(b)切面侧视图

图2-25　遥测系统穿过烟羽范围形成切面图

　　因此，在该切面中得到的烟气浓度最大值，即为设置在此处的遥测系统能测到的该船舶排放的尾气浓度的最大值。据此即可得到不同条件下遥测系统位置与可测得 CO_2 浓度的相关性，如图2-26所示。

　　从图2-26可知，随着船舶与遥测系统的最短距离不断增加，可测得的 CO_2 最大浓度呈现先增后减趋势。例如，当遥测系统安装高度为0m，遥测系统设置在距离船舶最近的位置100m时，系统可测得的最大 CO_2 浓度为0.1ppm；当系统设置在距离船舶最近的位置为300m时，系统可测得最大 CO_2 浓度增加至4.2ppm；当该距离延长到1600m时，系统可测得最大 CO_2 浓度降低至0.7ppm。同时，当船舶与遥测系统的最短距离在400m以内时，系统设置的高度对可测得 CO_2 最大浓度影响较大；当距离大于430m时，高度对可测得的 CO_2 浓度的影响几乎不存在，这表明，在近海水域，航速20节、风力7级的条件下，如果遥测系

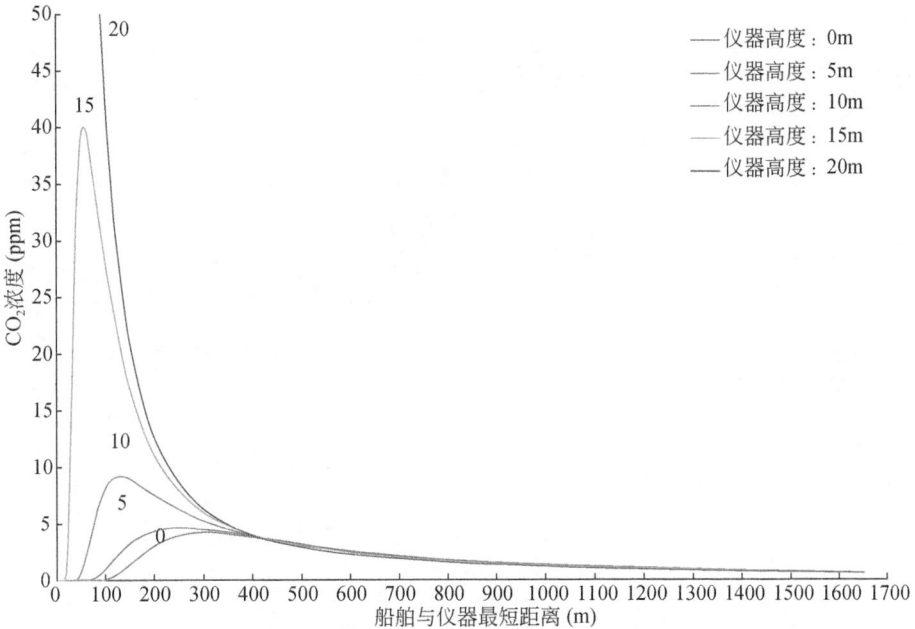

图 2-26　遥测系统位置与可测 CO_2 浓度相关性（航速 20 节、风力 7 级）

统的位置与船舶的最短距离大于 430m，系统无论是安装在 0m 高度或者是 20m 高度，测得的尾气浓度均差别不大。

改变模型参数，利用 MATLAB 可得到平均航速 20 节、风力从 6 级到 2 级的条件下，遥测系统位置与可测得的 CO_2 浓度的相关性，如图 2-27 所示。从图 2-27 可以看出，不同风力条件下，CO_2 浓度的空间分布曲线在形状上存在相似之处，但风力越低，将导致 CO_2 浓度随距离衰减的越严重，这意味着，在平均风力较低的水域，需要将遥测系统的安装位置适当地向靠近船舶的方向移动，以保证 CO_2 浓度能满足系统的测试最小分辨率的要求。

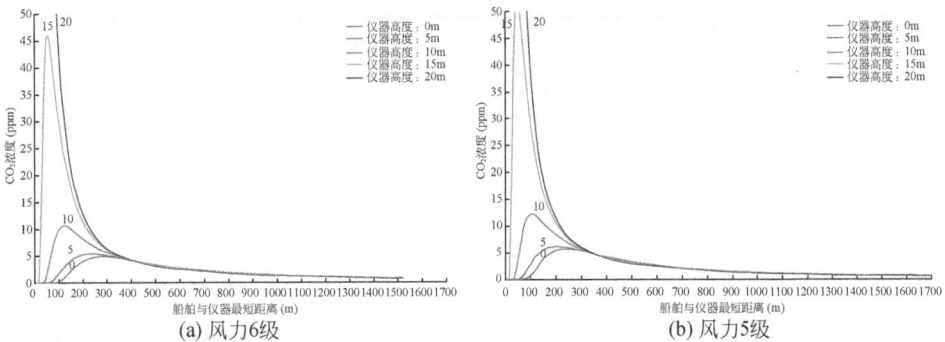

(a) 风力6级

(b) 风力5级

(c) 风力4级　　　　　　　　　　　　(d) 风力3级

(e) 风力2级

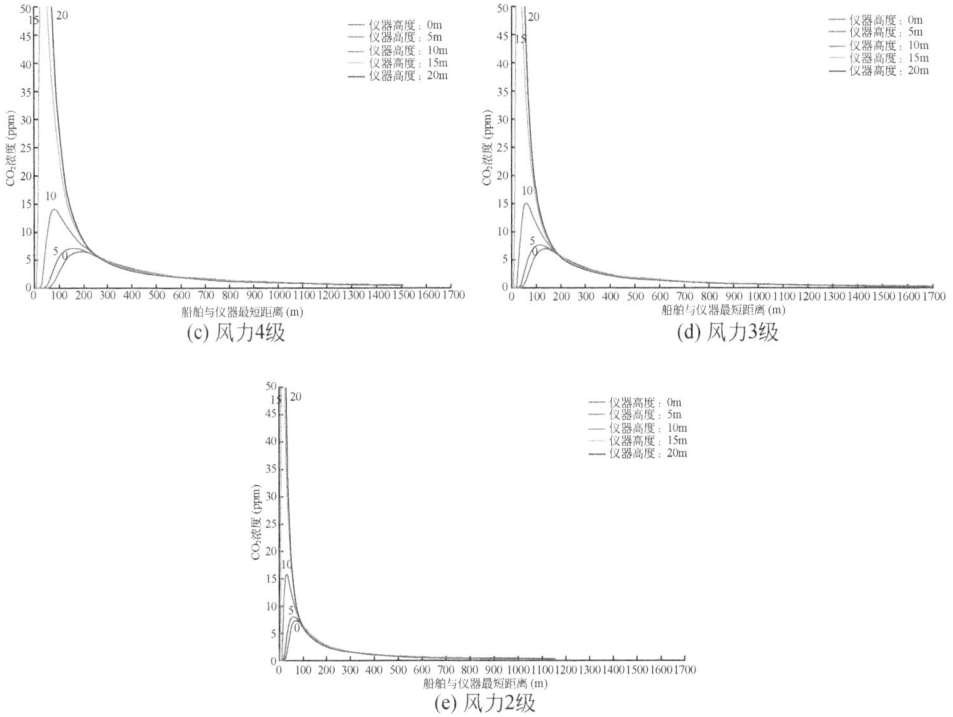

图 2-27　遥测系统位置与可测 CO_2 浓度相关性（航速 20 节、风力 6~2 级）

2. 近海和沿海水域干散货船和油轮尾气扩散模型

近海和沿海水域干散货船和油轮平均船速为 15 节。按照同样的方法，通过 MATLAB 进行编程仿真，其中模型中各个参数及其符号、单位和相应仿真数据如表 2-14 所示，通过模型结果可得到在该参数模型条件下遥测系统位置与可测得的 CO_2 浓度的相关性，如图 2-28 所示。

表 2-14　模型参数表

参数	船速	风力	航向夹角	源强	烟囱高度	大气稳定度
符号	u_c	u_f	θ_1	Q	H	
单位	节	级	rad	kg/s	m	B~D
数据	15	7~2	$\pi/2$	0.125	20	

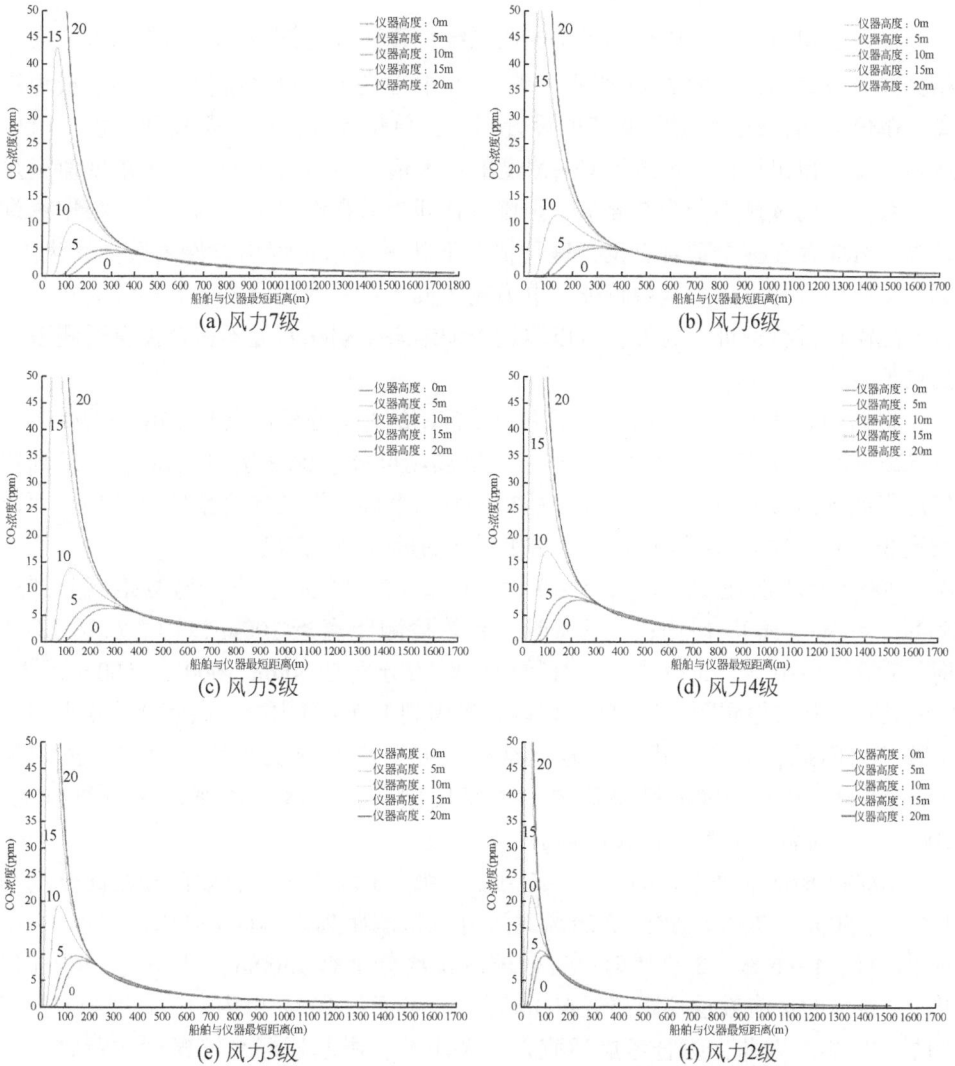

图 2-28　遥测系统位置与可测 CO_2 浓度相关性（航速 15 节、风力 7~2 级）

从图 2-28 看出，不同风力条件下，CO_2 浓度的空间分布曲线在形状上存在相似之处，且其变化规律与航速 20 节时情况一致，但风力和航速越低，将导致 CO_2 浓度随距离衰减得越严重，同样，在平均风力较低的水域，需要将遥测系统的安装位置适当地向靠近船舶的方向移动，以保证 CO_2 浓度能满足系统的测试最小分辨率的要求。

3. 岸基遥测系统选址方案

根据模型结果，可以得到岸基遥测系统位置选择与该位置可测得 CO_2 浓度的相关性参数表格，如表 2-15 所示。表 2-15 中 L 表示遥测系统位置与船舶最短距离，单位为 m；z 表示遥测系统的设置高度，单位为 m；根据距离和高度，可以从表中查询得出该位置可测得 CO_2 浓度的最大值，单位为 ppm，若该浓度值满足遥测系统的测试最小分辨率要求，则该位置即为适合设置系统的点位。根据查询结果，可能存在多个适合点位，这种情况下就需要结合现场条件来选择最优点，例如需要综合考虑地形地貌特征、电力输送成本、平台建设要求等条件需求，结合实际需求进行选址。此外，可以通过查询结果来剔除明显不适合设置遥测系统的点位。

根据调研获悉，欧美的研究案例中较常用的 CO_2 分析仪是 LICOR 公司生产的 LI-820/840/850 或者 LI-7000/7200 等，监测精度能够保证达到 1ppm。考虑到船舶尾气波峰需要有较强的信噪比才得到较为准确的燃油硫含量估算结果，因此设定 3ppm 为嗅探法可以有效识别船舶尾气的最低 CO_2 浓度。

3000t 船舶航速 20 节时，5～7 级、4 级、3 级风时，有效监测距离分别是 500m、400m、300m 以内；2 级风时，有效检测距离近 100m 以内。航速 15 节时，7 级、4～6 级、3 级风时，有效监测距离分别是 500m、600m、500m 以内；2 级风时，有效检测距离近 300m 以内。考虑到 100m 以内时，高度会产生很明显的影响。因此，综合考虑的适宜选址要求是，岸基遥测系统建设在距离船舶 500m 以内，200～500m 则不需要考虑高度问题，但适宜风速在 3 级风以上，200m 以内则需要距离水面 10m 以上。

10000t 船舶航速 20 节时，5～7 级、4 级、3 级风时，有效监测距离分别是 1100m、900m、700m 以内；2 级风时，有效检测距离近 400m 以内。航速 15 节时，7 级、4～6 级、3 级风时，有效监测距离分别是 1300m、1400m、1100m 以内；2 级风时，有效检测距离近 600m 以内。考虑到 100m 以内时，高度会产生很明显的影响。因此，综合考虑适宜选址要求是，岸基遥测系统建设在距离船舶 1000m 以内，200～1000m 则不需要考虑高度问题，但适宜风速在 3 级风以上，200m 以内则需要距离水面 10m 以上。

2.1.3.3　桥基适用条件模拟

内河航区的船舶尾气遥测系统，一般情况下设置在横跨内河航区的桥梁上。与岸基系统的选址不同，桥基系统只能在无风或者微风条件下发挥作用，气象条件并不作为选址的首要因素考虑，主要考虑的是桥梁高度、安装位置距船舶水平最短距离等因素，这决定了系统安装于桥面是否能够检测到尾气以及是否必须要

表2-15　岸基遥测系统位置与该位置可测得CO_2浓度最大值表格（单位：ppm），深灰色可有效识别3000t船舶尾气，浅灰色可有效识别10000t船舶尾气

航速20节，风力7级

z(m)＼L(m)	100	200	300	400	500	600	700	800	900	1000	1100	1200	1300	1400	1500
0	0.10	3.04	4.21	3.82	3.17	2.60	2.14	1.78	1.53	1.33	1.17	1.04	0.93	0.84	0.76
5	0.99	4.31	4.52	3.87	3.16	2.58	2.12	1.77	1.51	1.32	1.16	1.03	0.93	0.84	0.76
10	8.05	7.57	5.26	3.98	3.13	2.52	2.07	1.73	1.48	1.29	1.14	1.02	0.91	0.82	0.75
15	28.35	11.12	6.00	4.05	3.06	2.43	1.99	1.66	1.43	1.25	1.11	0.99	0.89	0.80	0.73
20	43.13	12.68	6.26	3.98	2.91	2.29	1.88	1.57	1.36	1.19	1.06	0.95	0.85	0.77	0.71

航速20节，风力6级

z(m)＼L(m)	100	200	300	400	500	600	700	800	900	1000	1100	1200	1300	1400	1500
0	0.26	3.97	4.80	4.13	3.34	2.69	2.20	1.83	1.57	1.37	1.20	1.07	0.96	0.86	0.78
5	1.63	5.16	5.04	4.16	3.33	2.67	2.18	1.82	1.56	1.36	1.20	1.06	0.95	0.86	0.78
10	9.96	8.14	5.60	4.20	3.27	2.61	2.13	1.78	1.53	1.33	1.18	1.04	0.94	0.85	0.77
15	29.59	11.27	6.15	4.19	3.17	2.51	2.05	1.72	1.48	1.29	1.14	1.02	0.91	0.83	0.75
20	42.54	12.61	6.30	4.06	3.00	2.37	1.94	1.63	1.41	1.23	1.09	0.98	0.88	0.80	0.73

航速 20 节，风力 5 级

z(m) \ L(m)	100	200	300	400	500	600	700	800	900	1000	1100	1200	1300	1400	1500
0	0.78	5.28	5.27	4.20	3.27	2.58	2.10	1.76	1.50	1.30	1.13	1.01	0.90	0.81	0.74
5	2.93	6.15	5.38	4.19	3.25	2.56	2.08	1.75	1.50	1.30	1.12	1.01	0.90	0.81	0.73
10	12.17	8.28	5.63	4.15	3.18	2.50	2.04	1.71	1.47	1.27	1.11	0.99	0.89	0.80	0.73
15	28.77	10.44	5.85	4.05	3.06	2.40	1.96	1.66	1.42	1.24	1.08	0.97	0.87	0.78	0.71
20	38.34	11.32	5.81	3.86	2.88	2.27	1.86	1.58	1.36	1.19	1.04	0.94	0.84	0.76	0.69

航速 20 节，风力 4 级

z(m) \ L(m)	100	200	300	400	500	600	700	800	900	1000	1100	1200	1300	1400	1500
0	2.86	6.37	4.93	3.56	2.64	2.08	1.69	1.41	1.20	1.03	0.90	0.80	0.71	0.64	0.58
5	5.49	6.67	4.92	3.53	2.62	2.07	1.68	1.40	1.19	1.03	0.90	0.79	0.71	0.63	0.57
10	13.20	7.40	4.88	3.45	2.56	2.02	1.65	1.38	1.17	1.01	0.89	0.78	0.70	0.63	0.57
15	22.93	8.10	4.78	3.31	2.46	1.95	1.60	1.34	1.14	0.99	0.87	0.77	0.69	0.62	0.56
20	27.59	8.29	4.56	3.12	2.33	1.86	1.53	1.29	1.11	0.96	0.85	0.75	0.67	0.61	0.55

航速 20 节，风力 3 级

z(m) \ L(m)	100	200	300	400	500	600	700	800	900	1000	1100	1200	1300	1400	1500
0	6.02	5.69	3.63	2.47	1.84	1.43	1.15	0.96	0.81	0.69	0.60	0.53	0.47	0.42	0.38
5	7.51	5.70	3.60	2.45	1.83	1.42	1.15	0.95	0.80	0.69	0.60	0.53	0.47	0.42	0.38
10	11.18	5.71	3.52	2.40	1.79	1.40	1.13	0.94	0.80	0.68	0.60	0.53	0.47	0.42	0.38
15	14.98	5.65	3.38	2.32	1.74	1.37	1.11	0.92	0.78	0.67	0.59	0.52	0.46	0.42	0.38
20	16.59	5.44	3.19	2.20	1.67	1.32	1.07	0.90	0.76	0.66	0.58	0.51	0.46	0.41	0.37

续表

航速 20 节，风力 2 级

L(m) z(m)	100	200	300	400	500	600	700	800	900	1000	1100	1200	1300	1400	1500
0	6.29	2.81	1.64	1.09	0.79	0.61	0.49	0.40	0.34	0.29	0.25	—	—	—	—
5	6.33	2.79	1.63	1.09	0.79	0.61	0.49	0.40	0.33	0.29	0.25	—	—	—	—
10	6.41	2.73	1.60	1.08	0.78	0.60	0.48	0.40	0.33	0.29	0.25	—	—	—	—
15	6.42	2.63	1.56	1.05	0.77	0.60	0.48	0.39	0.33	0.28	0.25	—	—	—	—
20	6.23	2.49	1.50	1.02	0.75	0.58	0.47	0.39	0.33	0.28	0.24	—	—	—	—

航速 15 节，风力 7 级

L(m) z(m)	100	200	300	400	500	600	700	800	900	1000	1100	1200	1300	1400	1500
0	0.06	2.84	4.49	4.30	3.67	3.05	2.54	2.13	1.81	1.58	1.39	1.24	1.11	1.01	0.91
5	0.76	4.42	4.95	4.40	3.67	3.03	2.52	2.11	1.80	1.57	1.39	1.23	1.11	1.00	0.91
10	8.01	8.62	6.09	4.63	3.67	2.98	2.46	2.06	1.76	1.54	1.36	1.21	1.09	0.98	0.90
15	32.80	13.40	7.21	4.82	3.62	2.88	2.37	1.98	1.69	1.48	1.31	1.17	1.06	0.96	0.87
20	52.49	15.55	7.65	4.81	3.48	2.72	2.23	1.87	1.60	1.41	1.25	1.12	1.01	0.92	0.84

航速 15 节，风力 6 级

L(m) z(m)	100	200	300	400	500	600	700	800	900	1000	1100	1200	1300	1400	1500
0	0.11	3.76	5.35	4.92	4.11	3.39	2.80	2.33	1.99	1.74	1.53	1.36	1.22	1.10	1.00
5	1.17	5.44	5.79	5.00	4.11	3.36	2.77	2.32	1.98	1.73	1.52	1.35	1.21	1.10	1.00
10	10.09	9.77	6.83	5.17	4.08	3.30	2.71	2.26	1.94	1.69	1.49	1.33	1.19	1.08	0.98
15	36.78	14.54	7.87	5.29	3.99	3.18	2.60	2.18	1.87	1.63	1.44	1.29	1.16	1.05	0.96
20	56.62	16.65	8.24	5.22	3.81	3.00	2.45	2.06	1.77	1.56	1.38	1.24	1.12	1.01	0.92

续表

航速 15 节，风力 5 级

L(m) / z(m)	100	200	300	400	500	600	700	800	900	1000	1100	1200	1300	1400	1500
0	0.34	5.32	6.40	5.51	4.46	3.59	2.93	2.45	2.10	1.82	1.60	1.42	1.27	1.15	1.04
5	2.17	6.89	6.72	5.54	4.43	3.56	2.91	2.43	2.08	1.81	1.59	1.42	1.27	1.14	1.04
10	13.28	10.81	7.47	5.60	4.36	3.48	2.84	2.37	2.04	1.78	1.57	1.39	1.25	1.13	1.02
15	39.45	14.93	8.20	5.59	4.22	3.34	2.73	2.29	1.97	1.72	1.52	1.35	1.22	1.10	1.00
20	56.71	16.69	8.39	5.42	4.00	3.15	2.58	2.17	1.88	1.65	1.46	1.30	1.17	1.06	0.97

航速 15 节，风力 4 级

L(m) / z(m)	100	200	300	400	500	600	700	800	900	1000	1100	1200	1300	1400	1500
0	1.59	7.66	7.07	5.48	4.20	3.28	2.68	2.25	1.92	1.66	1.45	1.29	1.15	1.03	0.93
5	4.84	8.60	7.15	5.45	4.17	3.26	2.66	2.23	1.91	1.65	1.44	1.28	1.14	1.03	0.93
10	17.07	10.87	7.35	5.37	4.07	3.18	2.61	2.19	1.87	1.62	1.42	1.26	1.13	1.02	0.92
15	36.72	13.15	7.47	5.20	3.91	3.06	2.52	2.12	1.82	1.58	1.39	1.23	1.10	1.00	0.91
20	47.41	14.04	7.33	4.93	3.69	2.90	2.39	2.03	1.74	1.52	1.34	1.20	1.07	0.97	0.88

航速 15 节，风力 3 级

L(m) / z(m)	100	200	300	400	500	600	700	800	900	1000	1100	1200	1300	1400	1500
0	5.07	8.47	6.15	4.33	3.21	2.52	2.05	1.70	1.44	1.24	1.08	0.96	0.85	0.76	0.69
5	8.31	8.72	6.12	4.30	3.18	2.51	2.04	1.69	1.44	1.24	1.08	0.95	0.85	0.76	0.69
10	17.15	9.29	6.03	4.19	3.12	2.46	2.00	1.67	1.42	1.22	1.07	0.94	0.84	0.76	0.68
15	27.46	9.80	5.84	4.03	3.00	2.38	1.95	1.63	1.39	1.20	1.05	0.93	0.83	0.75	0.68
20	32.17	9.83	5.53	3.80	2.85	2.27	1.87	1.57	1.34	1.16	1.02	0.91	0.81	0.73	0.66

续表

航速 15 节，风力 2 级

z(m) \ L(m)	100	200	300	400	500	600	700	800	900	1000	1100	1200	1300	1400	1500
0	9.51	5.29	3.09	2.09	1.53	1.13	0.95	0.78	0.66	0.56	0.49	0.43	—	—	—
5	9.95	5.25	3.07	2.08	1.53	1.13	0.94	0.78	0.65	0.56	0.49	0.43	—	—	—
10	11.01	5.13	3.01	2.05	1.51	1.15	0.93	0.77	0.65	0.56	0.48	0.43	—	—	—
15	12.02	4.93	2.91	1.99	1.47	1.14	0.92	0.76	0.64	0.55	0.48	0.42	—	—	—
20	12.29	4.65	2.77	1.92	1.43	1.12	0.90	0.75	0.63	0.54	0.47	0.42	—	—	—

在航道正上方等选址问题。图 2-29 显示了桥基系统的船舶尾气扩散模型参数。其中 u_c 为船舶航行速度，单位为节；y 为当船舶位于桥面正下方时，船舶与遥测系统水平最短距离。

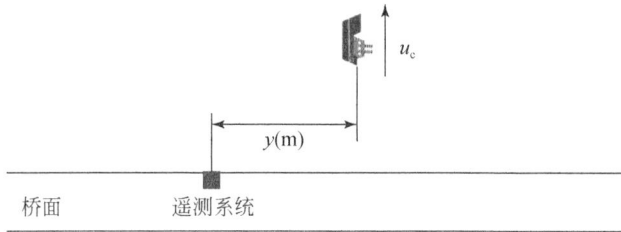

图 2-29　桥基基本系统参数图

对于安装在桥梁上的遥测系统，由于 y 距离较短，因此风力对其影响并不大，因此在烟羽扩散模型的模拟过程中可设置风力为 0 级。

桥梁高度 z，单位为 m，同时它也是遥测系统的安装高度，在烟羽扩散模型中是一个十分重要的参数。相关资料表明，我国桥梁高度最高为 60m，因此 H 的参数设置范围取 20 ~ 60m。

在计算中分别选择干散货船和油轮的平均航速 15 节、集装箱船的平均航速 20 节作为模型中的航速 u_c。

与近海和沿海船舶尾气扩散模型相同，将内河航区的船舶作为固定参考系，则船舶尾气的排放就由难以计算的移动连续点源转换为可利用模型计算的固定连续点源。同时，桥梁及设置在桥梁上的遥测系统，则以船舶航行同样的速度，朝相反的方向运动。

通过 MATLAB 进行编程仿真，模拟船舶尾气扩散模型，从计算结果可得到尾气烟羽中任一点 CO_2 气体浓度，即得到桥基遥测系统不同选址点位可测得尾气中 CO_2 气体浓度。模型可为桥基遥测系统的选址提供参考。

1. 内河航区船舶尾气扩散模型

内河航区集装箱货船平均船速为 20 节，干散货船和油轮平均船速为 15 节。通过 MATLAB 进行编程仿真，其中模型中各个参数及其符号、单位和相应仿真数据如表 2-16 所示，模型结果如图 2-30 所示。

从图 2-30 可以看出，在该参考系中，遥测系统是以 u_c 的速度沿着深线方向穿过船舶尾气烟羽，因此在模型中插入遥测系统运动轨迹，其运动轨迹与尾气烟羽模型形成的切面，即为此处的遥测系统可测得的该条船舶尾气的浓度曲线。在该曲线上的最大值，即为此处的遥测系统可测得的尾气 CO_2 浓度的最大值。

表 2-16　模型参数表

参数	船速	风力	桥梁高度	源强	烟囱高度	大气稳定度
符号	u_c	u_f	z	Q	H	
单位	节	级	m	kg/s	m	B ~ D
数据	15 ~ 20	0	20 ~ 60	0.125	20	

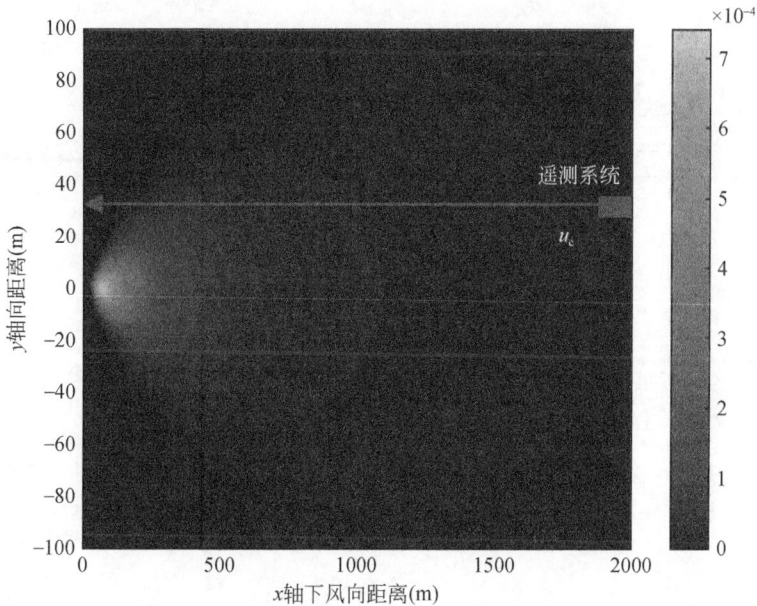

图 2-30　航速 20 节船舶尾气中 CO_2 浓度空间分布图（预测有效高度 25m）

因此，根据模型计算结果，可以得到不同初始条件下，不同位置的遥测系统可测得的 CO_2 浓度最大值，如图 2-31 所示。

由图 2-31 可知，不同航速下 CO_2 浓度曲线存在相似之处，即越靠近船舶中心位置，可测得的 CO_2 浓度越高，最大值均出现在船舶穿过桥梁时位置的正上方；其次，随着桥梁高度的增加，CO_2 浓度逐渐降低，当桥梁高度为 60m 时，船舶穿过桥梁位置的正上方的 CO_2 浓度最大值约为 1ppm，也即是说，当遥测系统安装的位置比船舶烟囱的高度高出 40m 时，遥测系统的最小分辨率至少需要大于 1ppm，否则可能导致结果测不出或测不准。

2. 桥基遥测系统选址方案

根据图 2-31 的结果，可以得到桥基遥测系统位置选择与该位置可测得 CO_2

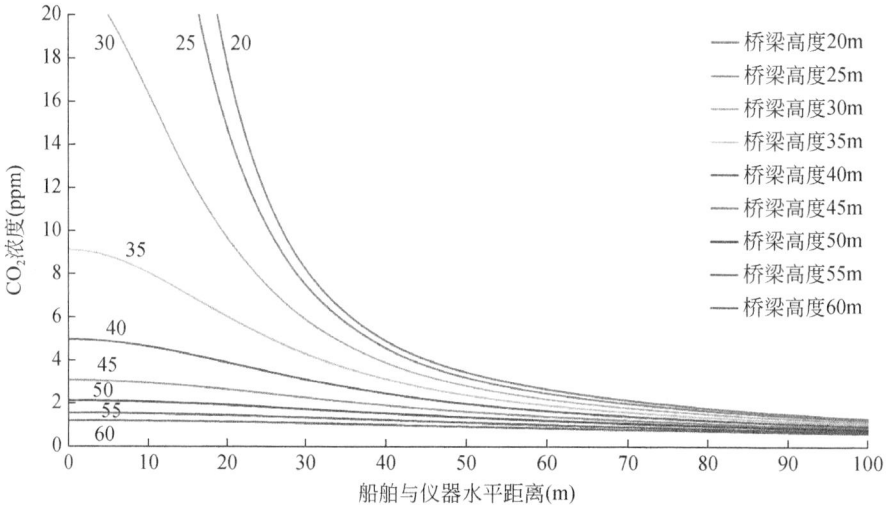

(a) 航速15节

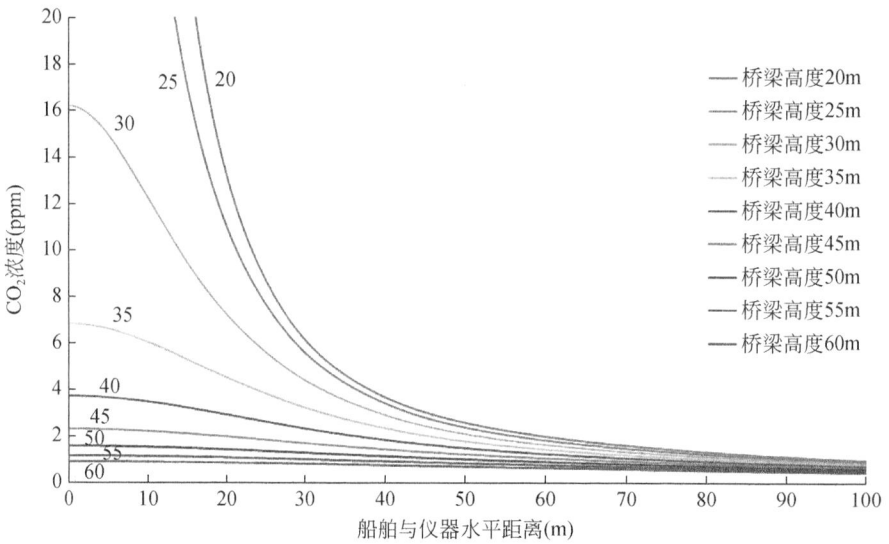

(b) 航速20节

图 2-31　遥测系统空间位置与可测得 CO_2 最大浓度相关性

浓度的相关性参数表格，如表 2-17 所示。表 2-17 中 y 表示遥测系统与船舶水平最短距离，单位为 m；z 表示遥测系统位置高度，单位为 m；根据距离 y 和高度 z，可以从中查询得出该位置可测得 CO_2 浓度的最大值，单位为 ppm，若该浓度值满足遥测系统的测试最小分辨率要求，则该位置即为适合设置系统的点位。

表 2-17　桥基遥测系统位置与该位置可测得 CO_2 浓度最大值表格（单位：ppm），深灰色可有效识别 3000t 船舶尾气，浅灰色可有效识别 10000t 船舶尾气

航速 15 节										
$z(m)$ ╲ $y(m)$	0	10	20	30	40	50	60	70	80	90	100
20	N/A	65.10	17.58	8.19	4.89	3.45	2.67	2.15	1.78	1.51	1.31
25	94.26	38.29	14.67	7.46	4.55	3.19	2.46	1.99	1.66	1.42	1.23
30	21.61	16.32	9.65	5.88	3.90	2.82	2.21	1.81	1.52	1.31	1.15
35	9.13	8.07	6.03	4.31	3.14	2.40	1.93	1.61	1.38	1.20	1.05
40	4.96	4.63	3.90	3.11	2.46	1.99	1.66	1.42	1.23	1.08	0.96
45	3.09	2.97	2.66	2.28	1.93	1.64	1.41	1.23	1.09	0.97	0.87
50	2.11	2.06	1.92	1.73	1.53	1.35	1.20	1.06	0.95	0.86	0.78
55	1.55	1.52	1.45	1.35	1.24	1.12	1.01	0.91	0.83	0.76	0.69
60	1.20	1.18	1.14	1.08	1.00	0.93	0.85	0.78	0.72	0.67	0.62

航速 20 节										
$z(m)$ ╲ $y(m)$	0	10	20	30	40	50	60	70	80	90	100
20	N/A	48.84	13.19	6.15	3.67	2.59	2.00	1.61	1.33	1.13	0.98
25	70.71	28.73	11.00	5.60	3.42	2.39	1.84	1.49	1.24	1.06	0.92
30	16.21	12.24	7.24	4.41	2.92	2.12	1.66	1.36	1.14	0.98	0.86
35	6.85	6.05	4.52	3.23	2.36	1.80	1.45	1.21	1.03	0.90	0.79
40	3.72	3.48	2.92	2.33	1.85	1.50	1.25	1.06	0.92	0.81	0.72
45	2.32	2.23	1.99	1.71	1.45	1.23	1.06	0.92	0.81	0.73	0.65
50	1.59	1.55	1.44	1.29	1.15	1.02	0.90	0.80	0.71	0.64	0.58
55	1.16	1.14	1.09	1.01	0.93	0.84	0.76	0.69	0.62	0.57	0.52
60	0.90	0.89	0.86	0.81	0.75	0.69	0.64	0.59	0.54	0.50	0.46

同样，可能存在不止一个点满足系统测试的要求，这就需要综合考虑各方面因素进行选址。另一方面，可以通过查询表格来剔除明显不适合设置系统的点位。

根据调研获悉，欧美的研究案例中较常用的 CO_2 分析仪是 LICOR 公司生产的 LI-820/840/850 或者 LI-7000/7200 等，监测精度能够保证达到 1ppm。考虑到船舶尾气波峰需要有较强的信噪比才能得到较为准确的燃油硫含量估算结果，因此设定 3ppm 为嗅探法可以有效识别船舶尾气的最低 CO_2 浓度。

3000t 船舶航速 20 节时，桥高 35m 时，在桥面安装的水平位置容差可以达到 30m，而桥高 40m 时，则水平位置容差只能达到 10m；航速 15 节时，桥高 40m 时，在桥面安装的水平位置容差可以达到 30m，而桥高 45m 时，则水平位置容差只能达到 10m。因此，综合考虑适宜选址要求是，桥基遥测系统在桥梁高度最高是 35～40m，再高时则无法监管到 3000t 级船舶，只适合监管更大吨位的船舶。

10000t 船舶航速 20 节时，桥高 50m 时，在桥面安装的水平位置容差可以达到 50m，桥高 55m 时，则水平位置容差只能达到 30m，桥高 60m 时，则无法测得；航速 15 节时，桥高 50m 时，在桥面安装的水平位置容差可以达到 70m，而桥高 55m 时，则水平位置容差只能达到 60m，桥高 60m 时，则水平位置容差只能达到 40m。因此，综合考虑适宜选址要求是，桥基遥测系统在桥梁高度最高可达 60m，即上江上的大桥基本都能用于监管万吨级以上船舶的尾气排放。

2.1.3.4　岸基和桥基适用条件现场验证

1. 苏通大桥桥基平台的嗅探法实验

2017 年 4 月 11～12 日，研究团队在长江口的苏通大桥的深水航道段（斜拉桥）开展嗅探法实验（图 2-32），检测过往船舶的燃油硫含量。桥面过往车辆较多，为了避免桥面车辆尾气对检测结果的影响。本次实验位于斜拉桥钢索隔离带的一处突出构筑物上，CO_2 和 SO_2 监测设备的进气口通过接管的方式延伸至突出构筑物下方，从而避免吸入桥面尾气。但是接管会导致监测结果滞后，两者数据的同步性变差。

图 2-32　实验场地——苏通大桥

实验桥段离水面高度 80m，无风天气下船舶尾气呈竖直状，船舶航行至监测位置正下方即可检测到尾气信号，且浓度高波峰明显；有风天气船舶尾气呈水平状，船舶位于上风向数百米处方能检测到尾气信号，且浓度低波峰较小。

从 CO_2 和 SO_2 监测曲线（图 2-33）可以看出，CO_2 的波峰较多而 SO_2 的波峰较少，主要是因为 SO_2 监测设备接管后时滞较长，间隔较近的波峰融合在一起。本次实验根据 CO_2 和 SO_2 曲线波峰形状的相似程度，识别出 3 处波峰。根据嗅探法计算结果如表 2-18 所示。

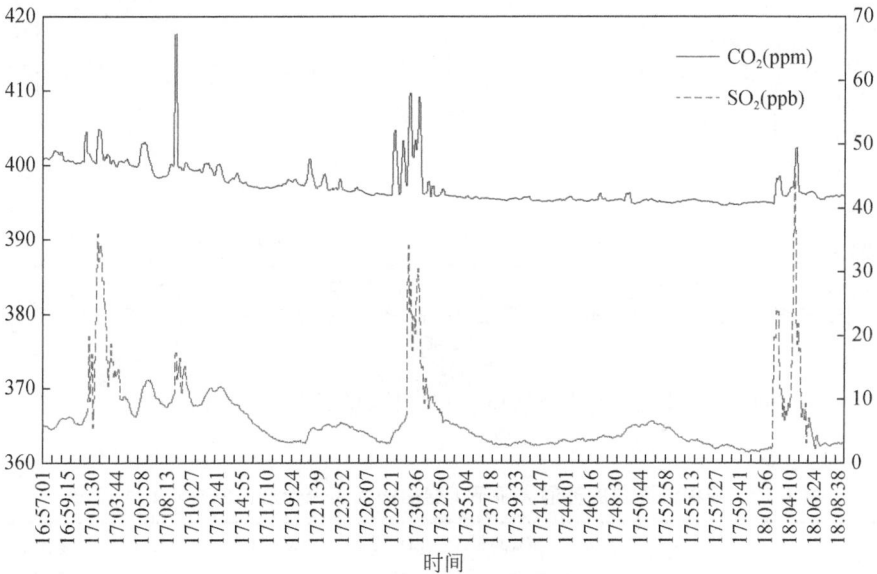

图 2-33　苏通大桥下尾气 CO_2 和 SO_2 监测曲线（2017 年 4 月 11 日）

表 2-18　嗅探法测得的苏通大桥下 3 艘船的燃油硫含量（2017 年 4 月 11 日）

测量时间	背景时间	SO_2测量浓度（ppb）	SO_2背景浓度（ppb）	CO_2测量浓度（ppm）	CO_2背景浓度（ppm）	硫含量（%，质量分数）
17：00：00 ~ 17：05：07	17：00：00	14.46	6.11	401.13	400.32	2.39
17：27：00 ~ 17：35：59	17：36：00 ~ 17：45：59	8.94	3.24	397.93	395.44	0.53
18：01：00 ~ 18：06：59	18：07：00 ~ 18：07：59	9.59	2.85	396.38	395.68	2.22

从计算结果可知，第 1 和第 3 艘船舶使用高硫油，而中间第 2 艘船舶使用的

是低硫油。

　　从 CO_2 和 SO_2 监测曲线(图 2-34)可以看出，10：02：00 前的波峰极其明显，10：06：22 至 10：07：45 之间两处小鼓包型波峰较弱，但是仍然能够识别。根据嗅探法计算结果如表 2-19 所示。

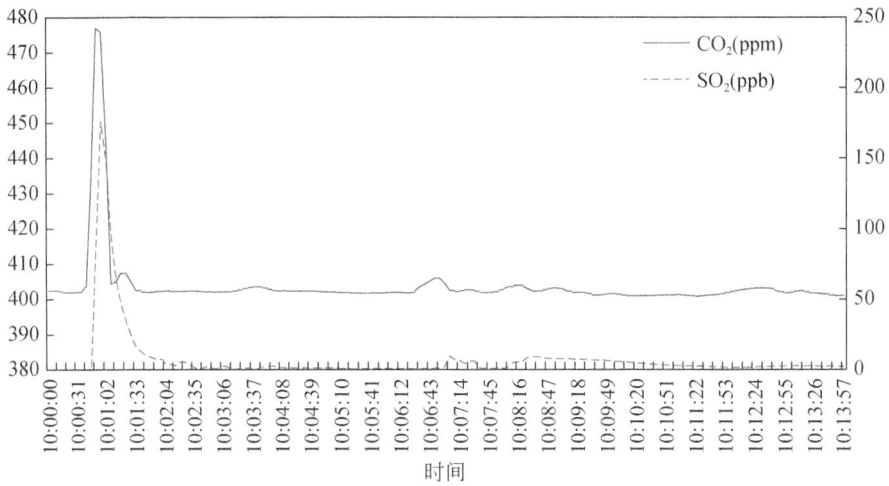

图 2-34　苏通大桥下尾气 CO_2 和 SO_2 监测曲线(2017 年 4 月 12 日)

表 2-19　嗅探法测得的苏通大桥下 2 艘船的燃油硫含量(2017 年 4 月 12 日)

测量时间	背景时间	SO_2 测量浓度(ppb)	SO_2 背景浓度(ppb)	CO_2 测量浓度(ppm)	CO_2 背景浓度(ppm)	硫含量(%，质量分数)
10：00：52 ~ 10：01：59	10：05：00 ~ 10：05：59	53.39	0.68	417.21	401.84	0.80
10：06：22 ~ 10：07：45	10：05：00 ~ 10：05：59	2.96	0.68	403.18	401.84	0.40

　　2. 天津港岸基平台的嗅探法实验

　　选择天津港南疆港区神华煤码头的装卸机驾驶舱外作为实验场地(图 2-35)。该处位置距离天津港主航道中心线 300m 左右，通行船舶离监测点位的实际距离约 100 ~ 500m 左右。该处距离码头地面高度 27m，离水面则不到 30m，高度比较理想，基本上能够与大吨位船舶的烟囱高度齐平。

　　2017 年 4 月 25 日，天气预报北风 3 ~ 4 级。本次实验共监测到 6 个 SO_2 波峰，都有对应的 CO_2 波峰，对应的是 6 艘较大吨位的散货船、油轮、集装箱船。每艘船拍照并测距，由于风速较小，每艘船经过正前方后约 2 ~ 4min 内监测曲线

图 2-35　实验场地——天津港南疆港区神华煤码头装卸机驾驶舱外

开始出现波峰。监测期间也出现过风停的时候，船舶经过时无法形成信号波峰。另外，CO_2 监测曲线的波峰数量明显多于 SO_2，主要是因为港区内有大量的小型船舶过往，这类船舶只用轻柴油，例如本次监测期间经过的这类船舶有中海油的船、供油船、海警船、拖轮等（图 2-36）。

值得注意的是，本次实验实际上一直持续到当天 15 时，但是由于 13 ~ 15 时的时间段内风速过小（小于 2 级，没有扑面感觉），尾气无法扩散至监测点，没能形成 CO_2 和 SO_2 波峰。这也充分证明了嗅探法的一个前提条件，即要有风能够将尾气"吹"到监测点。

2017 年 4 月 27 日，天气预报西北风 3 ~ 4 级转 4 ~ 5 级。本次实验共监测到 7 个较明显的 SO_2 波峰，都有对应的 CO_2 波峰，对应的是 7 艘较大吨位的散货船、油轮、集装箱船。由于风速较大，每艘船经过监测点位上风向后约 1 ~ 2min 内监测曲线开始出现波峰。其中，第一艘船的波峰比较宽，历时约 3min，主要是因为该船航速较慢；最后一艘船的波峰最宽，历时约 5min，主要是因为该船来自于与天津港东疆航道，从西北方向进入主航道时航行方向与风向一致，导致尾气持续扩散至监测点。CO_2监测曲线的波峰数量明显多于SO_2，主要是因为港区内有大量的小型船舶过往，这类船舶只用轻柴油，例如本次监测期间经过的这类船舶有中海油的船、供油船、海警船、拖轮等。有的信号较弱，只能形成CO_2波峰，有的能够形成较弱的SO_2波峰，如图2-37中的3处鼓包。

值得注意的是，本次实验实际上一直持续到当天15时，但是由于13~15时的时间段内风速过大（大于5级，人有站不稳的感觉），尾气出了烟囱后瞬间被稀释成极低的浓度；另外，风速快导致尾气在监测点位停留时间很短，仪器刚有反映就已经过去了，无法形成有效的CO_2和SO_2波峰。这也充分证明了嗅探法的一个前提条件，即风速不宜过高。

3. 桥基/岸基嗅探法实验与油样化验

2017年6月28日~7月7日，在苏通大桥、长江第一灯塔和开沙岛码头三处（图2-38）开展了"基于嗅探法的船舶燃油硫含量非接触检测现场实验"。

实验具体过程如下：

2017年6月28~29日，科研团队与当地海事主管部门开展实验前技术交流和沟通协调准备工作，获准在苏通大桥等地开展现场实验，并建立了船舶油样抽检工作微信群（涉及沿江多个城市），确保实验的顺利开展。2017年6月30日~7月5日，科研团队开展了为期6天的现场实验，三处场地各2天，通过嗅探法共测得船舶约90艘。实验期间使用船讯网app（实时共享船舶AIS数据）识别过往船舶的船名、船长以及目的地等信息。根据科研团队记录的船名清单以及船舶停靠港口，沿江各市共采集有效油样47份（28艘船）。2017年7月6~7日，科研团队奔赴各地方水域收集油样。

（1）苏通大桥桥基平台的嗅探法实验

2017年6月30日~7月1日，科研团队在长江口的苏通大桥的深水航道段（斜拉桥）开展嗅探法实验，检测过往船舶的燃油硫含量。桥面过往车辆较多，为了避免桥面车辆尾气对检测结果的影响。本次实验位于斜拉桥钢索隔离带的一处突出构筑物上（船舶上行航道正上方），CO_2和SO_2监测设备的进气口通过接管的方式延伸至突出构筑物下方，从而避免吸入桥面尾气（图2-39）。但是接管会导致监测结果滞后，两者数据的同步性变差。

实验桥段离水面高度80m，无风天气下船舶尾气呈竖直状，船舶航行至监测位置正下方即可检测到尾气信号，且浓度高波峰明显；有风天气下船舶尾气呈水平状，船舶位于上风向数百米处方能检测到尾气信号，且浓度低波峰较小，船舶密度高时无法分辨尾气来源，不记录。刮南风时南侧的下行船的尾气虽然也能测到（距离较远、信号较弱），但不记录。本次实验持续2天，风速较大无法测到尾气的时段的数据予以剔除。

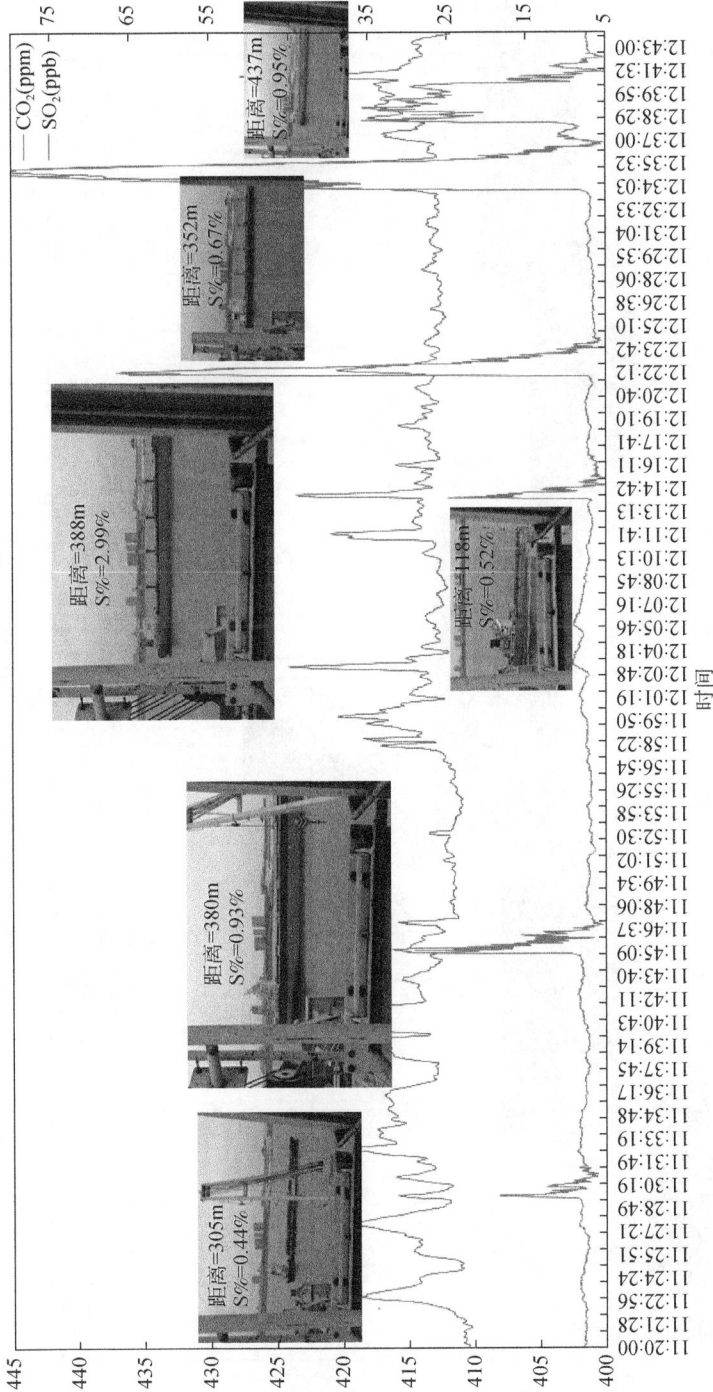

图2-36　天津港主航道过往船舶CO_2和SO_2监测曲线(2017年4月25日)

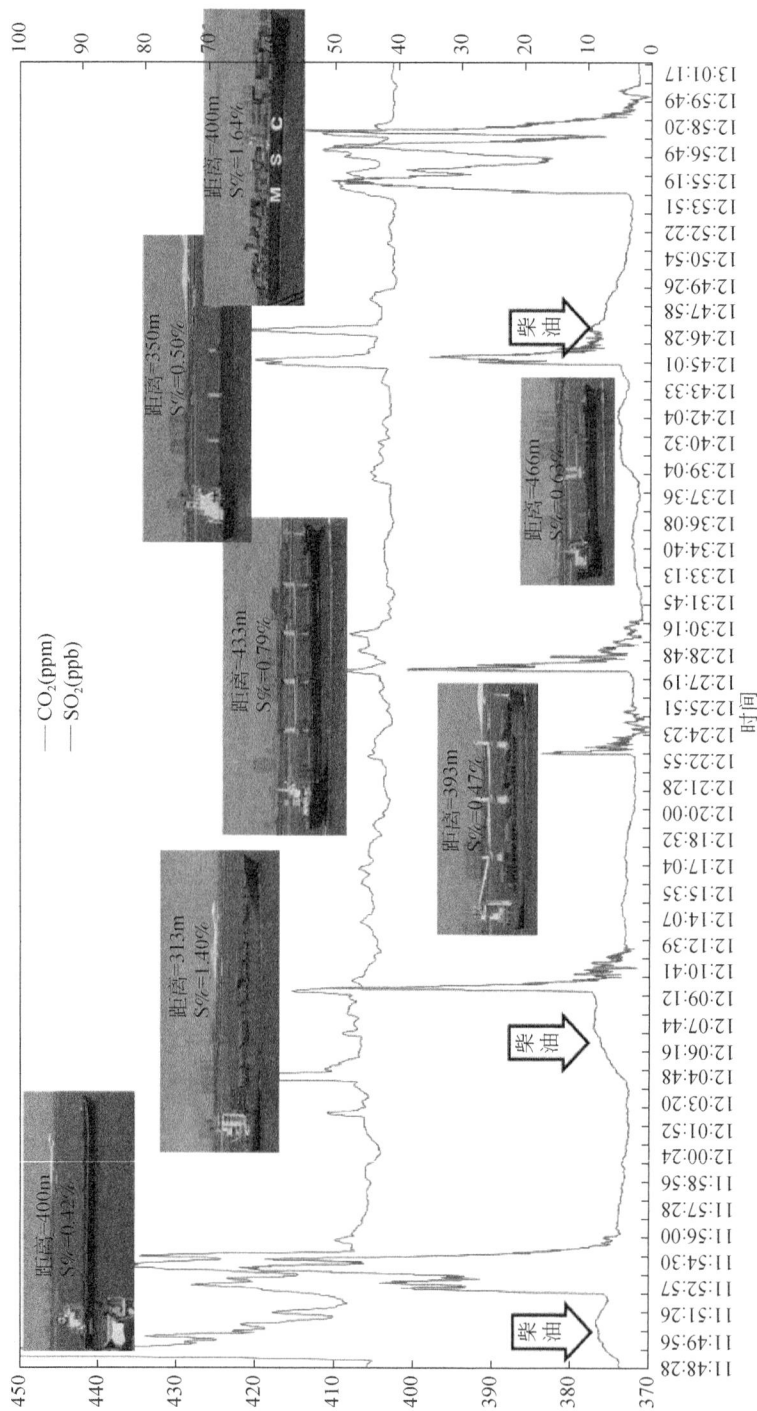

图2-37　天津港主航道过往船舶CO$_2$和ISO$_2$监测曲线（2017年4月27日）

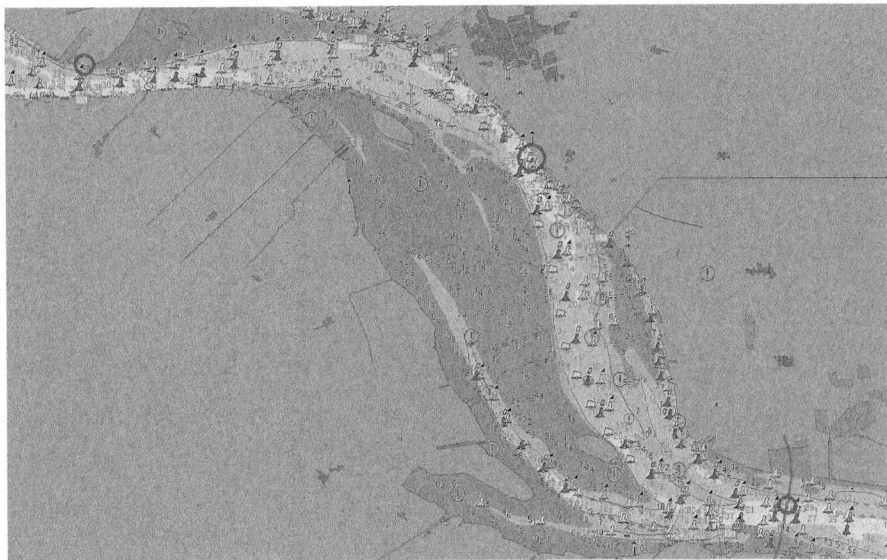

图 2-38　从左往右三处监测点位：开沙岛码头、长江第一灯塔、苏通大桥

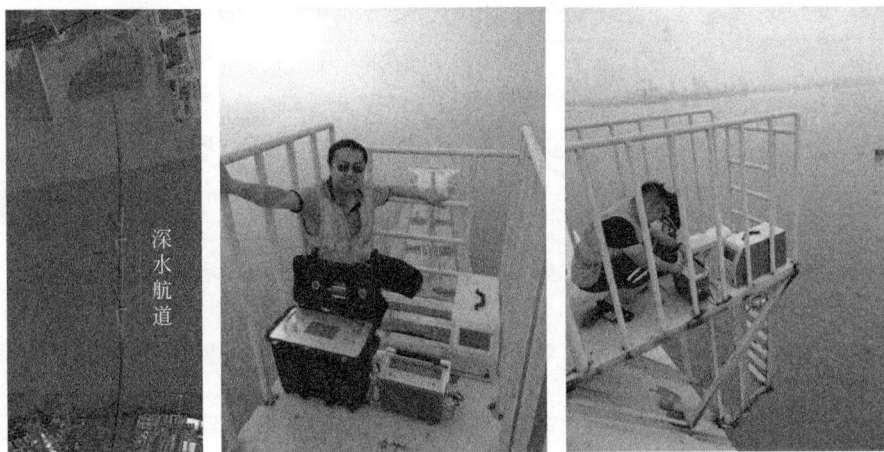

图 2-39　实验场地——苏通大桥

从 CO_2 和 SO_2 监测曲线（图 2-40）以及现场船舶记录，2017 年 6 月 30 日上午 9 时至下午 13 时 30 分，共计监测到 14 艘货船的尾气信息。下午其余时间由于风速较大，均未能监测到明显的船舶尾气。这 14 艘船根据嗅探法计算结果如表 2-20 所示。

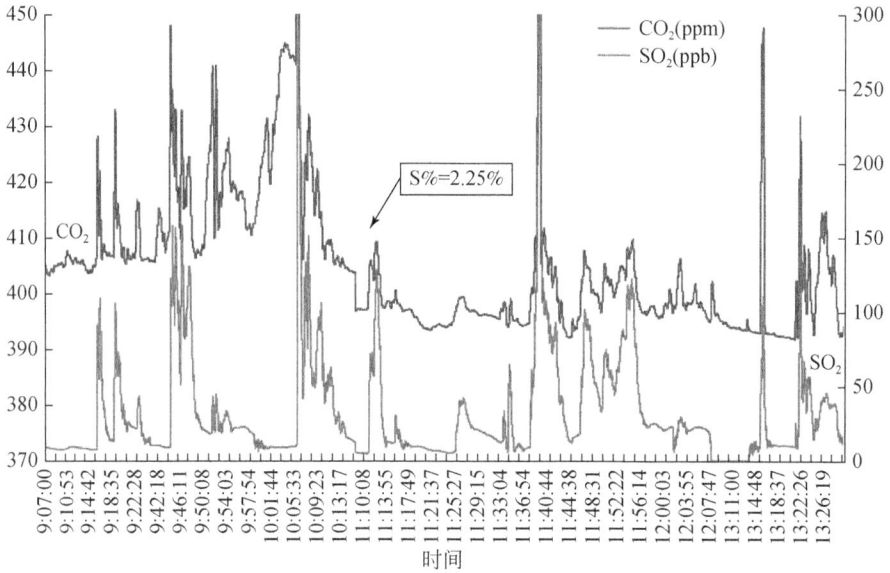

图 2-40　苏通大桥下尾气 CO_2 和 SO_2 监测曲线(2017 年 6 月 30 日)

表 2-20　嗅探法测得的苏通大桥下 14 艘船的燃油硫含量(2017 年 6 月 30 日)

船名	监测时间	背景时间	尾气 SO_2 浓度 (ppb)	背景 SO_2 浓度 (ppb)	尾气 CO_2 浓度 (ppm)	背景 CO_2 浓度 (ppm)	硫含量 (%)
FORTUNE ××	9：10：00 ~ 9：13：59	9：07：00 ~ 9：09：59	8.12	7.57	405.74	404.41	0.10
PERSEAS ××	9：16：04 ~ 9：18：58	9：18：58	36.51	12.70	409.99	406.35	1.52
OCEAN ××	9：18：58 ~ 9：20：59	9：18：58	50.67	12.70	412.27	406.35	1.49
SAGA ××	9：22：55 ~ 9：24：59	9：24：29	20.96	12.53	408.21	406.00	0.89
XIE ××	9：44：26 ~ 9：50：00	9：50：22	85.30	19.92	418.50	407.89	1.43
BAO ××	9：51：45 ~ 9：53：00	9：53：00	31.19	20.00	424.92	410.00	0.17
SHI ××	10：06：05 ~ 10：10：57	10：15：00 ~ 10：15：57	100.48	12.72	419.89	403.72	1.26

续表

船名	监测时间	背景时间	尾气 SO₂浓度（ppb）	背景 SO₂浓度（ppb）	尾气 CO₂浓度（ppm）	背景 CO₂浓度（ppm）	硫含量（%）
GUO ××	11：11：00 ~ 11：13：55	11：10：00 ~ 11：10：59	61.91	4.43	402.92	396.99	2.25
CHANG ××	11：25：30 ~ 11：32：59	11：24：00 ~ 11：24：59	21.81	5.00	396.74	394.10	1.48
VOSCO ××	11：33：00 ~ 11：37：30	11：37：30 ~ 11：37：50	15.69	8.26	395.55	394.46	1.58
YAO ××	11：38：00 ~ 11：44：59	11：37：30 ~ 11：37：50	84.38	8.26	405.66	394.46	1.58
XIN ××	13：15：45 ~ 13：17：59	13：18：00 ~ 13：19：59	31.48	9.96	404.70	392.33	0.40
KUN ×× YOU ××	13：21：45 ~ 13：24：51	13：20：00 ~ 13：20：59	47.46	9.66	402.82	392.05	0.81
HUA ××	13：24：51 ~ 13：29：59	13：20：00 ~ 13：20：59	30.55	9.66	402.86	392.05	0.45

除了 FORTUNE ××和 BAO ××这两艘船舶的硫含量较低外，其余的船舶均使用硫含量在 0.4% ~2.25% 的高硫油，超过 0.5% 的船舶共 10 艘。

从 CO_2 和 SO_2 监测曲线（图 2-41）以及现场船舶记录，2017 年 7 月 1 日上午 9

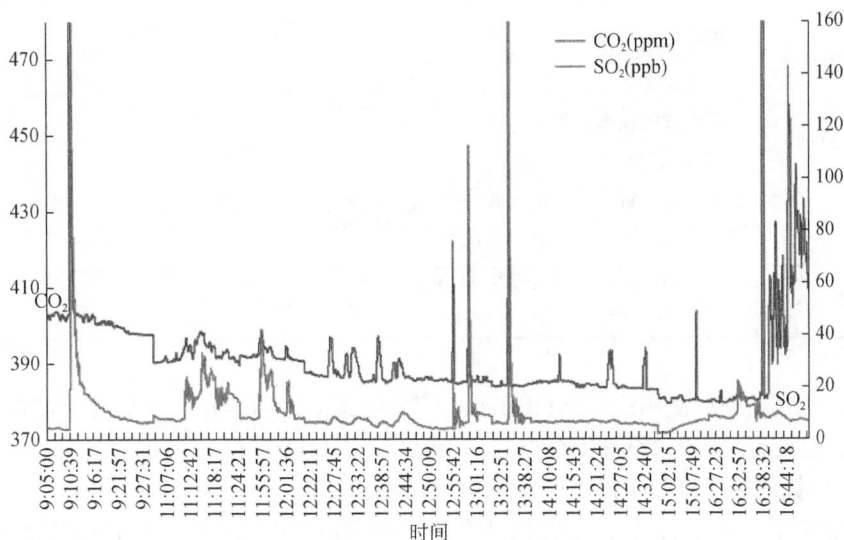

图 2-41　苏通大桥下尾气 CO_2 和 SO_2 监测曲线（2017 年 7 月 1 日）

时至下午 16 时，共计监测到 12 艘货船的尾气信息。实验当天刮阵风，风速较大时未能监测到明显的船舶尾气。这 12 艘船根据嗅探法计算结果如表 2-21 所示。

表 2-21　嗅探法测得的苏通大桥下 12 艘船的燃油硫含量(2017 年 7 月 1 日)

船名	监测时间	背景时间	尾气 SO_2 浓度(ppb)	背景 SO_2 浓度(ppb)	尾气 CO_2 浓度(ppm)	背景 CO_2 浓度(ppm)	硫含量(%)
HONG××	9：09：00 ~ 9：13：59	9：05：00 ~ 9：08：59	34.70	4.39	414.10	402.77	0.62
JIN××	11：09：00 ~ 11：22：59	11：04：00 ~ 11：07：59	17.37	8.06	393.76	390.63	0.69
MING××	11：54：00 ~ 11：58：59	11：51：00 ~ 11：53：59	20.49	8.08	393.83	391.78	1.41
SEAWAYS×× SILVERMAR××	12：00：00 ~ 12：02：59	12：03：00 ~ 12：04：59	12.37	9.33	391.84	390.89	0.74
YUE××	12：58：30 ~ 13：00：59	12：58：00 ~ 12：58：30	24.79	5.89	390.39	385.02	0.82
IKEBANA××	13：33：00 ~ 13：36：59	13：31：00 ~ 13：31：59	28.63	6.08	388.37	383.86	1.16
ESHI2178××	低硫(SO_2波峰 不明显)						0.00
DOLPHIN××	低硫(SO_2波峰 不明显)						0.00
ZHONG××	低硫(SO_2波峰 不明显)						0.00
KAI××	低硫(SO_2波峰 不明显)						0.00
YONG××	16：30：00 ~ 16：34：59	16：29：00 ~ 16：29：59	11.94	8.06	380.35	379.69	1.36
KAMILLA××	16：39：11 ~ 16：44：30	16：39：11 和 16：44：30	8.86	8.31	399.16	388.99	0.01

共 5 艘船舶在使用低硫油(0.01% 以下)，其 CO_2 和 SO_2 监测曲线上存在 CO_2 波峰，但没有对应的 SO_2 波峰。其余 7 艘船舶均使用超过 0.5% 的高硫油。

(2)长江第一灯塔下岸基平台的嗅探法实验

2017 年 7 月 2 ~ 3 日，研究团队在位于南通市黄泥山(长江北岸)突堤尽头的长江第一灯塔下开展嗅探法实验(图 2-42)，检测过往船舶的燃油硫含量。该处长江航道狭窄且紧贴北岸，上行船舶离监测的点位的垂直航向距离在 100～500m。但是，由于长江航运比较繁忙，存在大量的船长小于 100m 的小船，经常出现小船与大船并行的情况，则不记录。另外，下行船舶距离监测点最远也不超过 1km，监测到的下行船舶也同样不记录。

图 2-42　实验场地——长江第一灯塔(南通市黄泥山突堤尽头)

　　该处航道呈西北-东南走向，最理想的风向是西南风。2 天的监测期间，仅 7 月 2 日的傍晚 17 时至 18 时 30 分出现了较强的西南风，其余时间均是南风，无法测到尾气。从 CO_2 和 SO_2 监测曲线(图 2-43)以及现场船舶记录，共计监测到 12

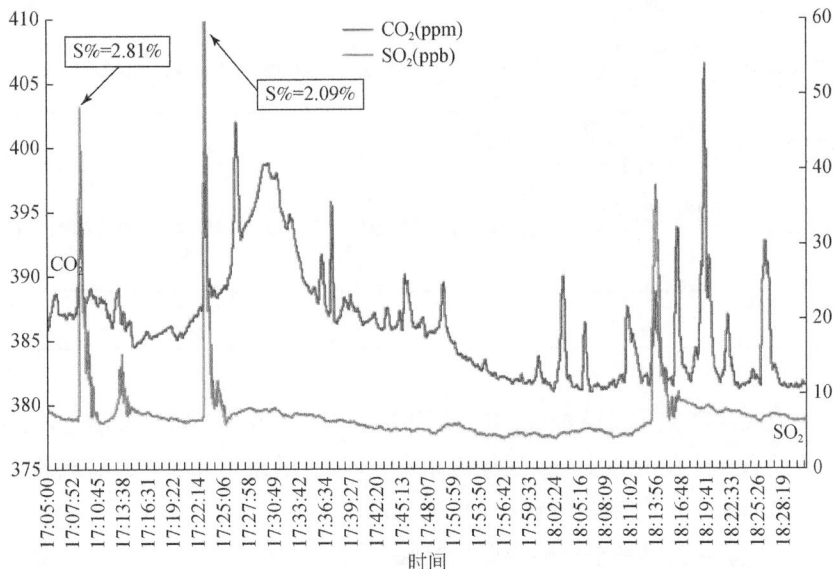

图 2-43　长江第一灯塔下尾气 CO_2 和 SO_2 监测曲线(2017 年 7 月 2 日)

艘货船的尾气信息，根据嗅探法计算结果如表2-22所示。

表2-22　嗅探法测得的长江第一灯塔12艘船的燃油硫含量(2017年6月30日)

船名	监测时间	背景时间	尾气 SO_2 浓度 (ppb)	背景 SO_2 浓度 (ppb)	尾气 CO_2 浓度 (ppm)	背景 CO_2 浓度 (ppm)	硫含量 (%)
SUN××	17：07：00 ~ 17：09：59	17：06：00 ~ 17：06：59	13.81	6.92	388.29	387.72	2.81
BA××	17：22：30 ~ 17：24：59	17：22：30	12.44	6.38	388.20	387.53	2.09
PU××	低硫(SO_2波峰不明显)						0.00
WANLIZHOU899××	低硫(SO_2波峰不明显)						0.00
ZHOU××	低硫(SO_2波峰不明显)						0.00
NING××	低硫(SO_2波峰不明显)						0.00
HAO××	低硫(SO_2波峰不明显)						0.00
ZHEDING58656××	低硫(SO_2波峰不明显)						0.00
HONGTAI128××	18：13：18 ~ 18：15：27	18：13：18	17.06	5.85	384.12	381.45	0.97
TONGGONG19××	低硫(SO_2波峰不明显)						0.00
PUHAI229××	18：18：20 ~ 18：21：10	18：21：31	7.92	7.56	388.40	382.00	0.01
HONGFANY××	低硫(SO_2波峰不明显)						0.00

　　共9艘船舶在使用低硫油(0.01%以下)，其 CO_2 和 SO_2 监测曲线上存在 CO_2 波峰，但没有对应的 SO_2 波峰。其余3艘船舶均使用超过0.5%的高硫油，其中 SUN×× 和 BA×× 这两艘船的硫含量均超过2%。

　　(3)开沙岛码头岸基平台的嗅探法实验

　　由于实验期间当地主导风向是南风，导致7月3日在长江第一灯塔下无法测得船舶尾气，故而在 2017 年 7 月 4 日至 7 月 5 日，选择在南通市五街镇的开沙岛（江心洲）码头继续开展嗅探法实验（图 2-44）。该处航道东西走向，监测点位于航道北侧。该处长江航道狭窄，上行船舶离监测的点位的垂直航向距离在 100～500m。但是，由于长江航运比较繁忙，存在大量的船长小于 100m 的小船，经常出现小船与大船并行的情况，则不记录。另外，下行船舶距离监测点最远也不超过 1km，监测到的下行船舶也同样不记录。

图 2-44　实验场地——南通市五街镇的开沙岛（江心洲）码头

　　7 月 4 日上午虽然刮南风，但是微风天气，风速太小，尾气无法扩散至监测点位。13 时至 19 时，风速逐渐增强，从 CO_2 和 SO_2 监测曲线（图 2-45）以及现场船舶记录，共计监测到 38 艘货船的尾气信息，根据嗅探法计算结果如表 2-23 所示。

　　共 20 艘船舶在使用低硫油（0.01% 以下），其 CO_2 和 SO_2 监测曲线上存在 CO_2 波峰，但没有对应的 SO_2 波峰。JIN××和 DONG××，YU××和 SHENG××，以及 JIAN××和 SHUO××这 3 对船都是几乎首尾相连通过，无法辨识尾气来源。19 时开始，受到不明 CO_2 源的干扰（可能是河对岸的钢厂），CO_2 浓度急剧升高，导致 XIU××该船的结果失效。硫含量超过 2% 的船舶是 AFRICAN××和 MARIA××。

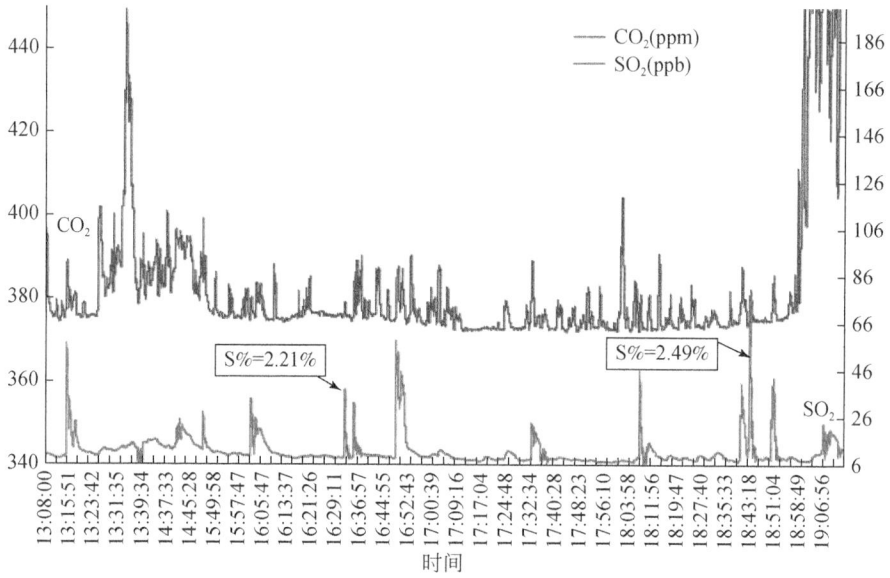

图 2-45　开沙岛码头尾气 CO_2 和 SO_2 监测曲线（2017 年 7 月 4 日）

表 2-23　嗅探法测得的开沙岛码头艘船的燃油硫含量（2017 年 7 月 4 日）

船名	监测时间	背景时间	尾气 SO_2 浓度（ppb）	背景 SO_2 浓度（ppb）	尾气 CO_2 浓度（ppm）	背景 CO_2 浓度（ppm）	硫含量（%）
FAN××	低硫（SO_2 波峰不明显）						0.00
HENG××	13：14：00 ~ 13：17：59	13：25：18	23.13	9.19	379.72	376.09	0.89
HUI××	低硫（SO_2 波峰不明显）						0.00
YONG××	低硫（SO_2 波峰不明显）						0.00
HUI××	低硫（SO_2 波峰不明显）						0.00
NING××	低硫（SO_2 波峰不明显）						0.00

续表

船名	监测时间	背景时间	尾气 SO₂ 浓度 (ppb)	背景 SO₂ 浓度 (ppb)	尾气 CO₂ 浓度 (ppm)	背景 CO₂ 浓度 (ppm)	硫含量 (%)
JIN×× DONG×× HONG××	14：39：00 ~ 14：48：59	14：39：00 和 14：48：59	15.67	12.20	387.42	381.50	0.89
WU×× YANG××	低硫(SO₂波峰不明显)						0.00
ZHONG××	低硫(SO₂波峰不明显)						0.00
SHUN××	低硫(SO₂波峰不明显)						0.00
YONG×× XIN××	低硫(SO₂波峰不明显)						0.00
LAS××	16：01：00 ~ 16：07：59		17.37	9.14	377.67	376.00	1.15
HENG××	低硫(SO₂波峰不明显)						0.00
TENG××	低硫(SO₂波峰不明显)						0.00
NING××	低硫(SO₂波峰不明显)						0.00
AFRICAN××	16：31：00 ~ 16：33：59	16：28：00 ~ 16：28：59	14.30	8.70	376.15	375.56	2.21
HUA×× HAN××	16：34：00 ~ 16：36：59	16：28：00 ~ 16：28：59	12.80	8.70	378.95	375.56	0.28
WU×× FENG××	低硫(SO₂波峰不明显)						0.00
YU×× SHENG××	16：49：00 ~ 16：52：59	16：28：00 ~ 16：28：59	25.84	8.70	378.17	375.56	1.53
KANG××	低硫(SO₂波峰不明显)						0.00
HONG××	低硫(SO₂波峰不明显)						0.00

续表

船名	监测时间	背景时间	尾气 SO$_2$ 浓度 (ppb)	背景 SO$_2$ 浓度 (ppb)	尾气 CO$_2$ 浓度 (ppm)	背景 CO$_2$ 浓度 (ppm)	硫含量 (%)
BEI×× MING××	17：23：23 ~ 17：32：30	17：32：30	8.92	7.87	373.96	373.15	0.30
ZHONG××	17：29：00 ~ 17：37：59	17：38：00 ~ 17：38：59	11.36	8.35	375.41	373.49	0.37
RONG××	低硫(SO$_2$波峰不明显)						0.00
WAN××	低硫(SO$_2$波峰不明显)						0.00
HUA××	18：07：37 ~ 18：09：22	18：09：23	16.76	7.00	374.42	373.00	1.59
JIAN×× SHUO××	18：10：00 ~ 18：12：59	18：09：23	12.02	7.00	374.55	373.00	0.75
NING×× PENG××	低硫(SO$_2$波峰不明显)						0.00
JIANG××	低硫(SO$_2$波峰不明显)						0.00
YONG××	低硫(SO$_2$波峰不明显)						0.00
AUTAI××	18：39：00 ~ 18：42：59	18：38：00 ~ 18：38：59	17.25	7.85	377.38	374.20	0.69
MARIA××	18：43：00 ~ 18：44：59	18：46：00 ~ 18：46：30	29.74	8.74	376.66	374.70	2.49
HUA××	18：50：00 ~ 18：52：59	18：46：00 ~ 18：46：30	18.71	8.74	377.50	374.70	0.83
XIU××	CO$_2$受到严重干扰						

7 月 5 日上午虽然刮南风，但是微风天气，风速太小，尾气无法扩散至监测点位。12 时至 14 时以及 18 时 40 分至 19 时 43 分，风速较强，从 CO$_2$ 和 SO$_2$ 监测曲线(图 2-46)以及现场船舶记录，共计监测到 14 艘货船的尾气信息，根据嗅探法计算结果如表 2-24 所示。

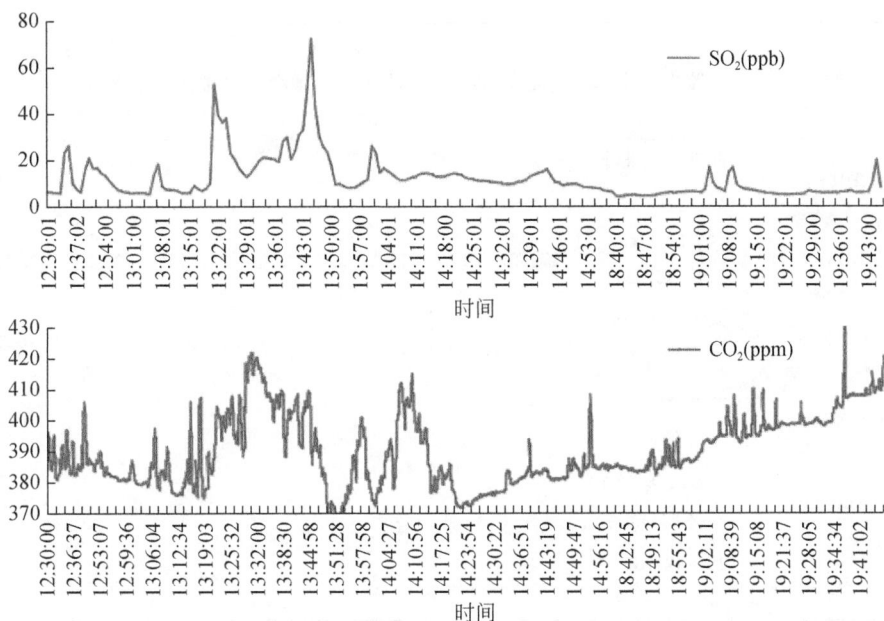

图 2-46　开沙岛码头尾气 CO_2 和 SO_2 监测曲线(2017 年 7 月 5 日)

表 2-24　嗅探法测得的开沙岛码头 14 艘船的燃油硫含量(2017 年 7 月 5 日)

船名	监测时间	背景时间	尾气 SO_2 浓度 (ppb)	背景 SO_2 浓度 (ppb)	尾气 CO_2 浓度 (ppm)	背景 CO_2 浓度 (ppm)	硫含量 (%)
TAMPA××	12：33：00 ~ 12：38：59	12：33：00 ~ 12：33：59	12.88	5.34	386.38	383.00	0.52
XIN×× YU×× FAN××	12：49：01 ~ 12：59：59	12：59：00 ~ 12：59：59	12.32	5.95	384.68	380.52	0.36
YONG××	13：05：00 ~ 13：07：59	13：02：00 ~ 13：03：59	12.13	384.20	5.65	379.24	0.23
QIANG××	低硫(SO_2波峰 不明显)						0.00
DONG ××	低硫(SO_2波峰 不明显)						0.00
YONG××	低硫(SO_2波峰 不明显)						0.00

续表

船名	监测时间	背景时间	尾气 SO_2 浓度（ppb）	背景 SO_2 浓度（ppb）	尾气 CO_2 浓度（ppm）	背景 CO_2 浓度（ppm）	硫含量（%）
TRF××	低硫（SO_2 波峰不明显）						0.00
HUA××	19：07：00 ~ 19：10：59	19：07：00	11.51	6.03	397.55	395.00	0.50
YUAN××	低硫（SO_2 波峰不明显）						0.00
XING××	低硫（SO_2 波峰不明显）						0.00
NING××	低硫（SO_2 波峰不明显）						0.00
ARDMORE××	19：42：00 ~ 19：45：59	19：42：00	10.33	5.84	409.52	407.50	0.51

共 7 艘船舶在使用低硫油（0.01% 以下），其 CO_2 和 SO_2 监测曲线上存在 CO_2 波峰，但没有对应的 SO_2 波峰。XIN××、YU×× 和 FAN×× 这三艘船几乎首尾相连通过，无法辨识尾气来源。本次实验期间，没有硫含量明显超过 0.5% 的船舶。

（4）三处实验的嗅探法和油样实测结果比较

90 艘船舶中，嗅探法估算硫含量大于 2% 的船舶共 5 艘，分别是 GUO×× （2.25%）、SUN××（2.81%）、BA××（2.09%）、AFRICAN××（2.21%）和 MARIA ××（2.49%）。结果印证了嗅探法识别高硫油船舶的能力。然而，遗憾的是未能采集到这 5 艘高硫油船舶的油样。

表 2-25 是 28 艘船舶的嗅探法估算硫含量与油样实测硫含量结果的比较。由于油样是在船舶靠港后采集，依然无法确定船舶经过监测点时使用哪种燃油，因此我们粗略地根据嗅探法估算结果与两种燃油（重油和轻柴油）实测结果的接近程度，判断当时船舶使用的燃油类型。由于有的船舶未能采集到两种油样，假定其重油硫含量不超过全球上限 3.5%。考虑到嗅探法 36% 的不确定性（欧洲经验），我们认为嗅探法估算硫含量大于 0.68% 的船舶为高硫油船舶，小于 0.32% 的为低硫油船舶，介于两者之间的为疑似高硫油船舶。

表 2-25　嗅探法和油样实测结果比较

日期		时间	船名	船长 (m)	监测位置	嗅探法检测得硫含量 (%)	重油检测硫含量 (%)	轻柴油检测硫含量 (%)	备注
		9：11：00	FORTUNE××	190		0.096	2.880	0.088	目的地是南通港，可能处于换油过程中
		9：16：15	PERSEAS××	225		1.519	2.670	0.035	目的地是常熟港，可能处于换油过程中，未拿到重油油样
		9：19：00	OCEAN××	131		1.488		0.010	目的地是常熟港，未拿到重油油样
		9：22：45	SAGA SPRAY××	199		0.886		0.081	目的地是常熟港，可能处于换油过程中，未拿到重油油样
6月30日		10：06：05	SHI××	154		1.261	2.840	0.039	目的地是扬州港，可能处于换油过程中
		11：25：30	CHANG××	178		1.478	0.380	0.299	船主未能提供真实油样
		11：33：15	VOSCO××	190	苏通大桥	1.580	3.260	0.357	目的地是泰州港，可能处于换油过程中
		11：38：30	YAO××	225		1.577	0.377	0.005	船主未能提供真实油样
		13：15：50	XIN××	99		0.403		0.616	
		13：21：45	KUNLUN××	177		0.814		0.011	目的地是靖江港，可能处于换油过程中，未拿到重油油样
		13：22：20	HUA SHENG××	189		0.448	1.410	0.061	目的地是江阴港，可能处于换油过程中
7月1日		9：10：45	HONG××	134		0.620	0.721	0.155	
		11：11：00	JIN××	85		0.691	0.365	0.477	
		11：55：00	MING××	149		1.405		0.077	目的地是江阴港，可能处于换油过程中
		12：59：00	YUE××	190		0.817	1.350		目的地是江阴港，可能处于换油过程中

续表

日期	时间	船名	船长 (m)	监测位置	嗅探法测得硫含量 (%)	重油检测硫含量 (%)	轻柴油检测硫含量 (%)	备注
7月1日	13：34：45	IKEBANA××	199	苏通大桥	1.159	2.000		目的地是常熟港，可能处于换油过程中
	14：13：00	ESHI2178××	87	苏通大桥	0.000		0.005	低硫（无 SO_2 波峰）
	15：08：50	KAI××	91	苏通大桥	0.000		0.014	低硫（无 SO_2 波峰）
	16：32：00	YONG××	150		1.361	0.634	0.898	
7月2日	18：15：50	TONGGONG19××	75	长江第一灯塔	0.000		0.035	低硫（无 SO_2 波峰）
	18：19：30	PUHAI229××	88		0.013		0.035	
7月3日	15：59：10	YONG××	80		0.000		0.024	低硫（无 SO_2 波峰）
	16：35：15	HAN××	102	开沙岛码头	0.281	2.670	0.037	目的地是常州港，可能处于换油过程中
7月4日	17：24：40	BEI××	158		0.300	0.518	0.296	目的地是张家港，可能处于换油过程中
	18：10：30	JIAN××	99	开沙岛码头	0.750	1.620	0.097	目的地是张家港，可能处于换油过程中
7月5日	12：33：30	TAMPA××	292		0.517	2.460	0.090	目的地是江阴港，可能处于换油过程中，未拿到重油油样
	19：07：40	HUA××	97		0.498		0.065	目的地是江阴港，可能处于换油过程中，未拿到重油油样
	19：43：45	ARDMORE××	184		0.515		0.087	目的地是江阴港，可能处于换油过程中，未拿到重油油样

注：预判嗅探法测得硫含量大于0.68%为高硫油船舶，低于0.32为低硫油船舶，0.32%～0.68%为疑似油船舶。结果表明：准确判别18艘，疑似高硫油6艘，判别错误2艘、油样存疑2艘。

本次实验低硫油船舶的判别结果比较可靠，而部分高硫油船舶的嗅探法估算结果存在偏低的现象。例如，PERSEAS××、SHI××、VOSCO××、IKEBANA××、HANYU××、TAMPA××这6艘重油硫含量均高于2%，但其嗅探法估算结果均明显小于2%，且差距超过36%。可能的原因是，这些船舶进入长江口后为了提高船舶的可操控性，确保内河航道的航行安全，主动选择了使用低硫的柴油，经过监测点时船舶正处于换油的过程中，依据是江苏片区船舶管理业研讨会的《海轮长江航行关键性操作须知》的要求"长江航行期间，如果能够满足船舶操作需要，则可以使用重油，否则应当使用轻油"。

利用嗅探法判别船舶是否使用高硫油，准确判别18艘，疑似高硫油6艘，误判2艘，油样存疑2艘。6艘疑似高硫油船舶中，XIN××和HONG××是因为其使用的高硫油硫含量接近0.5%；HUA××和AMPA××很可能是因为船舶在换用低硫油的过程中；而HUA××和ARDMORE××则是因为缺少重油油样导致无法判断是重油硫含量未超标抑或是超标但船舶处在换油过程中。2艘误判船舶是JIN××和HAN××，前者是高硫油硫含量接近0.5%但嗅探法结果偏高，后者与一艘叫HUA××的船同时经过监测点造成尾气来源混淆。2艘油样存疑的船舶是CHANG××和YAO××，嗅探法测得的硫含量分别是1.48%和1.58%，但是无论是重油还是轻柴油的硫含量均不超过0.38%，较大的数据偏差是由于船主未能提供真实油样或者是其他问题。

2.1.4　小结

随着国际限硫令和我国船舶大气污染物排放控制区的实施，通过遥测船舶尾气估算船舶燃油硫含量的技术存在迫切的需求。本研究发明了在航船舶尾气嗅探遥测技术，率先发现了船舶尾气中 NO 对 SO_2 浓度监测的干扰影响，提出了剔除干扰、提高精度的方法，使船舶重油、柴油硫含量遥测精度分别提高至0.2%、100ppm 以内；首次揭示了船舶吨位、风速等因素对遥测距离的影响机制，实现10000t 级船舶有效遥测距离达到1000m，3000t 级船舶有效遥测距离达到500m；构建了适用于复杂航道条件的多平台(桥基、岸基、船载、机载)船舶尾气嗅探遥测技术体系，解决了不同环境条件下的在航船舶燃油硫含量检测的难题，实现了实时高效、精准识别的监管能力。具体解决了以下3项关键技术。

①船舶燃油硫含量测算精度是该技术的核心，本成果实现了船舶重油、柴油硫含量遥测精度分别提高至0.2%、100ppm 以内。通过对在航船舶的跟踪监测实验，揭示了船舶尾气中 NO 对 SO_2 浓度监测的干扰影响，干扰系数测定为0.8%，提出了一套剔除 NO 干扰影响以提高遥测精度的方法，使船舶重油和柴油的燃油硫含量遥测精度分别提高至0.2%和100ppm 以内，为海事主管部门科学设定遥测阈值，准确筛选硫含量超标船舶提供技术支撑。

②有效遥测距离是该技术的关键，本成果实现了10000t级船舶、3000t级船舶的有效遥测距离分别达到1000m、500m。通过高斯模型模拟了船舶尾气浓度衰减过程，揭示了船舶吨位、风速等因素对其影响机制，实现了远距离外极低浓度尾气的探测能力，10000t级船舶、3000t级船舶的有效遥测距离分别达到1000m、500m，为船舶大气污染物排放控制区内的船舶尾气遥测站点科学选址提供技术支撑。

③构建了适用于复杂航道条件的多平台（桥基、岸基、船载、机载）船舶尾气嗅探遥测技术体系。通过开展内河狭窄水域桥基、岸基固定平台和沿海开阔水域船载、机载移动平台试点研究，揭示了不同平台的适宜性、抗干扰性、成本特性，提出了适用于我国复杂航道条件的"内河桥基优先、沿海海巡船优先"多平台应用方向和"固定平台预警、移动平台追测"组合应用方法，为平台优化选型、高效筛查硫含量超标船舶提供技术支撑。

2.2 在航船舶尾气自动识别与溯源算法

基于前面的在航船舶尾气嗅探遥测方法，采集船舶尾气嗅探遥测数据信号（包括 CO_2、SO_2 和 NO_x 浓度的时间序列），理论上通过人工观察嗅探遥测数据时间序列的波峰，可以通过人工测量 SO_2 和 CO_2 的波峰面积比值计算出目标船舶的燃油硫含量。但在现实应用层面，人工识别工作量巨大，需要耗费大量人力和时间成本，且当船舶尾气嗅探遥测数据信号受背景波动影响时，还会存在主观判别标准不统一带来的识别误差。要实现在航船舶尾气嗅探遥测系统24h无人值守连续、稳定地运行，需要一套在航船舶尾气自动识别与溯源算法作为软件支撑。

因此基于船舶尾气嗅探遥测数据信号研发了在航船舶尾气自动识别与溯源算法，包括在航船舶尾气嗅探信号波峰自动识别算法，燃油硫含量概率估计算法和超标嫌疑船舶溯源锁定算法。对算法的原理、框架、参数取值和精度指标进行了阐述，为在航船舶尾气嗅探遥测系统软件开发提供支撑。

2.2.1 基于增量相关阈值法的嗅探信号波峰自动识别算法

本节主要针对基于在航船舶尾气嗅探遥测数据信号（包括 CO_2、SO_2 和 NO_x 浓度的时间序列）识别嫌疑波峰的自动识别方法。本方法首先对遥测数据进行滤波并差分给出增量判别指标，再结合不同指标间浓度时变相关性给出相关性判别指标，最后综合二者给出综合判别指标，用于判别船舶尾气多因素浓度遥测数据时程中的嫌疑波峰。船舶尾气遥测数据信号时间序列数据量大，背景噪声变化复杂且具有随机性。该方法解决了人为识别嫌疑波峰工作量大、识别结果不精准且无量化依据的问题。

2.2.1.1　算法原理及框架

1. 在航船舶尾气嗅探遥测数据信号预处理

对于在航船舶尾气嗅探遥测数据信号，监测点位时间 T 内的 CO_2、SO_2 和 NO_x 浓度随时间变化的数据表示为 $C_X(t_k)$（$k=1,2,\cdots,N$），$t_k=k\Delta t$ 为时间序列，Δt 为采样时间间隔，$N=T/\Delta t$ 为数据长度（取偶数）。下标 X 代表气体种类，为简化表述，C 为 CO_2，S 为 SO_2。

由于测试信号中存在噪声的干扰，进行差分运算时会放大随机噪声的影响，因此需要首先对信号进行滤波预处理，去除高频随机噪声的影响。常用的低通滤波方法有截断法、均值滤波、中位值滤波等。根据船舶尾气嗅探遥测数据信号的测试原理，发现采用巴特沃思（Butterworth）滤波，能够有效对电信号的随机干扰进行去除。

巴特沃思滤波器的特点是通频带内的频率响应曲线最大限度平坦，没有起伏，而在阻频带则逐渐下降为零。在振幅的对数对角频率的波特图上，从某一边界角频率开始，振幅随着角频率的增加而逐步减少趋向负无穷大。一阶巴特沃思滤波器的衰减率为每倍频 6 分贝，每十倍频 20 分贝。二阶巴特沃思滤波器的衰减率为每倍频 12 分贝、三阶巴特沃思滤波器的衰减率为每倍频 18 分贝、如此类推。巴特沃思滤波器的振幅对角频率单调下降，并且也是唯一的无论阶数，振幅对角频率曲线都保持同样的形状的滤波器。只不过滤波器阶数越高，在阻频带振幅衰减速度越快。其他滤波器高阶的振幅对角频率图和低阶数的振幅对角频率有不同的形状。经数据处理分析，选择一阶二阶巴特沃思滤波器对数据进行降噪处理，具体算法如下式，

$$C'_X(t_j) = \sum_{m=1}^{N}\left[\sum_{k=1}^{N}\frac{C_X(t_k)\cdot\exp(-2\pi\sqrt{-1}mk/N)}{1+\sqrt{-1}mP/N}\right]\cdot\exp(2\pi\sqrt{-1}mj/N)$$

$$(2-5)$$

对 $C_X(t_k)$ 按上式进行降噪滤波，得到 $C'_X(t_j)$（$j=1,2,\cdots,N$），$t_j=j\Delta t$ 为时间序列，$m=1,2,\cdots,N$ 为离散序列。定义时间尺度 $T_p=P\Delta t$，P 为时间尺度所对应的数据长度（取偶数）。

2. 在航船舶尾气嗅探遥测数据时变增量相关性分析

气体浓度遥测信号中，当各气体分量的浓度同时增加可判别为船舶尾气引起的波峰。这里可以总结为两个条件，一是气体浓度有明显的增量趋势，可由信号差分来计算表示；二是气体浓度的增加具有一定的同步性，即信号具有较强的相关性。但船舶尾气遥测信号经过了气体扩散的衰减，信号产生一定的失真，这种同步性可能较为微弱，需要对信号进行时变相关性分析，才能够得到量化指标。

对预处理后的时间序列进行二阶差分计算，可得到各个气体分量的增量判别指标 $D_X(t_j)$，如下式，

$$D_X(t_j) = \begin{cases} [C'_X(t_{j+1}) + C'_X(t_{j-1}) - 2C'_X(t_j)]/\Delta t^2, & 1 < j < N \\ 0, & j = 1 \text{ 或 } N \end{cases} \quad (2\text{-}6)$$

当 $D_S(t_j) < 0$ 时，取 $D_X(t_j) = 0$。

对于不同气体分量，进行相关性分析，相关性分析是指对两个或多个具备相关性的变量元素进行分析，从而衡量两个变量因素的相关密切程度。相关性的元素之间需要存在一定的联系或者概率才可以进行相关性分析。这里船舶尾气遥测信号各气体分量的相关性判别指标统一表示为 $R_{CX}(t_j)$，X 可为 S 或 N，其中，$R_{CS}(t_j)$ 为基于 CO_2、SO_2 的相关性判别指标，$R_{CN}(t_j)$ 为基于 CO_2、NO_x 的相关性判别指标，如下式所示：

$$R_{CX}(t_j) =$$

$$\begin{cases} \dfrac{P \sum\limits_{k \in \delta_{jP}} C_X(t_k) C_C(t_k) - \sum\limits_{k \in \delta_{jP}} C_X(t_k) \sum\limits_{k \in \delta_{jP}} C_C(t_k)}{\sqrt{P \sum\limits_{k \in \delta_{jP}} C_X^2(t_k) - \left[\sum\limits_{k \in \delta_{jP}} C_X(t_k)\right]^2} \sqrt{P \sum\limits_{k \in \delta_{jP}} C_C^2(t_k) - \left[\sum\limits_{k \in \delta_{jP}} C_C(t_k)\right]^2}}, & 2 < j < N-1 \\ 0, & \text{否则} \end{cases}$$

$$(2\text{-}7)$$

式中，$\delta_{jP} = \{k \in \mathbb{Z} \mid \max(1, j-P/2) \leqslant k \leqslant \min(N, j+P/2)\}$ 表示 t_k 在时刻 t_j 附近的时间邻域。当 $R_{CX}(t_j) < 0$ 时，取 $R_{CX}(t_j) = 0$。

结合上述增量判别指标 $D_X(t_j)$ 和相关性判别指标 $R_{CX}(t_j)$，给出船舶尾气波峰的综合判别指标 $I_X(t_j)$：

$$I_X(t_j) = \frac{D_X(t_j)}{\max\limits_{1 \leqslant j \leqslant N} [D_X(t_j)]} \cdot \frac{R_{CX}(t_j)}{\max\limits_{1 \leqslant j \leqslant N} [R_{CX}(t_j)]} \quad (2\text{-}8)$$

将综合判别指标 $I_X(t_j)$ 超过阈值 I_0 且间隔超过 T_p 的波峰时刻记为嫌疑波峰标记时刻 $t_{q_i}(i = 1, 2, \cdots, Q)$，$Q$ 为识别到的嫌疑波峰的数量，q_i 为第 i 个嫌疑波峰标记时刻所对应的时间序号。

3. 重油船及柴油船的相关性分量选取

值得说明的是，在确定综合判别指标 $I_X(t_j)$ 时，需要确定 X，即参与相关性和增量分析的气体分量。根据不同船舶的尾气特性，可分为两种。

针对重油船，其排放特性为尾气中 SO_2 含量较高且增量较为显著。X 可取为 S，即基于 CO_2、SO_2 按式（2-7）计算相关性指标 $R_{CS}(t_j)$，按式（2-6）计算 SO_2 增量指标 $D_S(t_j)$，再按式（2-8）计算重油船综合判别指标 $I_S(t_j)$。

针对柴油船，其排放特性为尾气中 NO_x 含量较高且增量较为显著。X 可取为 N，即基于 CO_2、NO_x 按式（2-7）计算相关性指标 $R_{CN}(t_j)$，按式（2-6）计算

NO_x 增量指标 $D_N(t_j)$，再按式（2-8）计算重油船综合判别指标 $I_N(t_j)$。

2.2.1.2　案例分析

1. 重油船案例分析

以苏通大桥 2019 年 8 月 7 日 0：00 ～ 23：59 船舶尾气遥测仪采集的船舶尾气中的 SO_2、CO_2 浓度时程进行识别。$\Delta t = 5s$，时间尺度 $T_p = 200s$，阈值 I_0 取 0.1。

首先，对原始数据时间序列按式（2-5）进行巴特沃思滤波得到的信号如图 2-47 所示。从图中可以看出，2：00 ～ 8：00，CO_2 的浓度数据具有显著的背景波动特性，而 SO_2 的浓度数据在这段时间内无显著增量，由此也可以看出采用本文增量相关阈值法，对增量指标和相关性指标对数据进行综合判别的必要性和合理性。

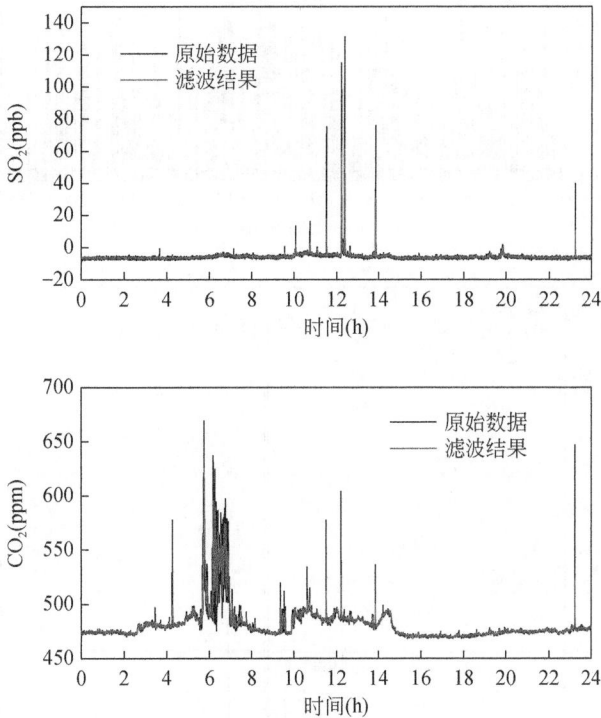

图 2-47　原始监测数据及滤波结果

针对重油船，其排放特性为尾气中 SO_2 含量较高且增量较为显著。按式（2-6）计算 SO_2 增量指标 $D_S(t_j)$，基于 CO_2、SO_2 按式（2-7）计算相关性指标 $R_{CS}(t_j)$，再按式（2-8）计算重油船综合判别指标 $I_S(t_j)$，如图 2-48 所示。

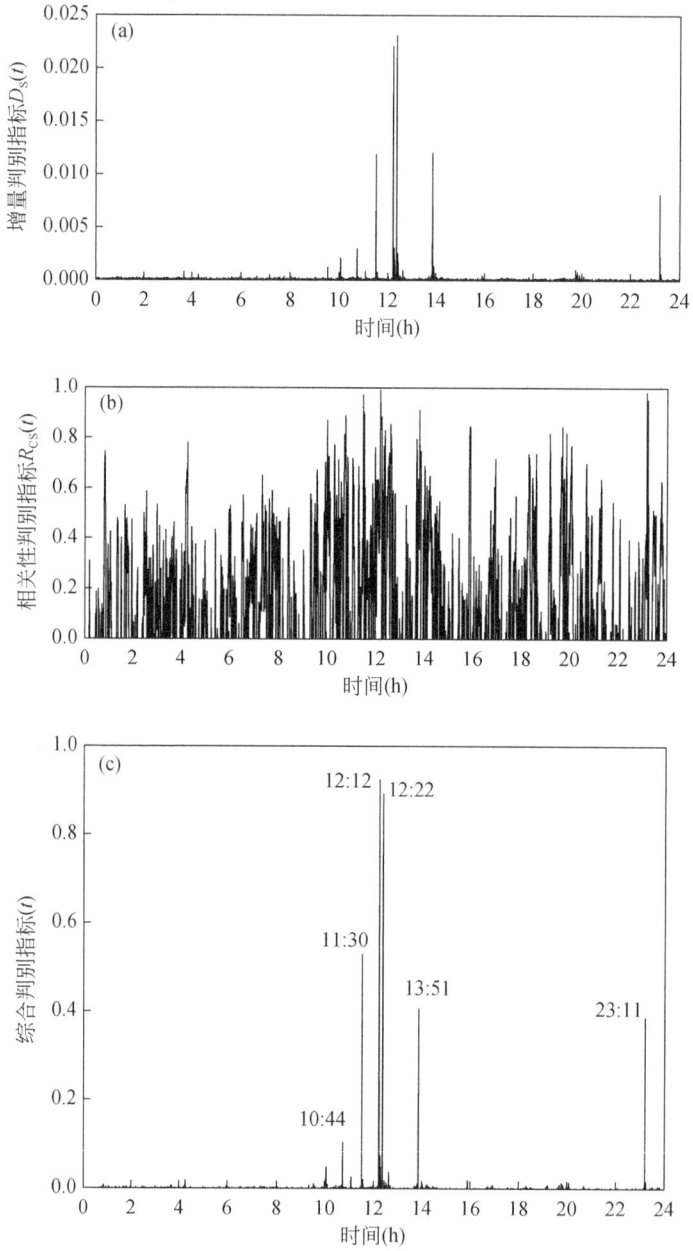

图 2-48　增量相关判别指标

由图 2-48 （a）、（b） 可以发现，单一地通过增量指标或相关性指标无法定量确定嫌疑波峰，虽然增量指标在该算例中的峰值较为显著，但在信噪比较低或背景干扰较为显著的情况下，相关性评判指标的作用更为显著。通过上述分析，对波峰识别的结果标注在图 2-48 （c） 上，与人工识别波峰的结果较为吻合，识别效率大幅度提高，且具有较强的稳定性。

2. 柴油船案例分析

以天津东方海陆岸监测点 2021 年 6 月 21 ~ 23 日船舶尾气遥测仪采集的船舶尾气中的 NO_x、CO_2 浓度时程进行识别。$\Delta t = 5s$，时间尺度 $T_p = 200s$，阈值 I_0 取 0.2。

针对柴油船，其排放特性为尾气中 SO_2 含量较低而 NO_x 含量较高且增量较为显著。按式 （2-6） 计算 NO_x 增量指标 $D_N\left(t_j\right)$，即基于 CO_2、NO_x 按式 （2-7） 计算相关性指标 $R_{CN}\left(t_j\right)$，再按式 （2-8） 计算重油船综合判别指标 $I_N\left(t_j\right)$。识别结果见图 2-49。三天分别检测到尾气波峰数量为 76、85 和 67。与人工识别结果吻合较好，大幅提升了识别效率。

由图 2-49 可见，采用 CO_2、NO_x 作为气体相关性检验分量的算法能够检测到更多的低硫高氮排放特征的船舶。不限于柴油船，对 NO_x 数据的分析有助于提高低硫含量船舶的测试率，对未来船舶排放管控区监测氮氧化物排放因子也具有重要意义。

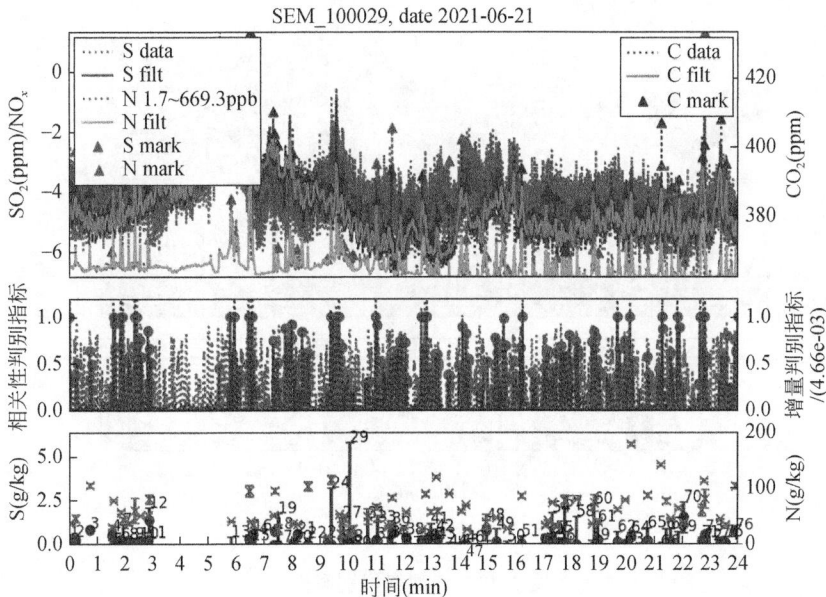

(a) 2021年6月21日数据识别结果

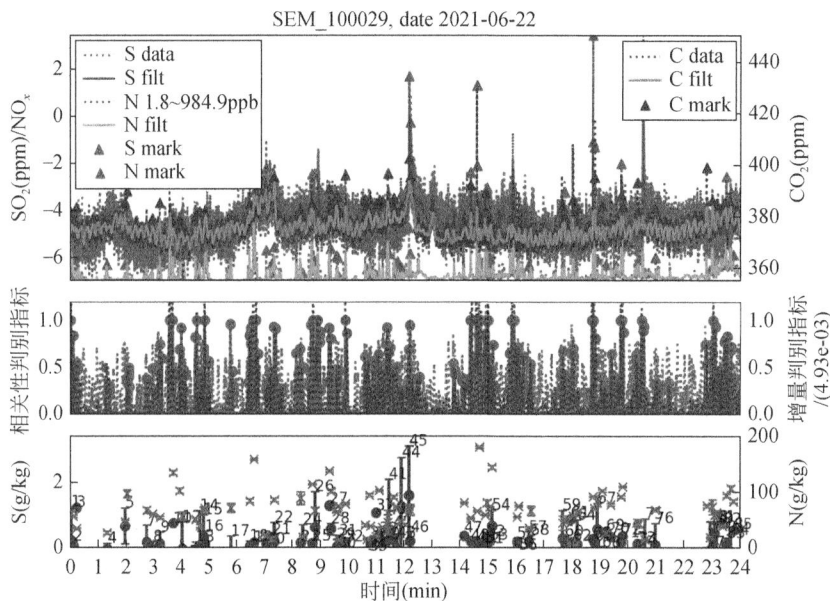

(b) 2021年6月22日数据识别结果

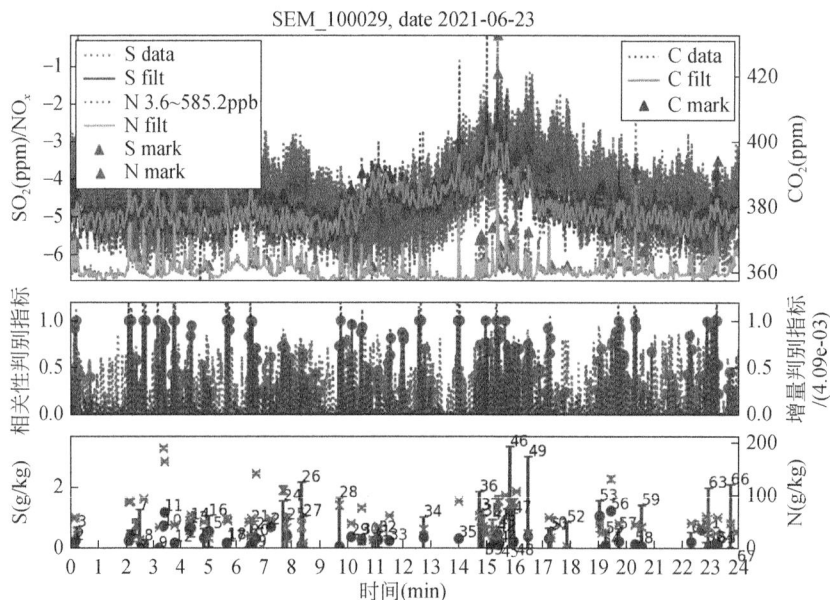

(c) 2021年6月23日数据识别结果

图2-49 柴油船识别案例

2.2.1.3 精度指标分析

1. 波峰识别精度指标定义

嗅探信号波峰自动识别算法的目的是准确识别出信号中的嫌疑波峰以便从波峰信号中计算硫含量以及识别嫌疑船舶。因此,将衡量该算法精度的指标定义为,在较为理想的测试环境下,将人工识别结果与算法识别结果进行对比,得到误识别率和漏识别率。漏识别率指人工判断为嫌疑波峰,但被算法判断为非嫌疑波峰的事件占总识别数的比率,在统计学的假设检验中,对应于第 I 类"弃真"统计错误的概率,表示为 P_{I}。误识别率指人工判断为非嫌疑波峰,但被算法断定为波峰信号的事件占总识别数的比率,在统计学的假设检验中,对应于第 II 类"存伪"统计错误的概率,表示为 P_{II}。算法的波峰识别率 P_{r} 定义为

$$P_{\mathrm{r}} = 1 - P_{\mathrm{I}} - P_{\mathrm{II}} \tag{2-9}$$

波峰识别率 P_{r} 表示排除两类统计错误的正确识别百分比。

2. 统计分析

以 2019 年 7~9 月苏通大桥测试点的数据进行统计分析,评价该算法的精度(表 2-26)。经统计发现,人工识别波峰事件 784 条,算法识别 791 条,其中 19 条为误识别,误识别率 2.4%,12 条为漏识别,漏识别率为 1.5%。则波峰识别率为 96.1%。总体看来,波峰识别率,超过 95%,算法识别效果较好。

表 2-26 波峰识别数量对比

日期	人工识别	算法识别	误识别	漏识别
2019/7/23	15	15	0	0
2019/7/24	26	25	0	1
2019/7/25	39	40	1	0
2019/7/26	44	45	1	0
2019/7/27	31	31	0	0
2019/7/28	17	18	1	0
2019/7/29	48	47	0	1
2019/7/30	36	38	2	0
2019/7/31	24	24	0	0
2019/8/1	24	25	1	0
2019/8/2	6	6	0	0
2019/8/3	26	25	0	1
2019/8/4	15	14	0	1
2019/8/5	20	20	0	0

日期	人工识别	算法识别	误识别	漏识别
2019/8/6	42	43	1	0
2019/8/7	6	6	0	0
2019/8/8	23	22	0	1
2019/8/11	4	4	0	0
2019/8/12	41	42	1	0
2019/8/13	49	50	1	0
2019/8/14	27	29	2	0
2019/8/15	10	8	0	2
2019/8/16	32	33	1	0
2019/8/17	42	42	0	0
2019/8/30	4	5	1	0
2019/8/31	32	33	1	0
2019/9/1	4	3	1	2
2019/9/10	6	6	0	0
2019/9/11	1	2	1	0
2019/9/12	25	24	0	1
2019/9/13	30	29	1	2
2019/9/14	35	37	2	0
合计	784	791	19	12
	误差率		2.4%	1.5%
	波峰识别率		96.1%	

2.2.2 基于波峰数据的在航船舶燃油硫含量概率估计算法

2.2.1 小节根据在航船舶尾气嗅探遥测时间序列得到了波峰事件发生的时刻，本节在此基础上，对波峰事件进行更为深入的分析。首先精确定位波峰起止时刻，然后对波峰进行精确丈量，得到波峰的形状和范围参数，最后根据嗅探法计算公式，确定燃油硫含量。一般来说，由于遥测信号的衰减失真，以及气体扩散的不确定性，背景噪声变化复杂且具有随机性，其嫌疑波峰具有显著的非同步性，燃油硫含量的估计值存在一定的偏差，合理估计该偏差，给出燃油硫含量估计的概率分布和置信区间有助于判别超标船舶的把握，更好地协助海事执法。本节给出基于波峰数据的在航船舶燃油硫含量概率估计算法。

2.2.2.1　算法原理及框架

1. 波峰起止时刻的确定

获取监测点位时间 T 内的在航船舶尾气嗅探遥测数据信号（包括 CO_2、SO_2 和 NO_x 浓度的时间序列）$C_X(t_k)$（$k=1$，2，$\cdots$，N），下标 X 表示 C、S 或 N，$t_k=k\Delta t$ 为时间序列，Δt 为采样时间间隔，$N=T/\Delta t$ 为数据长度（取偶数）。确定时间尺度 $T_p=P\Delta t$，P 为时间尺度所对应的数据长度（取偶数）。给定的嫌疑时刻为 t_q，q 为嫌疑时刻所对应的时间序号。按式（2-6）计算时间序列 $C_X(t_k)$（$k=1$，2，$\cdots$，N）的一阶差分：

$$d_X(t_k)=\begin{cases}\left[C_X(t_{k+1})-C_X(t_k)\right]/\Delta t, & k>1 \\ 0, & k=1\end{cases} \tag{2-10}$$

计算嫌疑峰值的峰值时刻 t_p。具体方法为，在给定的嫌疑时刻 t_q 附近邻域搜索 SO_2 或 NO_x 浓度的局部最大值，峰值所对应的时间点记为 t_p，p 为嫌疑峰值时刻所对应的时间序号。

$$t_p=\underset{k\in\delta_{qP}}{\arg\max}\left[C_X(t_k)\right] \tag{2-11}$$

式中，$\delta_{qP}=\{k\in\mathbb{Z}\mid \max(1, q-P/2)\leqslant k\leqslant \min(N, q+P/2)\}$ 表示 t_k 在时刻 t_q 附近的时间邻域。

计算嫌疑峰值的起点时刻 t_{p_0}。在峰值时刻 t_p 前的邻域 δ_{pP}^- 内搜索满足式（2-12）的最晚时刻记为 t_{p_0}。p_0 为嫌疑峰值的起点时刻所对应的时间序号。

$$\begin{cases} C_X(t_{p_0})-\underset{k\in\delta_{pP}^-}{\min}\left[C_X(t_k)\right]<\alpha\left\{\underset{k\in\delta_{pP}^-}{\max}\left[C_X(t_k)\right]-\underset{k\in\delta_{pP}^-}{\min}\left[C_X(t_k)\right]\right\} \\ C_C(t_{p_0})-\underset{k\in\delta_{pP}^-}{\min}\left[C_C(t_k)\right]<\alpha\left\{\underset{k\in\delta_{pP}^-}{\max}\left[C_C(t_k)\right]-\underset{k\in\delta_{pP}^-}{\min}\left[C_C(t_k)\right]\right\} \\ \left|d_X(t_{p_0})\right|<\alpha\left\{\underset{k\in\delta_{pP}^-}{\max}\left[\left|d_X(t_k)\right|\right]\right\} \\ \left|d_C(t_{p_0})\right|<\alpha\left\{\underset{k\in\delta_{pP}^-}{\max}\left[\left|d_C(t_k)\right|\right]\right\} \end{cases} \tag{2-12}$$

式中，α 为判别阈值，$\delta_{pP}^-=\{k\in\mathbb{Z}\mid \max(1, p-P/2)\leqslant k\leqslant p\}$ 为峰值时刻 t_p 前的邻域。当不存在满足式（2-8）的时刻 t_{p_0} 时，该嫌疑峰值判定为假峰值。

计算每个嫌疑峰值的结束时刻 t_{p_1}。在峰值时刻 t_p 后的邻域 δ_{pP}^+ 内搜索满足式（2-13）的最早时刻记为 t_{p_1}。p_1 为嫌疑峰值的结束时刻所对应的时间序号。

$$\begin{cases} C_X(t_{p_1}) - \min_{k \in \delta_{pP}^+}[\,C_X(t_k)\,] < \alpha\{\max_{k \in \delta_{pP}^+}[\,C_X(t_k)\,] - \min_{k \in \delta_{pP}^+}[\,C_X(t_k)\,]\} \\ C_C(t_{p_1}) - \min_{k \in \delta_{pP}^+}[\,C_C(t_k)\,] < \alpha\{\max_{k \in \delta_{pP}^+}[\,C_C(t_k)\,] - \min_{k \in \delta_{pP}^+}[\,C_C(t_k)\,]\} \\ |\,d_X(t_{p_1})\,| < \alpha\{\max_{k \in \delta_{pP}^+}[\,|\,d_X(t_k)\,|\,]\} \\ |\,d_C(t_{p_1})\,| < \alpha\{\max_{k \in \delta_{pP}^+}[\,|\,d_C(t_k)\,|\,]\} \end{cases} \quad (2\text{-}13)$$

式中，α 为判别阈值，$\delta_{pP}^+ = \{k \in \mathbb{Z} \mid p \leqslant k \leqslant \min(N, p+P/2)\}$ 为峰值时刻 t_p 后的邻域。当不存在满足式（2-13）的时刻 t_{p_1} 时，该嫌疑峰值判定为假峰值。

2. 波峰形状参数丈量及燃油硫含量确定

嫌疑峰值的有效峰值时段为 t_{p_0} 至 t_{p_1}，峰值时段长度为 $\tau_p = t_{p_1} - t_{p_0}$，$SO_2$（或 NO_x）和 CO_2 浓度背景值分别记为 B_X 和 B_C，由式（2-14）、（2-15）计算，

$$B_X = \frac{1}{2}[\,C_X(t_{p_0}) + C_X(t_{p_1})\,] \quad (2\text{-}14)$$

$$B_C = \frac{1}{2}[\,C_C(t_{p_0}) + C_C(t_{p_1})\,] \quad (2\text{-}15)$$

SO_2（或 NO_x）和 CO_2 浓度增幅分别记为 Δ_X 和 Δ_C，由式（2-16）、（2-17）计算，

$$\Delta_X = \max_{k \in [p_0, p_1]} C_X(t_k) - B_X \quad (2\text{-}16)$$

$$\Delta_C = \max_{k \in [p_0, p_1]} C_C(t_k) - B_C \quad (2\text{-}17)$$

当 SO_2 和 CO_2 浓度增幅小于阈值即 $\Delta_X < \Delta_{X0}$ 或 $\Delta_C < \Delta_{C0}$ 时，该嫌疑峰值判定为假峰值。

计算每个真峰值的 SO_2（或 NO_x）和 CO_2 浓度增量积分，记为 I_X 和 I_C，由式（2-18）、（2-19）计算，

$$I_X = \frac{1}{\tau_p} \cdot \sum_{k=p_0}^{p_1}[\,C_X(t_k) - B_X\,]\Delta t = \frac{1}{\tau_p} \cdot \sum_{k=p_0}^{p_1} C_X(t_k)\Delta t - B_X \quad (2\text{-}18)$$

$$I_C = \frac{1}{\tau_p} \cdot \sum_{k=p_0}^{p_1}[\,C_C(t_k) - B_C\,]\Delta t = \frac{1}{\tau_p} \cdot \sum_{k=p_0}^{p_1} C_C(t_k)\Delta t - B_C \quad (2\text{-}19)$$

计算真峰值的硫碳比从而推算燃油硫含量 S_p 及氮氧化物排放因子 N_p，见式（2-20）、（2-21）。

$$S_p = \frac{I_S}{I_C} \times 0.232\% \quad (2\text{-}20)$$

$$N_p = \frac{I_N}{I_C} \times 0.333\% \quad (2\text{-}21)$$

对于柴油船，其排放的 NO 对硫含量测试结果产生一定影响，为去除该影

响，采用式（2-22）计算柴油船的燃油硫含量 S_p。

$$S_p = \frac{I_S - 0.08 I_{NO}}{I_C} \times 0.232\%$$ (2-22)

式中，I_{NO} 采用与式（2-18）同样的方法进行计算。

3. 燃油硫含量的不确定性估计方法

由于燃油硫含量（及氮氧化物排放因子）的计算基于在航船舶尾气遥测信号数据，数据存在一定的噪声干扰，加之由于遥测信号的衰减失真，以及气体扩散的不确定性，背景噪声变化复杂且具有随机性，其嫌疑波峰具有显著的非同步性。因此，在燃油硫含量的估计中存在一定的偏差，为合理估计该偏差，需要对波峰数据特性进行分析和数据处理，计算思路如下。

对嫌疑峰值的有效峰值时段为 t_{p_0} 至 t_{p_1}，在其时间邻域内进行移动，移动范围为前后半个峰值时段长度 $0.5\tau_p$，在每一个邻域范围内采用式（2-20）~（2-22）重新计算 S_p、N_p 和 S_p' 得到其波动值，对这些波动值进行统计分析，得到波动值的均方根，或四分位距 IQR，定义为硫含量（或氮氧化物排放因子）的不确定性。假设其服从正态分布，则可结合单边假设检验方法，给出其超标概率。具体计算方法如下。

计算燃油硫含量估计误差，具体方法为首先计算每个时刻的硫含量误差指标 $E_S(t_j)$（$j=1, 2, \cdots, N$），

$$E_S(t_j) = \frac{\max\limits_{k \in \delta_{jP}} C_S(t_k) - C_S(t_j)}{\max\limits_{k \in \delta_{jP}} C_C(t_k) - C_C(t_j)} \times 2.32\text{‰}$$ (2-23)

再计算第 i 个（$i=1, 2, \cdots, Q$）峰值时间段 $[t_{p_{i0}}, t_{p_{i1}}]$ 内 $E_S(t_j)$ 的四分位距（IQR）的 0.74 倍，记为燃油硫含量估计误差 S_p'，见式（2-24）。

$$S_p' = 0.74 \cdot \underset{t_{p_{i0}} \leqslant j \leqslant t_{p_{i1}}}{\mathrm{IQR}} E_S(t_j)$$ (2-24)

燃油硫含量表示为 $S_p \pm S_p'$，燃油硫含量限值为 S_0，第 i 个（$i=1, 2, \cdots, Q$）峰值燃油超标概率 p_{ei} 估计为，

$$p_{ei} = 1 - \Phi\left(\frac{S_0 - S_i}{S_i'}\right)$$ (2-25)

式中，Φ 为标准正态分布累积概率函数。

2.2.2.2　案例分析

1. 重油船识别案例

仍以苏通大桥站点 2019 年 8 月 7 日 0：00 ~ 23：59 船舶尾气遥测仪采集的船舶尾气中的燃油硫含量时程进行识别。根据图 2-48 可知识别出最强的波峰为 12：22 的波峰，对其进行燃油硫含量的判别（图 2-50）。

Peak04：R=0.76, T=120s, S=(36.27±6.11)×0.1%, p=1.00

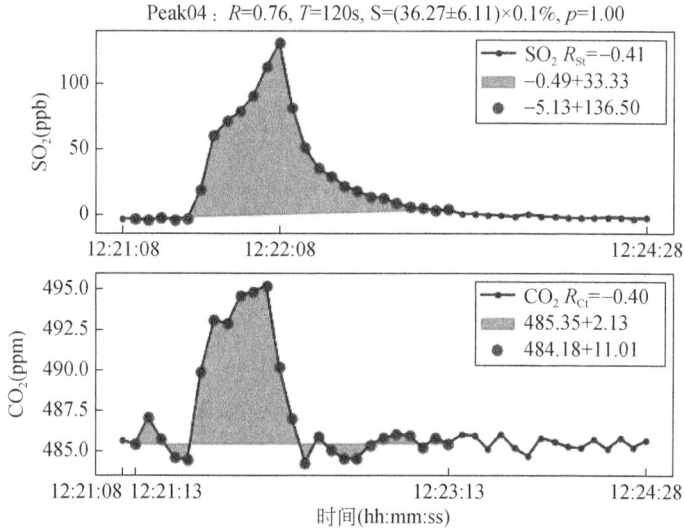

图 2-50　12：22 波峰硫含量计算结果

　　由图 2-50 可见，波峰起止位置识别结果较好地反映出波峰的完整上升和下降状态。此外，还可以发现，波峰中的 CO_2、SO_2 浓度的时间序列并非具有强相关性，因此，通过以往文献中的识别方法无法进行判别。该波峰具有较强的燃油硫含量，达 3.6%，远超过限值 0.5%，因此，超标概率接近 1。图 2-51 给出了当日最强的 6 个波峰的识别结果。可以发现上述波峰的硫含量远超过其他波峰，给出当日最强的 6 个波峰硫含量见表 2-27。

表 2-27　波峰硫含量自动计算结果

序号	时间	时长（s）	增量指标（4.3e-04）	相关指标（0.69）	综合指标	SO_2 增量（ppb）	CO_2 增量（ppm）	S 含量（‰）	超标概率
1	10：44：18	65	2.1e-04	0.41	0.51	3.04	2.89	2.44±0.46	0.00
2	11：30：43	75	5.8e-04	0.84	1.00	14.31	14.16	2.34±0.06	0.00
3	12：12：48	120	2.3e-03	0.44	1.00	36.57	21.73	3.90±0.92	0.12
4	12：22：08	120	2.3e-03	0.76	1.00	33.33	2.13	36.27±6.11	1.00
5	13：51：28	105	1.2e-03	0.48	1.00	21.01	10.84	4.49±0.53	0.17
6	23：11：49	80	2.0e-04	0.63	0.44	9.80	22.34	1.02±0.04	0.00

SEM_100002, date 2019-08-07

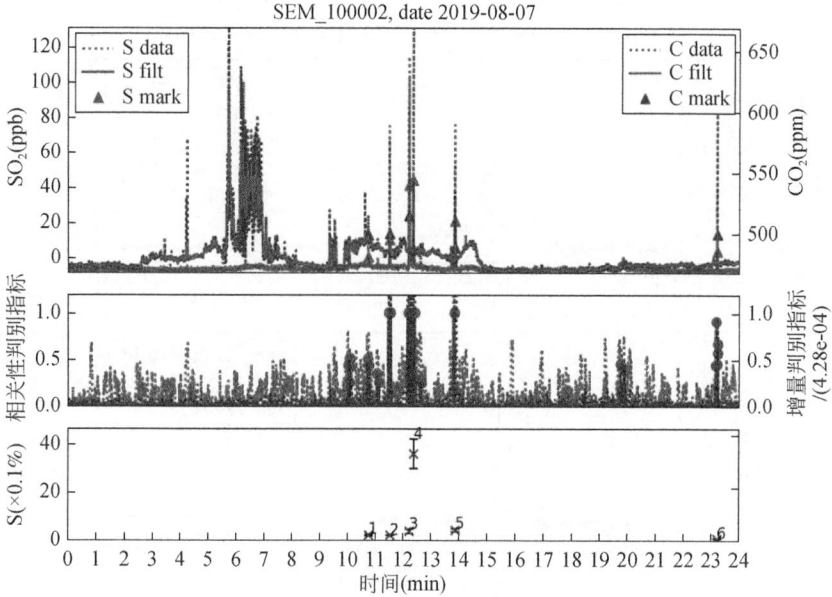

图 2-51　2019 年 8 月 7 日燃油硫含量计算结果

　　图 2-52 给出了其余几个波峰的硫含量识别结果。可以发现，波峰起止时刻自动识别结果良好，能够充分反映出波峰的变化规律，其中（c）、（d）具有显著的双峰特性，这是由于波峰信号混叠造成的，但这两个波峰的超标概率并不高，显示出该识别方法具有良好的适应性。

Peak01：R=0.41, T=65s, S=(2.44±0.46)×0.1%, p=0.00

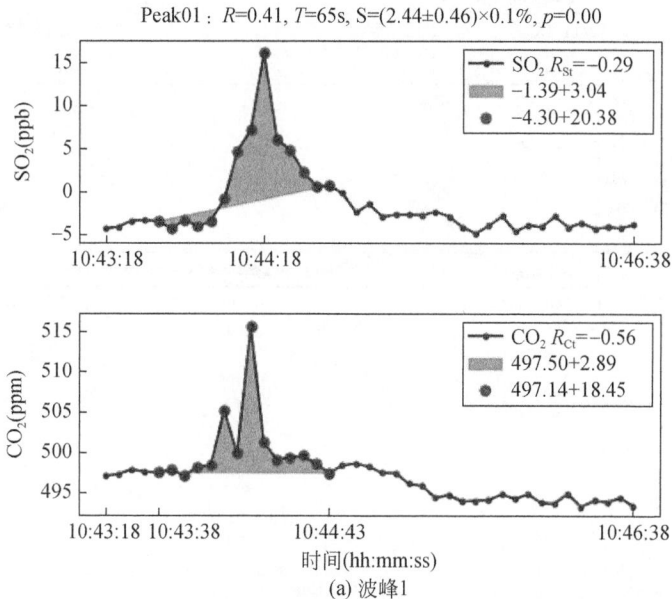

(a) 波峰1

Peak02：R=0.84, T=75s, S=(2.34±0.06)×0.1%, p=0.00

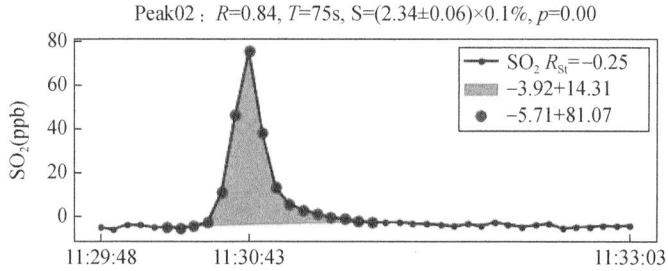

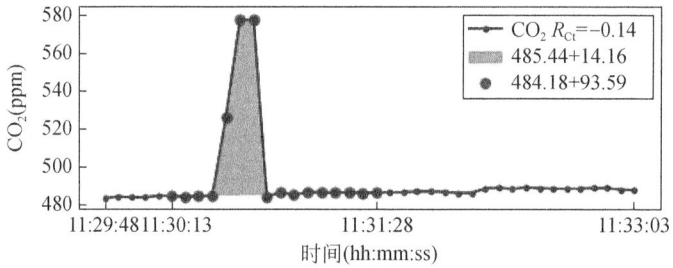

(b) 波峰2

Peak03：R=0.44, T=120s, S=(3.90±0.92)×0.1%, p=0.12

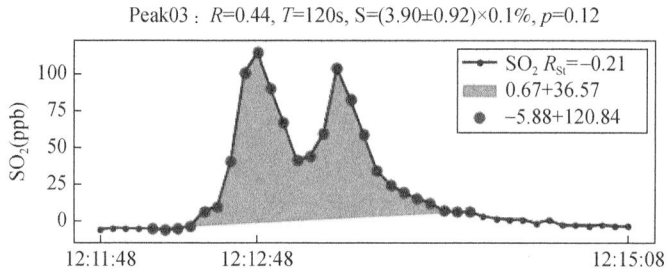

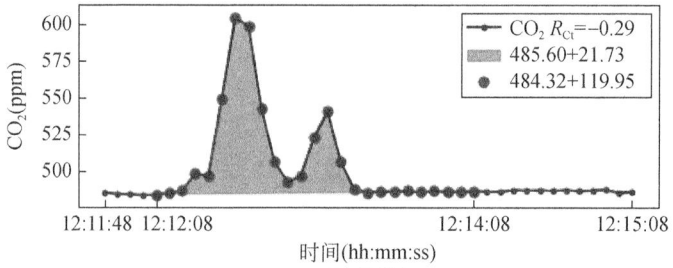

(c) 波峰3

Peak05：R=0.48, T=105s, S=(4.49±0.53)×0.1%, p=0.17

(d) 波峰5

Peak06：R=0.63, T=80s, S=(1.02±0.04)×0.1%, p=0.00

(e) 波峰6

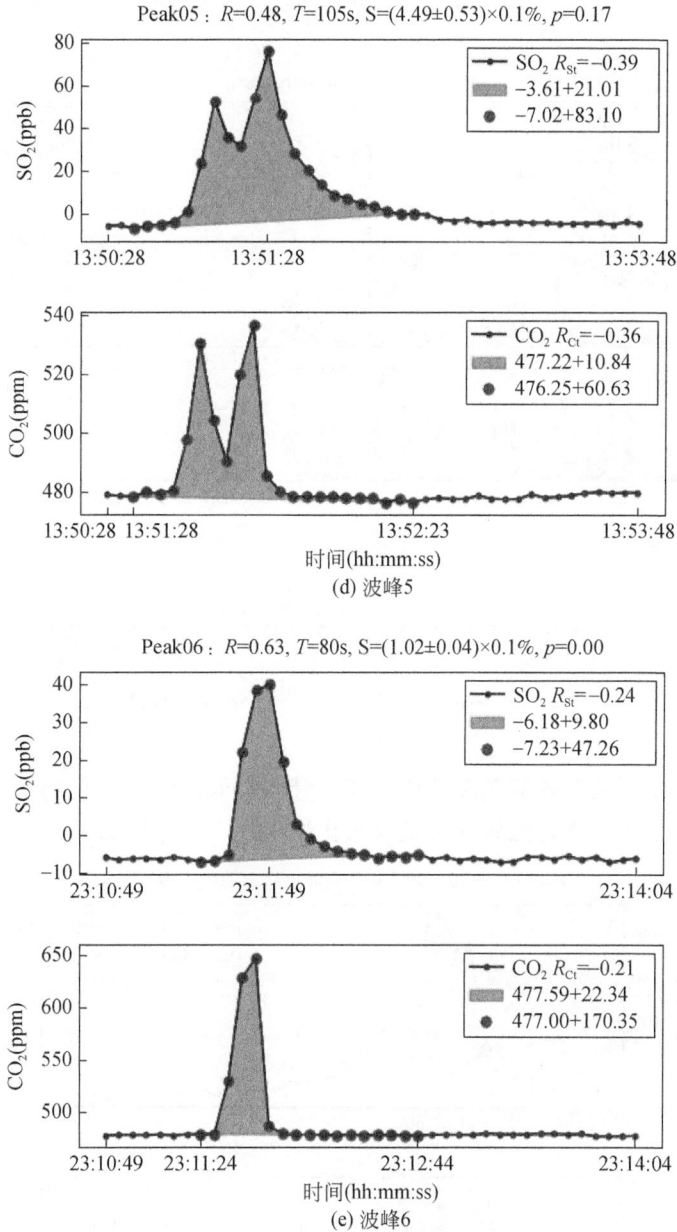

图 2-52　其余波峰的硫含量识别结果

2. 柴油船识别案例

以某内河船闸测试站点 2020 年 11 月 10 日波峰识别为例，阐述该算法在柴油船识别中的应用案例，柴油船的识别应考虑氮氧化物的影响进行。识别结果如图 2-53 所示。

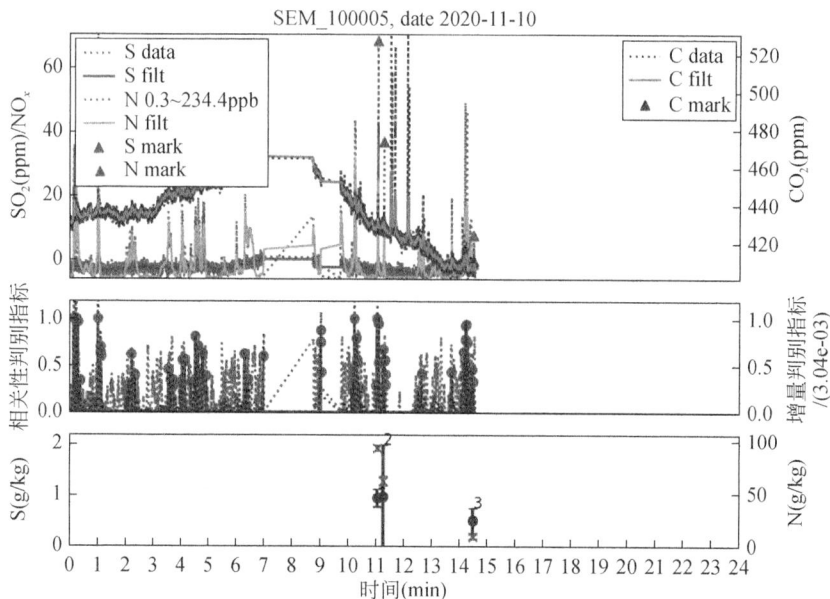

图 2-53　内河船闸测试站点柴油船波峰识别结果

由图 2-53 可见，内河船舶的燃油硫含量均较低，但氮氧化物排放因子较高，图 2-54 给出了 3 个波峰的硫含量及氮氧化物排放因子计算结果。

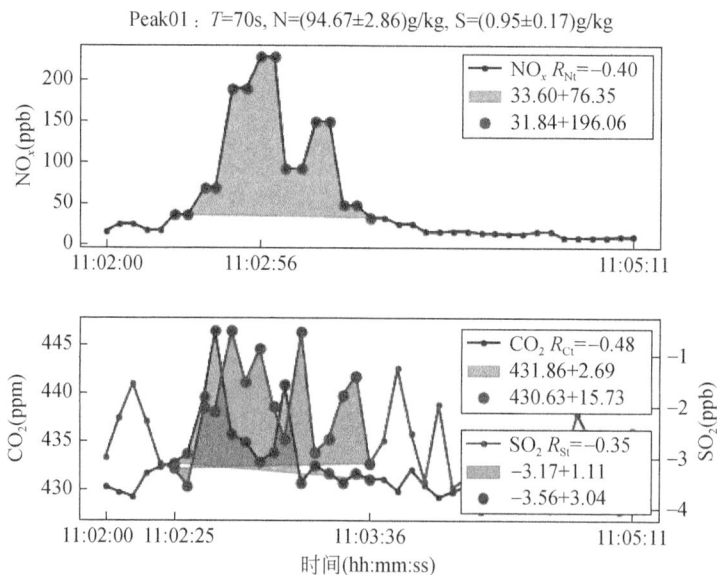

(a) 波峰1

Peak01：T=70s, N=(94.67±2.86)g/kg, S=(0.95±0.17)g/kg

(b) 波峰2

Peak03：T=95s, N=(10.29±2.20)g/kg, S=(0.52±0.24)g/kg

(c) 波峰3

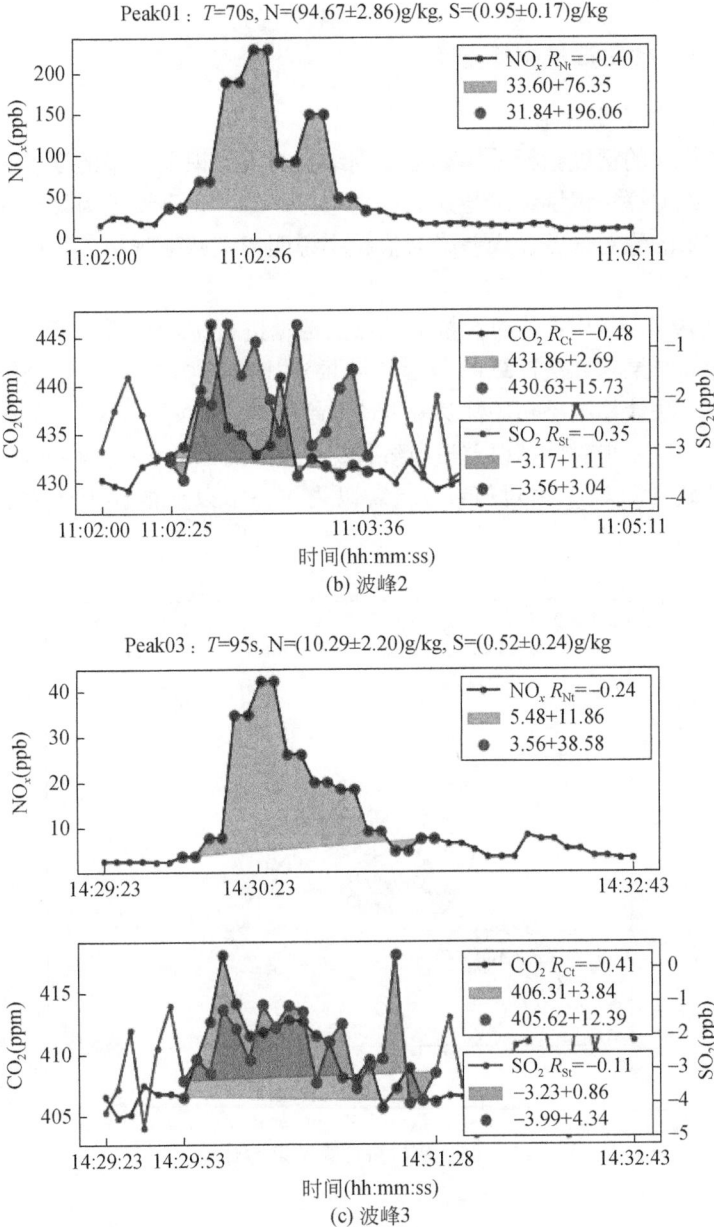

图 2-54　内河柴油船波峰的硫含量识别结果

　　由图 2-54 可见，内河船舶的 SO_2 波峰相较重油船来说并不显著，而 NO_x 波峰较为显著。由此也验证了算法采用不同气体分量作为相关性分析检测判断依据的正确性和必要性。

2.2.2.3 精度指标分析

1. 硫含量精度指标定义

硫含量算法的精度指标采用算法识别结果与人工识别结果的误差来表示，相关性越高，说明算法识别结果与人工识别趋势一致，识别误差为算法识别结果与人工识别结果的绝对偏差，误差绝对值越小说明识别精度越高。

2. 统计分析

仍以2019年7~9月苏通大桥测试点的数据进行统计分析，评价该算法的精度。人工计算结果与算法计算的硫含量结果对比如图2-55所示，经统计，人工计算结果与算法计算结果相关性达0.954，趋势吻合良好，且硫含量识别结果越大吻合越好。进一步对计算误差进行统计分析如图2-56所示，经统计分析发现，90%以上的硫含量误差绝对值在1.5‰以内，95%以上的误差绝对值在3.0‰以内。

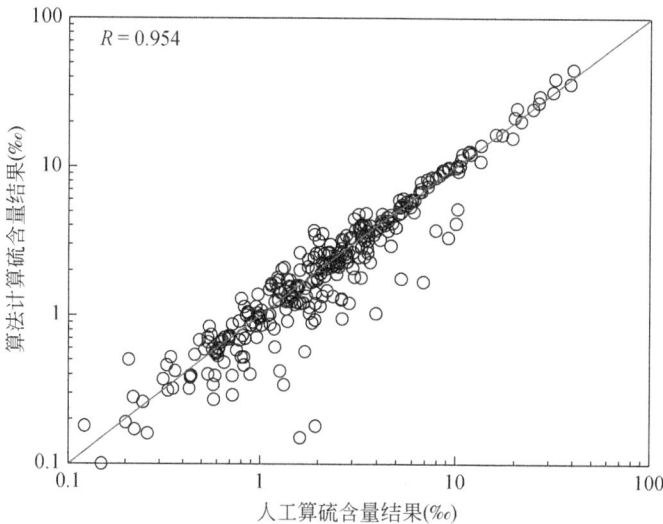

图2-55 硫含量计算结果的对比

2.2.3 基于路径积分的超标嫌疑船舶溯源锁定算法

针对识别到的波峰数据，尤其是超标船舶，需要实现对尾气的源头即超标船舶进行溯源锁定。对嫌疑船舶进行锁定时，需要结合 AIS 数据和风速风向数据对烟羽的路径轨迹进行积分，得到烟羽轨迹，通过烟羽轨迹与遥测站点间的距离反

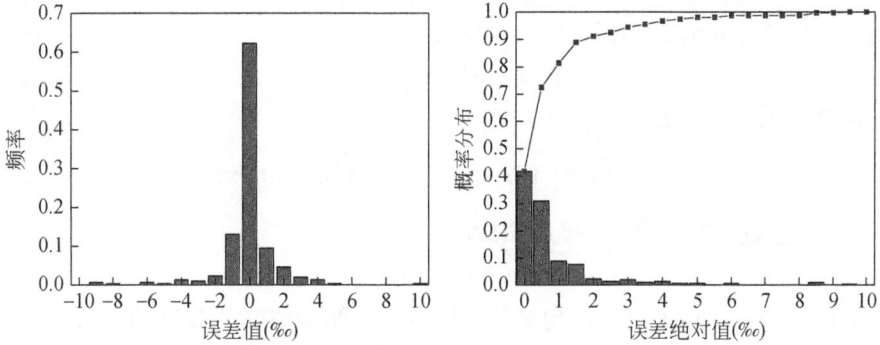

图 2-56　硫含量计算误差统计图

推定位到超标嫌疑船舶。

2.2.3.1　算法原理及框架

1. 原理及基本假设

船舶烟羽的溯源锁定实际上是一个反问题，本算法对烟羽路径进行积分求解是一种正向求解思路。

结合风速风向数据进行烟羽路径积分，假设烟羽从船舶烟囱排出时，与船舶处于静止状态，忽略扩散的影响，其核心在稳定的大气动力作用下随风漂泊，其位移向量等于风速矢量的路径积分。而船舶在运动过程中，在每一个所经之处均对烟羽进行排放。这样，在船舶运动轨迹的基础上，可以绘制 t 时刻烟羽的前沿轨迹，在波峰邻域时段内绘制烟羽轨迹的包络线，遮掩就可以得到这段时间内烟羽核心所处的范围。计算这条烟羽包络线到接收站点的最短距离，当该距离较近时，说明溯源效果较好。

2. 溯源锁定算法

烟羽路径积分算法的核心归结为对 t_0 至 t_k 时刻的时段内烟羽的路径包络线的计算。在这段时间内，船舶的矢量轨迹定义为 $\boldsymbol{r}_s(t)$，风速矢量为 $\boldsymbol{u}$，则从 t_i 时刻排放出的在 t_k 时刻烟羽矢量位置 $\boldsymbol{r}_{pi}$（$i=0, 1, 2, \cdots, k$）可表示为

$$\boldsymbol{r}_{pi} = \boldsymbol{r}_s(t_i) + \int_{t_i}^{t_k} \boldsymbol{u}(t)\,\mathrm{d}t \tag{2-26}$$

式中，第二项为风速的路径积分项。将烟羽矢量位置点集 $\boldsymbol{r}_{pi}$（$i=0, 1, 2, \cdots, k$）联合，即为烟羽轨迹在 t_0 至 t_k 时刻的时段内的包络线。

船舶尾气测试站点的矢量位置表示为 $\boldsymbol{r}_0$，计算烟羽包络线与船舶尾气测试站点的矢量位置之间的最小距离即为定位误差。

$$D_e = \min\left\{\ \|\ \boldsymbol{r}_{pi} - \boldsymbol{r}_0\ \|\ \right\} \tag{2-27}$$

最小距离时刻，记为 t_j，表示为

$$t_j = \operatorname{argmin}\left\{\ \|\ \boldsymbol{r}_s(t_i)\ -\ \boldsymbol{r}_0\ +\int_{t_i}^{t_k}\boldsymbol{u}(t)\,\mathrm{d}t\ \|\ \right\} \tag{2-28}$$

在 t_j 时刻，嫌疑船舶与站点的距离记为

$$D = \|\ \boldsymbol{r}_s(t_j) - \boldsymbol{r}_0\ \| \tag{2-29}$$

利用上述方法，计算追踪烟羽包络线，即可根据嫌疑波峰所对应的时段对嫌疑船舶进行溯源分析和锁定。

2.2.3.2　案例分析

仍以苏通大桥站点 2019 年 8 月 7 日 0：00 ~ 23：59 船舶尾气遥测仪采集利用前文算法识别出的 6 条波峰数据为例，利用本节算法进行定位识别。表 2-28 给出嫌疑船舶识别结果，各个波峰的船舶溯源结果，包括船舶轨迹线和烟羽包络线（图 2-57）。可以从中发现，定位误差在 100m 数量级范围左右，这在工程上是方便追溯定位的。

表 2-28　波峰硫含量自动计算结果

序号	船号	船名	船长 （m）	距离 （m）	定位误差 （m）	风速 （m/s）	风向 （°）	船舶数量
1	31 * * * * 00	S * * * * E	100.0	252.6	43.4	4.2	184	18
2	21 * * * * 00	A * * * * S	180.0	215.5	4.3	4.1	185	6
3	41 * * * * 00	Y * * * * O	190.0	446.9	141.9	4.1	182	8
[4]	41 * * * * 80	F * * * * 9	81.0	894.7	121.8	4.1	185	5
5	41 * * * * 10	H * * * * 9	159.0	385.5	28.0	4.0	180	6
6	37 * * * * 00	P * * * * M	190.0	12.4	23.8	7.4	164	4

2.2.3.3　精度指标分析

1. 定位精度指标定义

对于该溯源锁定算法，其精度指标可由式（2-27）定义的定位误差 D_e 表示，定位误差表征了该算法假设与实际的偏差。

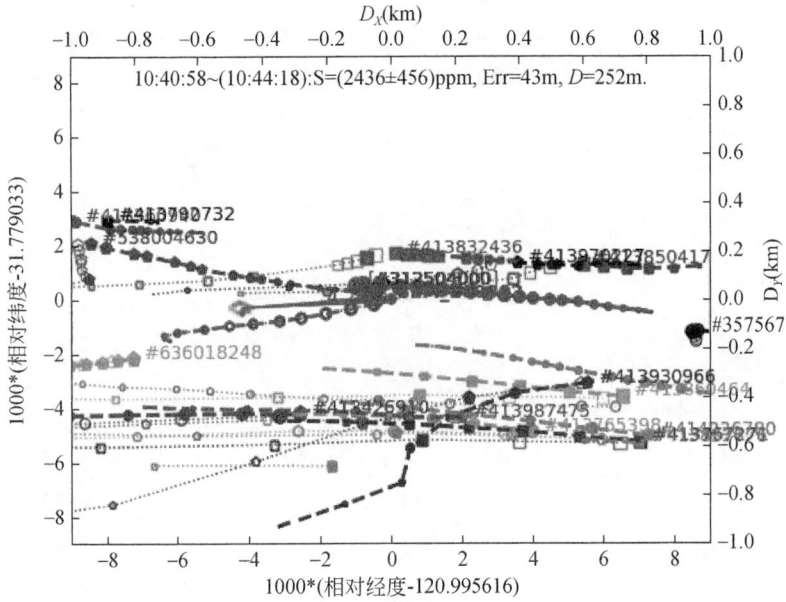

(a) 波峰1

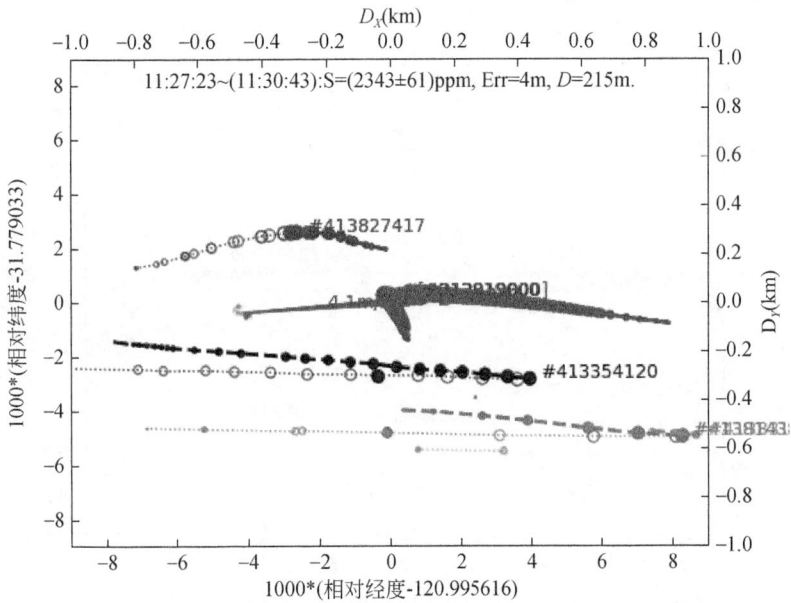

(b) 波峰2

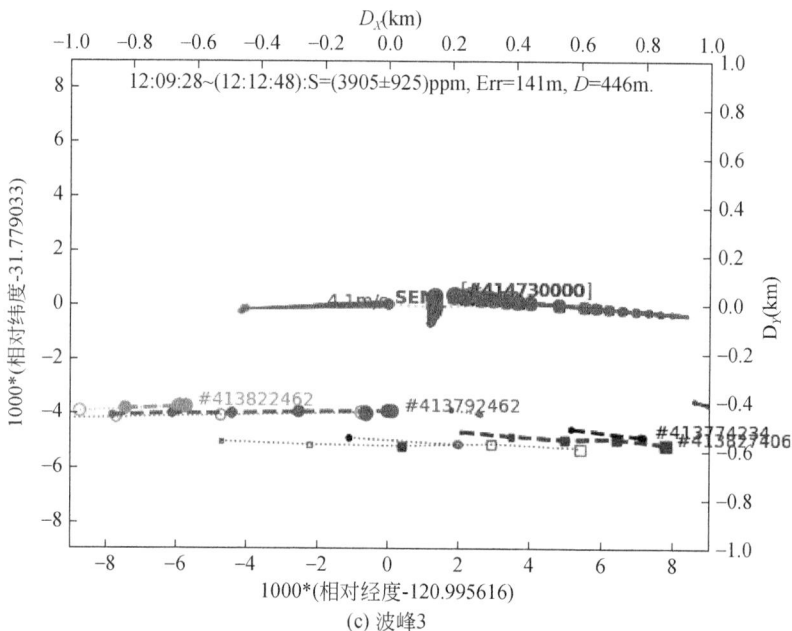

(c) 波峰3

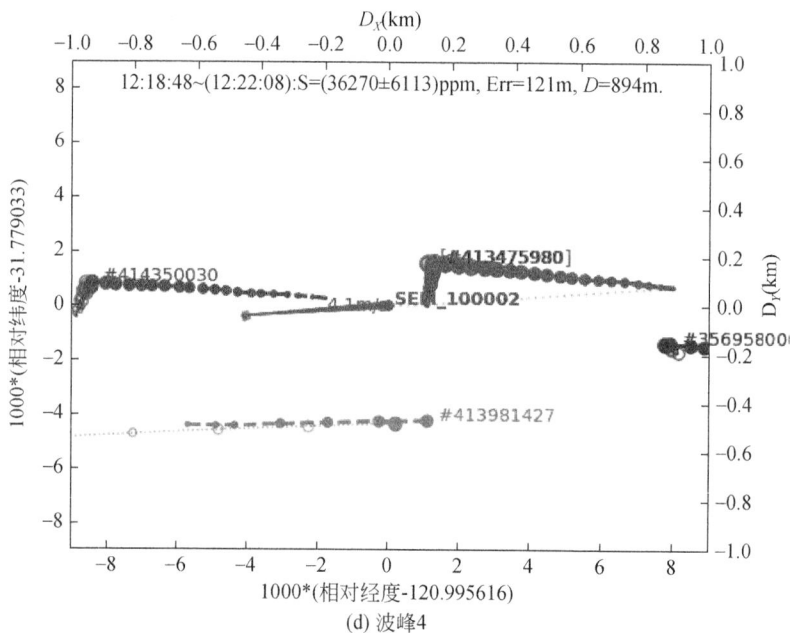

(d) 波峰4

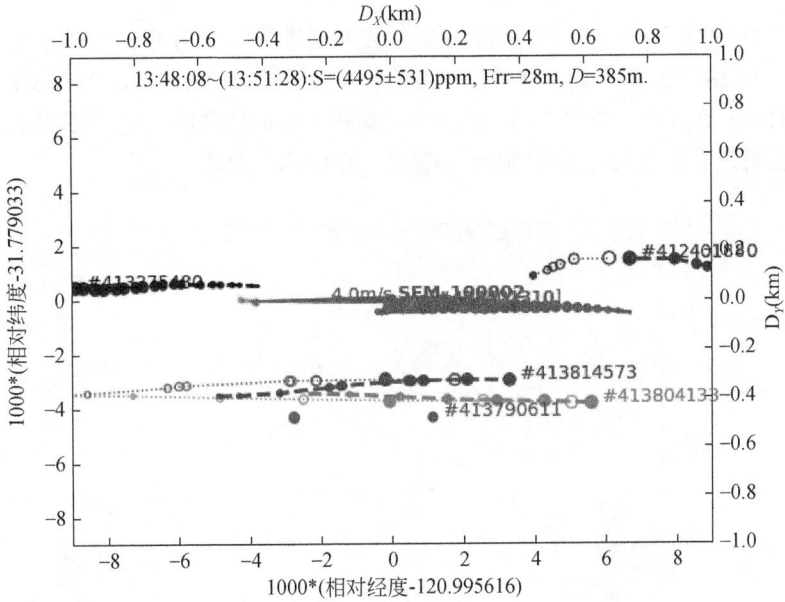

(e) 波峰5

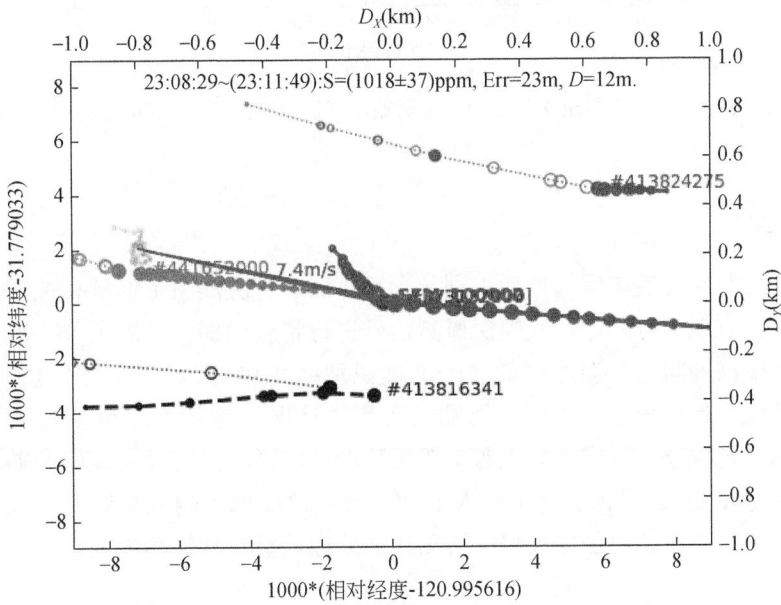

(f) 波峰6

图 2-57　2019 年 8 月 7 日嫌疑船舶溯源锁定结果

2. 统计分析

仍以 2019 年 7～9 月苏通大桥测试点的数据进行统计分析，评价该算法的精度。图 2-58 给出了定位误差的概率分布曲线，经统计分析可得，92.8% 的定位误差在 150m 范围内，99% 以上的定位误差在 300m 范围内，定位误差在百米数量级内说明该方法能够适应船舶尾气溯源工程应用的要求。

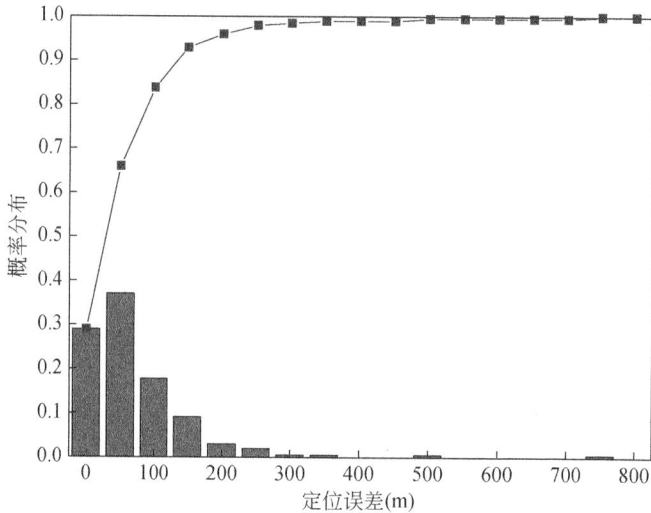

图 2-58　2019 年 7 月至 9 月苏通大桥船舶尾气遥测溯源锁定船舶的误差统计图

2.2.4　小结

本节发明在航船舶尾气自动识别与溯源算法。首次提出了增量相关阈值综合判别方法，实现了对船舶尾气嗅探遥测信号进行智能识别，解决了单一准则误报和漏报率偏高的问题，船舶尾气波峰准确识别率达 95% 以上；首次建立了在航船舶燃油硫含量概率估计方法，燃油硫含量估计误差绝对值控制在 1.5‰ 以内；基于烟羽路径积分，形成了尾气源头船舶智能锁定算法，硫含量超标船舶溯源定位误差控制在 150m 以内，解决了人工处理数据效率低、响应滞后、主观性强的问题，显著提高在航船舶尾气嗅探遥测数据处理效率。具体解决了以下 3 项关键技术。

①仪器测得嗅探信号后自动排除干扰并准确识别信号是技术智能化的前提。基于增量相关阈值法，采用增量指标和时变相关性指标综合判别硫含量超标船舶尾气遥测嗅探信号中的对应波峰，解决了单一准则存在误报和漏报率偏高的问题，船舶尾气波峰识别率达 95% 以上。

②识别嗅探信号后自动准确测算对应船舶燃油硫含量是技术智能化的核心。在对波峰起止时刻的精准定位的基础上，形成了在航船舶燃油硫含量概率估计方法，解决了传统燃油硫含量估算中无法评估其不确定性指标的问题，燃油硫含量估计误差绝对值控制在 1.5‰以内。

③测得燃油硫含量后自动准确识别尾气源头船舶是技术智能化的关键。基于烟羽路径积分，提出了硫含量超标船舶溯源锁定算法，解决了船舶尾气遥测波峰信号与硫含量超标船舶的对应关系问题，硫含量超标船舶溯源定位误差可控制在 150m 以内。

2.3　在航船舶尾气嗅探遥测装备及系统

在航船舶尾气嗅探遥测装备及系统是技术落地的具体体现，分别是硬件和软件。硬件是现场船舶尾气 CO_2 和 SO_2 监测以及风速风向等配套信息的采集传感器的集成研发，实现 24h 无人值守连续运行。系统实现了数据的采集、远程传输及分析，将 CO_2 和 SO_2 等原始数据换算成燃油硫含量及其对应船舶，并实现监测、分析、执法的联动。

2.3.1　装备小型化设计

2.3.1.1　一代功能机

一代功能机的目标是实现嗅探法船舶尾气遥测功能，在设备选型、装备小型化、稳定性、易用性等方面没有过多的考虑。选用了 Thermo Scientific（赛默飞）的 43i 型 SO_2 分析仪和 410i 型 CO_2 分析仪，后者在后期实践中发现精度过高、设备过大，且必需空压机和零气校准设备配合使用，在二代集成机中被替换（图 2-59）。

为了确保 CO_2 分析仪、SO_2 分析仪和 AIS 接收器能够在户外 24h 连续运行，除了确保稳定的供电之外，还要有安全的防护，即机柜。机柜采用不锈钢材料并加宽顶部和加高腿部，以防止大雨天气设备进水。CO_2 分析仪和 SO_2 分析仪置于机柜的上半部，而为了能够测得桥面以下的空气，避免桥面上来往车辆尾气的干扰，需要主动将桥面下的空气抽至机柜中。在机柜下部安装空压机，空压机一头通过二分管连通 CO_2 分析仪和 SO_2 分析仪，另一头连接 10m 长的软管（软管从机柜底部出来后自然下垂于桥面之下）。AIS 接收器体积较小，置于上层机柜内，AIS 接收器的天线置于机柜外（机柜上层留有小孔），确保能够接收到桥下船舶的广播信号。为了确保设备监测的稳定性，在上层机柜的壁上安装 300W 功率的订制变频空调（恒温系统），设定温度控制在 20℃。

图 2-59　船舶尾气遥测仪——一代功能机

一代功能机自 2018 年 1~6 月，在苏通大桥上行航道正上方测试，成功测得船舶尾气数百艘次，完成了测试任务。测试完成后，总结了诸多问题并在二代集成机中予以解决。具体问题如下。

1. 体型过大、设备过重

一代功能机的体型过大、设备过重，主要是因为选用了高精度的 CO_2 分析仪。经过测试发现，船舶尾气扩散至监测点位时，CO_2 的浓度增幅至少是数个 ppm 以上，而且背景空气中的 CO_2 浓度也在持续缓慢变化，噪声在 1 个 ppm 左右。因此，可以放宽精度要求，选择精度能够满足 2ppm 的小型化 CO_2 分析仪即可。

2. 夏天机柜内产生冷凝水

一代功能机的空调的冷风出口正对 SO_2 和 CO_2 分析仪的进气管路，夏天江面的室外温度和湿度均较高，热空气进入机柜内后在进气管路上因强烈的温差导致形成冷凝水，引起分析仪进水故障。因此，需要在机柜内设计中避免该问题的再次发生。

3. 运维不便捷

一代功能机在苏通大桥上运行，该桥是高速公路桥，存在一定的安全隐患，运维时驻留时间的长短十分重要。目前，机柜内管路复杂、设备叠置，给运维人员造成了很大的困扰和搬挪工作。因此，需要在机柜设计中，考虑采用抽拉式机架方案。一旦 SO$_2$ 分析仪或者其他设备产生故障，现场只需用备件快速替换，不在现场进行检查和维修。另外，AIS 接收器、工控机、4G 路由器等小型配件在机柜中随意放置，后续将对小型配件进行集成（与 SO$_2$ 分析仪长宽一致）。

4. AIS 数据存在较大冗余

一代功能机内置的 AIS 接收器的有效接收距离为数十千米（具体取决于设备所在位置的空旷条件），而船舶尾气的有效扩散距离往往不超过 1km。因此，AIS 接收器接收到的大量的船舶动态数据中 99% 是不用数据，对锁定嫌疑船舶并无帮助，后续的样机应当内置数据预处理软件，只保留有效数据，减少后续工作量。

2.3.1.2　二代集成机

二代集成机在一代功能机的基础上进行了专门的设计，具备了产品的雏形，并于 2019 年 3 月至今在上海洋山港小岩礁景区进行试点（图 2-60）。

二代集成机主要参数包括最大功率 400W（夏季高温）、正常功率 200W（空调不工作）、重量 80kg、尺寸 60cm×60cm×80cm、SO$_2$ 检测限 1ppb、CO$_2$ 检测限 1.5ppm。二代集成机的组成包括尾气采集与分析模块、被测船舶识别模块、数据采集与远程传输模块，以及户外连续运行保障模块四个组成部分。

尾气采集与分析模块包括进气柱、抽气风机，以及连接进气柱的各种尾气污染物浓度分析仪（以二氧化硫分析仪和二氧化碳分析仪为例）。各种尾气污染物

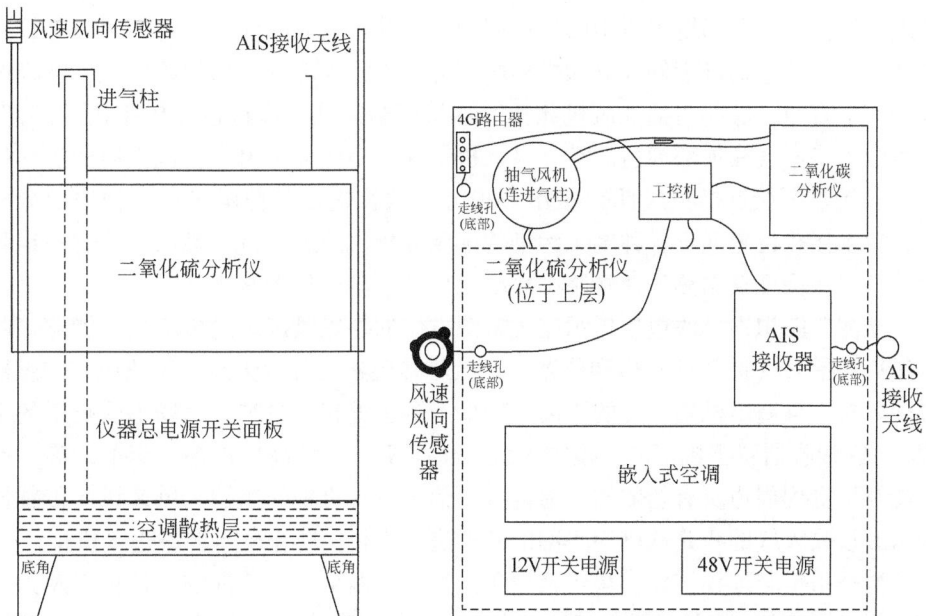

图 2-60　船舶尾气遥测仪——二代集成机

浓度分析仪合理布局置于机柜内，牢固固定，并互相之间保留一定的电线、管路空间。进气柱包括机柜外部分和机柜内部分，机柜外部分顶部加防雨盖，机柜内部分上下直通，底部与抽气风机相连并保持密封。抽气风机位于机柜内的底部，产生吸力将进气柱顶部周边的空气吸入机柜并从柜底部排出。在机柜内的进气柱上（位置靠下接近机柜底部）接出多根旁路软管连接各种尾气污染物浓度分析仪，要求接孔位置低于各种尾气污染物浓度分析仪的进气口，确保软管有一定程度的倾斜，保证夏季热气在管路中冷凝形成的水滴能从管路流出。

　　被测船舶识别模块包括指示尾气来源方位的外置风速风向传感器、能够接收船舶广播信号（船舶的身份和位置）的 AIS 接收器及外置天线。风速风向传感器必须外置，且高出机柜一定的距离，确保所测位置相对空旷，风场不受机柜的干扰。AIS 接收器置于机柜内，接收天线置于机柜外，且高出机柜一定的距离，确保能够接受到周边所有船舶的广播信号，信号不受机柜的遮挡。风速风向传感器和 AIS 接收天线的线路从机柜底部的开孔进入机柜，防止雨水顺线进入机柜。

　　数据采集与远程传输模块包括用于采集以上两个模块数据的工控机以及为工控机提供网络的 4G 路由器；工控机内装有数据采集软件（根据各个设备的数据

输出协议开发)，数据存储于数据库内，具备实时数据发送至服务器的机制，也具有断网缓存、联网并发的断点续传能力。工控机内装有自动识别尾气以及识别尾气后自动锁定对应船舶的程序，确保能够将测到的尾气浓度信息与 AIS 接收到的船舶信息（船名、船舶位置等）一一对应。4G 路由器为工控机提供网络，确保数据发送至主管们的服务器上，其天线部分置于机柜外，通过机柜底部的开孔与 4G 路由器连接。

户外连续运行保障模块包括定制的防水机柜、电路与控制开关，以及保证仪器稳定工作环境的嵌入式空调。防水机柜顶部不开孔，所有开孔均位于底部，四个底角确保暴雨天气下地面的临时积水不进入机柜，机柜门内侧边缘镶嵌一圈密封橡胶，阻止雨水顺门流入。机柜内配有不同电压的电源及控制开关，满足不同仪器工作对电的要求。机柜底部装有嵌入式空调，将机柜内温度恒定在 25℃，满足各种尾气污染物浓度分析仪等精密仪器对工作环境的苛刻要求。

2.3.1.3 二代成品机

二代成品机是二代集成机的完善版本，是对测试过程中针对遇到的各种问题的改进，没有在整体结构上做重大的变动（图 2-61）。因此，依然定义为二代，具体的改进点如下。

1. 空调位置

二代集成机为减小设备体积和整体的美观，将机柜空调放置于机柜底部。二代成品机改进为将空调放置于机柜侧边，此项改进主要是为了适应海巡艇平台的使用环境。

在海巡艇上安装设备时，由于海巡艇每天必须清洗甲板，水手都会用高压水枪直接用水冲洗甲板。将机柜空调放置于机柜底部会直接受到高压水的冲洗。对机柜空调的使用与寿命造成较大的影响。所以二代成品机就将机柜空调放置于机柜侧边，同时要求安装时注意角度避免被高压水枪直接冲洗。

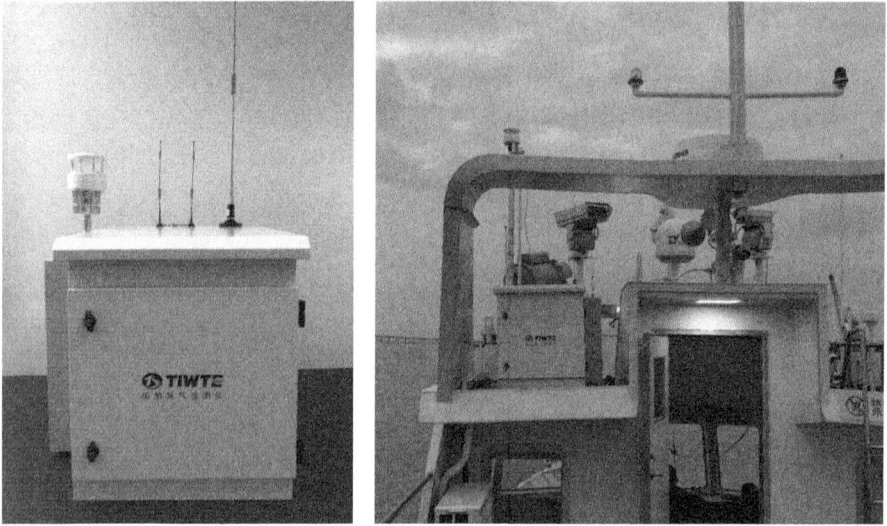

图 2-61　船舶尾气遥测仪——二代成品机

2. 气泵改进

二代集成机的抽气系统采用的是一根较大 PVC 管和圆形循环风扇，采气装置只能固定于机柜顶部，较为不便且不能随意移动。循环风扇的流量也较小，不能达到快速采集的功能。

二代成品机采用小直径气管加上大流量隔膜气泵的方式作为采集装置，此方式可以实现采气装置随意放置，实现了采气装置的灵活安装。大流量隔膜气泵的采用使得采样气体加速循环，加速气体采集效率，提高测试响应时间。

3. UPS 电源

由于海巡艇经常靠码头与离码头，会经常切换岸电供电与船电供电，同时也考虑到部分位置供电条件较差，存在频繁的跳闸断电情况。由于设备内有工控机等对强制断电较为敏感的设备，在二代集成机的基础上，二代成品机中增加了一个带通信功能的 UPS。

当 UPS 检测到断电后，二代成品机由于有 UPS 供电会继续正常运行，随后 UPS 会通过通信模块将断电信号通知工控机采集软件，采集软件在接到断电信号后，控制工控机正常关机，避免强制关机导致的设备损坏。并且 UPS 有稳压功能，对电源较为不稳定的使用环境，对设备有较好的保护作用。

4. 远程 wifi 插座

对工控机总电源加装远程 wifi 插座。设备由于采用 Windows 操作系统，Windows 操作系统不稳定，在长时间使用的情况下，会出现系统卡死、死机等极端情况。由于设备安装往往选择在大桥、岸边等较为偏僻、距离航道较近的位置，人员维护较为麻烦。二代成品机的工控机电源上加装远程 wifi 插座，在工控机系统卡死、死机等极端情况时，通过远程 wifi 插座强制给工控机断电，随后再给工控机上电。由于工控机 Windows 系统出厂时已经设置上电自启动，强制上电后系统会自启动重新进入正常工作状态。避免了 Windows 系统卡死、死机需人员现场维护的情况出现。减少了维护次数，降低了设备维护强度。

2.3.2　多终端成套软件

2.3.2.1　设备端

设备端的数采与发送软件安装于船舶尾气遥测装备的工控机上，收集来自各个监测设备的数据，对数据进行删减（特别是船舶 AIS 数据）、预处理后，上传至船舶尾气遥测大数据分析平台，实现 24h 无人值守的连续监测。界面见图 2-62，包括①标题，②本监测站参数，③各模块状态，④传感器实时数据，⑤功能操作。具体的参数设置和软件操作不在此赘述，详见软件使用说明。为了优化数据采集的体量并监控设备状态，做了如下设定：

①设定 CO_2 和 SO_2 等尾气数据采集间隔为 5s，相比 1s 间隔可减少数量 5 倍，相比 10s 以上间隔又能保证船舶尾气形成的浓度波峰能够完整呈现。

②对船舶 AIS 接收器采集的数据进行剪裁，剪裁的标准是以设备所在经纬度位置为圆心的 1km 范围（根据前面章节的高斯模拟确定万吨船级船舶的有效遥测距离为 1km），既能减少数量 90% 以上，又能确保船舶违规数据依然可以有效支撑溯源锁定工作。

③软件实时判断船舶 AIS 和风速风向采集信息，一旦发现 24h 内无任何船舶 AIS 信息或风速风向信息，则判定 AIS 接收器或风速风向传感器故障，向 Web 端发送预警信息或者规定的运维人员发送短信提醒。

④软件实时采集 UPS 的接电信息，一旦设备发生断电问题，向 Web 端发送断电预警或者规定的运维人员发送短信提醒。

⑤软件与 Web 网站采取双向判定的数据传输机制，如果发现数据采集正常，但是 Web 端未接收成功，则记录数据断档的时间，一旦网络恢复则统一发送断档后的数据，实现断电续传功能。

2.3.2.2　Web 端

Web 网站是所有数据汇总、存储、分析和统计的中心，功能最全面（图 2-63）。

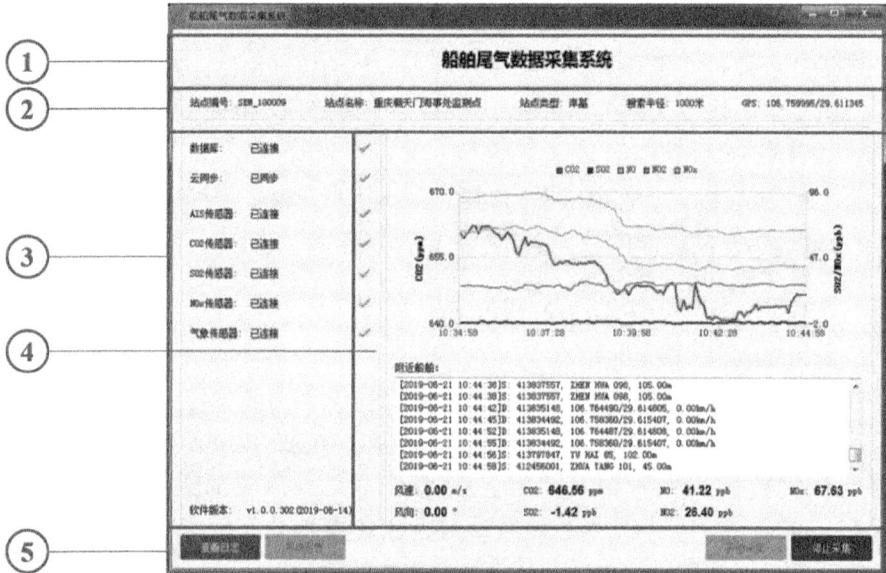

图 2-62 船舶尾气遥测装备的内置数据采集与发送软件

图 2-63 Web 网站登录界面

船舶尾气遥测大数据分析平台 Web 网站是船舶尾气遥测仪的 Web 端软件系统,由站点管理模块、尾气数据展示模块与分析模块、嫌疑船舶锁定模块、统计汇总和报表模块这四大功能模块组成。①站点管理模块:直观显示辖区内所有船舶尾气遥测仪的安装位置,个性化设置船舶尾气遥测仪的属性信息,以及涉及功能发挥的一些关键参数设置;②尾气数据展示模块与分析模块:显示船舶尾气遥测仪远程传输至服务器中的所有原始数据,并基于数据识别船舶尾气及其造成的污染物浓度波峰的形状特征,计算船舶燃油硫含量;③嫌疑船舶锁定模块:针对每一个船舶尾气信号及其燃油硫含量结果,调取风速风向和船舶 AIS 数据,识别污染物浓度波峰出现时刻上风向经过的船舶,指认其为嫌疑船舶;④统计汇总和报表模块:根据所有船舶的 AIS 数据及嫌疑船舶锁定结果计算抽检率,绘制统计图表并分析抽检率与船舶航行轨迹、吨位、气象条件之间关系的能力,评估船舶尾气遥测仪的监管效益及影响因子(图 2-64)。

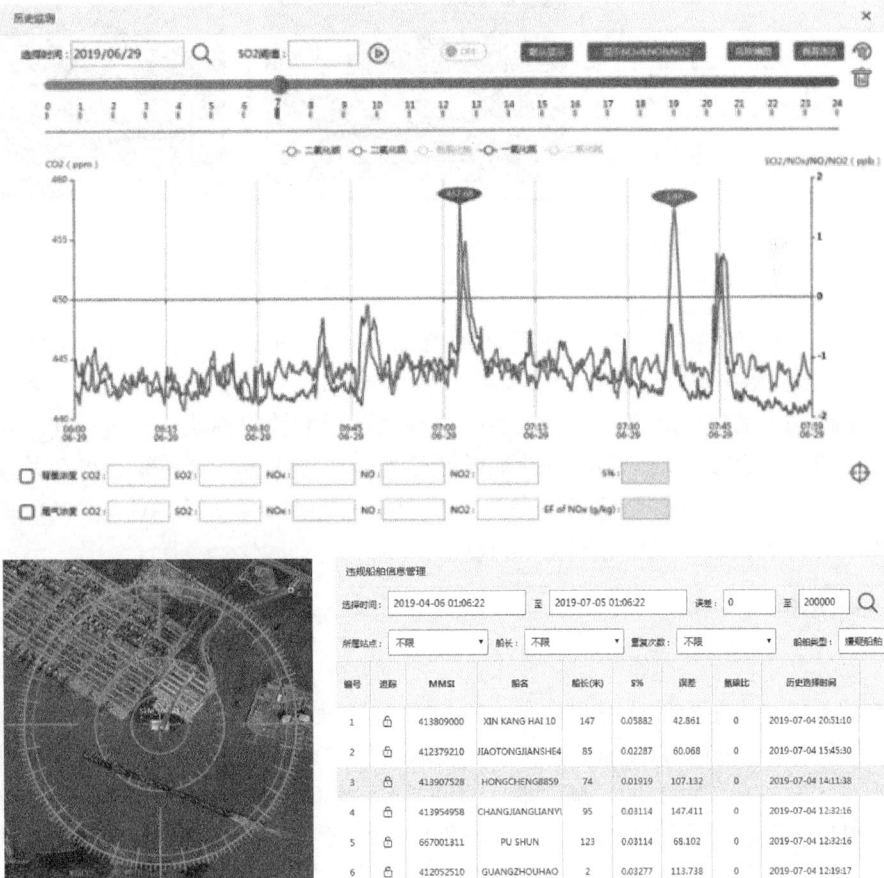

图 2-64 Web 网站四大功能模块界面

2.3.2.3 桌面端和移动端

移动端 app 和桌面端 Windows 软件，是 Web 网站的简易版，用于当场分析数据，以及时确定被测船舶是否超标，适合海巡艇平台或手机远程监控站点运行质量（图 2-65）。

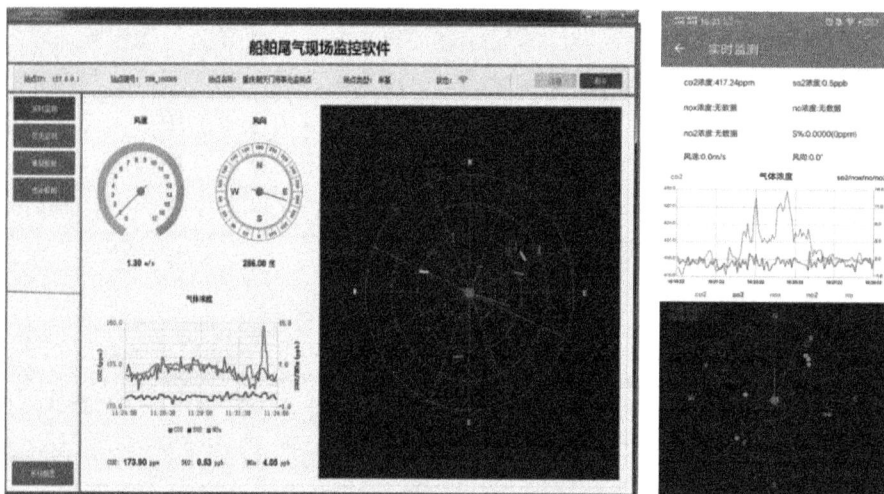

图 2-65 Windows 应用软件和安卓 app 界面

Windows 应用软件（船舶尾气现场监控软件）和安卓 app（船舶尾气监测 app）分别是船舶尾气遥测仪的桌面端和手机端软件，包含了 Web 端软件系统四大功能模块中的尾气数据展示与分析模块和嫌疑船舶锁定模块。通过 wifi 与船舶尾气遥测装备直接连接，实时查看船舶尾气与燃油硫含量估测结果，可在移动应用场景中当场判定被测船舶是否存在违规嫌疑，特别是在没有 4G 或者 5G 通信信号的情况下，指导现场登船检查行动。

2.3.3 小结

本节对嗅探法船舶尾气遥测技术进行落地推进，首创在航船舶尾气嗅探遥测装备及系统。优化配件选型和设备内部空间布局设计，攻克了装备小型化难题，尺寸仅为 60cm×60cm×80cm；首次基于物联网技术开发了多终端船舶尾气遥测成套软件（设备端、Web 端、桌面端、移动端），实现了数据远程监控、实时分析及可视化，填补了我国船舶大气污染物排放控制区实时智能化监管装备及系统的空白，提升了船舶大气污染物排放控制区海事监管效率。具体解决了以下两项关键技术。

①可适用于有限空间和多种平台是装备应用的核心。根据技术对空气质量、风速风向、船舶 AIS 数据采集的性能要求，通过优化配件选型和设备内部空间布局设计，历经一代功能机、二代集成机和二代成品机三个阶段，攻克了装备小型化难题，尺寸仅为 60cm×60cm×80cm。

②打通数据采集、分析和管理全过程链路是设备物联网化的关键。基于物联网技术开发了多终端船舶尾气遥测成套软件（设备端、Web 端、桌面端、移动端），通过研发设备实时监控、故障及时预警、wifi 通信功能，实现了数据远程监控、实时分析及可视化，解决了复杂环境下应用的抗干扰、状态自监控、数据稳传输、平台安全保障等问题。

第3章　无人机载船舶尾气智能监视监测技术及应用

3.1　船舶尾气监视监测任务的无人机智能飞控技术

船舶尾气监视监测任务的无人机智能飞控技术见图3-1。

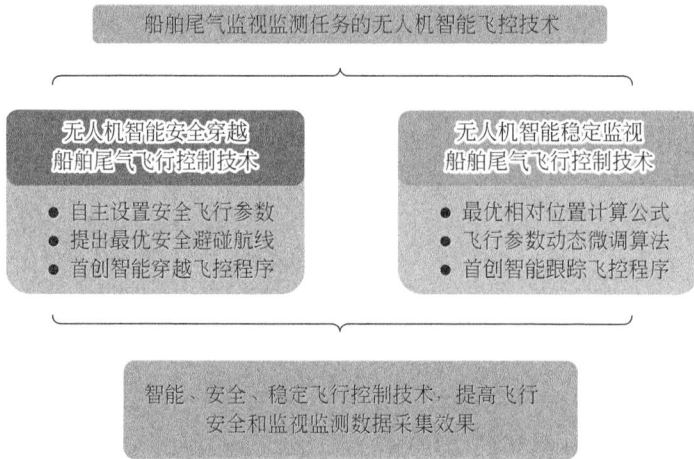

图 3-1　船舶尾气监视监测任务的无人机智能飞控技术

3.1.1　船舶视觉定位与尾气扩散模拟耦合诱导的无人机穿越船舶尾气飞行控制技术

3.1.1.1　飞行关键技术问题识别

1. 安全避碰技术

控制无人机飞入船舶尾气烟羽是无人机载船舶尾气智能监测技术的飞行任务关键技术之一。鉴于嗅探测硫传感器监测船舶尾气时的距离要求，无人机在飞行状态下，需时刻保证与船舶具有合适的相对高差、水平间距，过远可能超出传感器的识别距离，过近则有碰撞风险。急需开发一套兼顾避碰和监测船舶尾气的无人机自主飞行控制程序，实现测硫过程中安全避碰的船舶尾气飞行操作。

2. 精准识别追踪烟羽位置

判定无人机穿越船舶尾气的过程是无人机载船舶尾气智能监测技术的飞行任务关键技术之一。鉴于嗅探测硫传感器工作时，对于尾气接触有一定时长要求，需要无人机执行飞行任务时，同步追踪尾气一段时间。首先，通过船舶尾气烟羽扩散区域的预测方法，精准识别烟羽位置，进而优化设计穿越追踪船舶尾气的飞行航线，保证船舶尾气硫含量监测过程的技术需求，实现测硫过程中智能的追踪船舶尾气任务。

3. 自主控制飞行

基于上述两点，利用无人机开展船舶尾气监测任务的关键技术问题是要同时解决安全飞行和准确完成尾气监测任务，安全飞行要求无人机与目标船舶保持一定的安全距离，而尾气监测则要求无人机要准确控制离船舶烟囱的距离，才能准确规范采集数据完成监测，把握这两者的平衡十分关键。因此，目前急需一套智能、安全的飞行控制技术，以实现自主设置及动态微调安全飞行参数，解决手动飞行不安全及监测数据采集不规范的问题。

3.1.1.2 基于图像相对高差、水平间距测量方法

穿越尾气的同时满足安全避碰的要求是无人机载船舶尾气智能监测技术的飞行任务的关键。本书通过基于图像的船机之间相对高差、水平间距实时测量方法，优化设计以船舶正前方为角点的下风向立面矩形的穿越船舶尾气飞行航线，形成智能、安全的无人机主动追踪尾气的方法（图3-2）。

首先，操控无人机飞行至船舶正前方高于船舶的空中位置。确保无人机位于船舶航线正前方，无人机在该处悬停时，船舶行驶时可以从无人机正下方经过。水平距离上，无人机与船头之间的水平间距至少大于 1 个船长，确保在最不利风向情况下，即尾气向前随风扩散时，无人机不会错过船舶尾气。垂直距离上，无人机高于船舶的最高点，通常最高点是烟囱或桅杆，判断标准是无人机传回的画面中，船舶的最高点位于天际线之下（图3-3）。

其次，自动识别无人机摄像头中的天际线和船舶制高点。考虑到天际线极远，天与水的边界较模糊，人工识别天际线所在行 l_{sky}。如果相机完全水平，则天际线一般在画面正中央，俯仰视场角度为 0；否则，则不在画面正中央，俯仰视场角度不为 0。人工框选图像中船舶所在的大致区域，应避免其他船舶或背景物体的干扰。运行图像边缘算法，识别人工框选图像中船舶的边缘像素。边缘像素往往位于色差变化剧烈的位置，利用任意的图像边缘算法可以突出并提取边缘像素。识别船舶的边界像素中最接近天际线的那个点作为船舶制高点，所在行为 l_{ship}，即 $l_{sky}-l_{ship}$ 最小（图3-4）。

```
┌─────────────────────┐         ┌─────────────────────┐
│ 操控无人机飞行至船舶正前 │─────────│ 在船舶尾气可能出现      │
│ 方高于船舶的空中位置    │         │ 的安全位置等待         │
└─────────────────────┘         └─────────────────────┘
           │
           ▼
┌─────────────────────┐         ┌─────────────────────┐
│ 识别无人机摄像头中的天际线 │─────────│ 为测算无人机与船舶      │
│ 和船舶制高点          │         │ 间高差提供数据         │
└─────────────────────┘         └─────────────────────┘
           │
           ▼
┌─────────────────────┐         ┌─────────────────────┐
│ 计算无人机与船舶间的高差  │─────────│ 确定无人机可以下降      │
│ 与水平间距           │         │ 高度的余地            │
└─────────────────────┘         └─────────────────────┘
           │
           ▼
┌─────────────────────┐         ┌─────────────────────┐
│ 无人机沿垂直于船舶航向的  │─────────│ 确保无人机在任意风      │
│ 面按矩形路线循环飞行     │         │ 向能接触到尾气         │
└─────────────────────┘         └─────────────────────┘
```

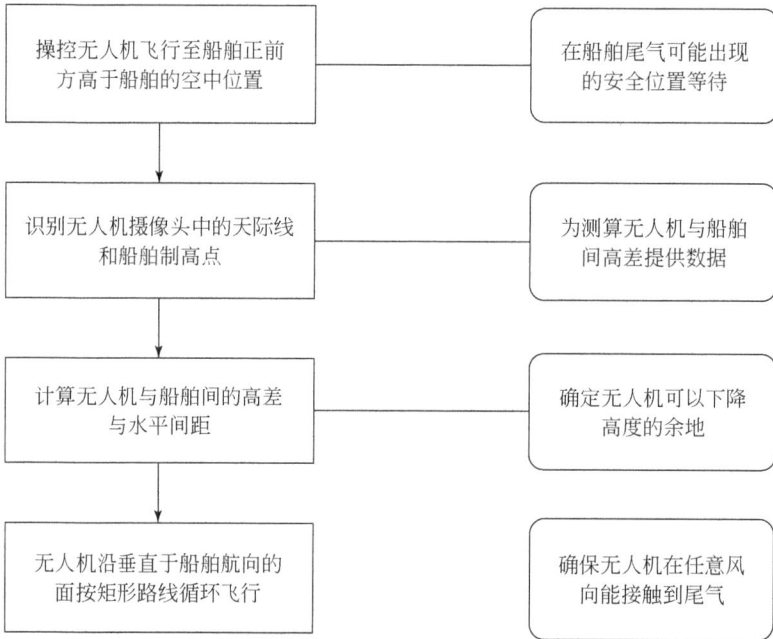

图 3-2   无人机主动追踪尾气方法流程

图 3-3   无人机摄像头中天际线所在行示意图

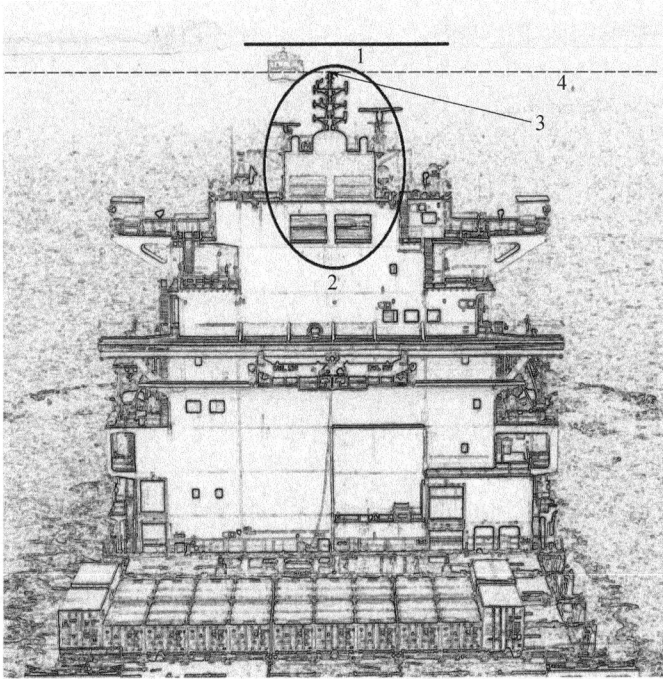

图 3-4 人工框选船舶区域中自动识别船舶制高点示意图

1. 天际线所在行；2. 人工框选船舶所在区域；3. 船舶制高点——体现边缘所在位置的黑色
像素中最高的点；4. 船舶制高点所在行

再次，计算无人机与船舶间的高差与水平间距。第一，记录初始时刻的 $l_{\text{sky\_0}}$ 和 $l_{\text{ship\_0}}$。第二，记录特定时长 t 之后的 $l_{\text{sky\_}t}$ 和 $l_{\text{ship\_}t}$，t 的单位为 s，例如 10s。第三，计算无人机与船舶间的高差：

$$h = vt / \left[\text{ctan}(a_{\text{sky\_0}} - a_{\text{ship\_0}}) - \text{ctan}(a_{\text{sky\_}t} - a_{\text{ship\_}t}) \right]$$

特定的相机具有特定的 CCD 上下的宽度 w（非左右的长度）和焦距 f，单位为 mm。拍摄画面的行号 l，单位为像素。自上而下第 l（$l \sim d$）行的俯仰视场角 a 在 arctan（$w/2f$）至 $-$arctan（$w/2f$）之间，上仰为正，下俯为负，俯仰视场角 a 的计算公式如下：

$$a = \arctan\left[w \times (d/2 - l) / df \right]$$

将 $l_{\text{sky\_0}}$、$l_{\text{ship\_0}}$、$l_{\text{sky\_}t}$ 和 $l_{\text{ship\_}t}$ 代入公式可得到 $a_{\text{sky\_0}}$、$a_{\text{ship\_0}}$、$a_{\text{sky\_}t}$ 和 $a_{\text{ship\_}t}$。

v 为船舶的航速，单位 m/s，直接获取自船舶 AIS 信息，即计算初始时刻和 t 时刻的船舶经纬度位置之间的间距除以时间间隔 t。

第四，计算 t 时刻的无人机与船舶间的水平间距：

$$d_t = \text{ctan}(a_{\text{sky\_}t} - a_{\text{ship\_}t}) \times h$$

最后，基于上述图像的船机之间相对高差、水平间距实时测量方法，无人机沿垂直于船舶航向的面按矩形路线循环飞行（图3-5）。

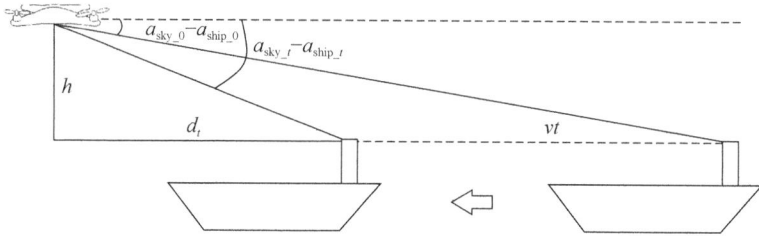

图3-5　无人机与船舶间高差与水平间距示意图

自动设定无人机沿垂直于船舶航向的面按矩形路线循环飞行的参数。无人机与船舶最高点之间的最低高差 h_{min}，要求该高度不得低于一个阈值，例如5m。判断无人机沿垂直于船舶航向的面按矩形路线循环飞行的左右两种情况，尾气向右扩散则以无人机当下位置与下降至 h_{min} 高度的竖线为矩形左边，尾气向左扩散则竖线为矩形右边。设定无人机水平飞行距离 p，p 与风速成正比，例如风速的 3～10 倍，如果风速大约为5m/s，则 p 为 15～50m。开始飞行并判断 h_{min} 安全。飞行的顺序是向下、平移、向上、平移这4个过程的循环。在第一次向下飞行至 h_{min} 位置时，人工判断船舶最高点是否在天际线之下，或执行 S2 判断 l_{sky} 是否在 l_{ship_0} 之上。如果是，则继续执行循环飞行；如果不是，则终止飞行。飞行时长等于 2 $\times d_t/v$ 时，终止飞行（图3-6）。

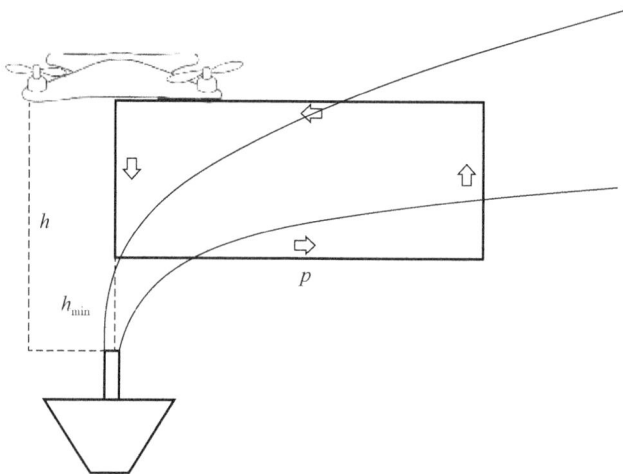

图3-6　无人机循环飞行路线示意图

3.1.1.3　基于高斯模型的船舶尾气烟羽扩散区域预测方法

无人机载船舶尾气智能监测技术的有效遥测距离是自动控制无人机飞入船舶尾气烟羽的关键。有效遥测距离的判别标准是尾气扩散至远处位置时残留浓度高于仪器的检出限（例如超过检出限的 3 倍）。船舶尾气扩散稀释的浓度受船舶吨位、风速风向的影响，本书通过集成高精度的 SO_2 和 CO_2 分析仪实现了超远距离的监测，利用高斯模型模拟了理论上的有效遥测距离，并通过实际现场监测验证了不同距离情况下船舶尾气的可测性。本书分别考虑船舶尾气的水平扩散与垂直扩散，提出了一种新的联合跟踪算法，该算法应用与无人机载平台可以实现无人机高效跟踪尾气。该跟踪算法中通过概率框架融合了尾气扩散区域预测和尾气浓度梯度预测。

1. 高斯烟羽扩散模型

高斯烟羽模型（Gaussian plume model）是一种典型的气体扩散模型，其模型简单可靠。Michel 等提出通过峡谷与高速公路地形结合，多源高斯烟羽城市大气扩散模型，对短时模型修正效果较为明显。Ristic 等在 Michel 的基础上又提出了参数估计中最佳可实现精度的理论分析，对模型的精度测量也有所提高。近几年，国内外学者将高斯烟羽模型应用于多种场景，以此来描述或者模拟气体扩散，从而可以有效对环境大气污染扩散进行仿真、分析气体成分，也可在研究溢油等液体扩散基础上对气体扩散进行分析。

将高斯烟羽扩散模型有效应用于船舶尾气扩散条件下需有相关约束条件。

约束 1：将船舶烟囱看作单个点源，且源强 Q 恒定。

约束 2：风速大小恒定且风向沿着与行船方向呈一定夹角，而最后风速与船速矢量合成的方向，即为船舶尾气扩散方向 x 轴方向。

约束 3：扩散是各向同性的，且涡流扩散系数仅依赖于下风距离。

约束 4：风速足够大以至于除 x 方向的扩散外其他方向可以忽略。

约束 5：污染物质不会渗透到海水之中。

在以上约束条件下，可得到船舶尾气高斯烟羽扩散模型，如式（3-1）所示。式（3-1）中 $X(x, y, z)$ 为下风向任意一点处尾气气体浓度数学模型，单位为 kg/m^3；A 为待定函数；a 为尾气水平扩散系数，单位为 m^{-2}；b 为尾气垂直扩散系数，单位为 m^{-2}。

$$X(x,y,z) = A(x) \cdot e^{-ay^2} \cdot e^{-bz^2} \tag{3-1}$$

其原理如图 3-7 所示，M 为船舶烟囱位置，而任意一点 N 的尾气浓度值受到实源和像源共同影响，实源到 N 点的纵向距离为 $z-H$，而像源 M′ 对 N 点影响相当于 M 向下经过反射面 X 轴反射后再回到 N 点，则纵向距离为 $z+H$。

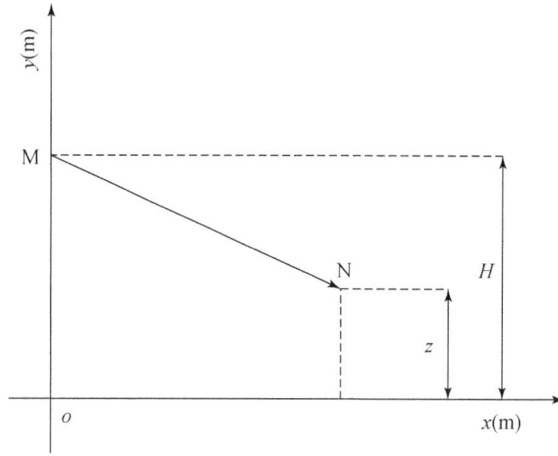

图 3-7　实源像源对任意点叠加示意图

因此，可以得到实际船舶尾气的高斯烟羽模型，如式（3-2）所示：

$$X^*(x,y,z,H)=\frac{Q}{2\pi u\sigma_y\sigma_z}\exp\left(-\frac{y^2}{2\sigma_y^2}\right)\cdot\left\{\exp\left[-\frac{(z-H)^2}{2\sigma_z^2}\right]+\exp\left[-\frac{(z+H)^2}{2\sigma_z^2}\right]\right\}$$

$$(3-2)$$

式中，X^*（x，y，z，H）为下风向任意一处船舶尾气气体浓度，单位为 kg/m³；u 为风速，单位为 m/s；H 为船舶烟囱高度，单位为 m；z 为垂直方向距离，单位为 m。σ_y 和 σ_z 分别为船舶尾气在 y 方向和 z 方向的扩散系数。

船舶尾气"风速"合成。船舶稳定航行时具有一定的船速，而传统的高斯烟羽扩散模型，没有考虑船速对其扩散方向和强度的影响。若以船舶烟囱口作为坐标原点，将排放源点作为移动参考系，则经过改进后的高斯烟羽扩散模型可以看作船不动，原模型中的风速 u 可以通过将船舶航行速度的反向速度 $-u_c$ 和实际风速 u_f 进行矢量合成，合成后的风向 u 为尾气扩散的方向，其矢量合成方式如图 3-8 所示。

其中各个角度关系如式（3-3）所示，矢量关系如式（3-4）所示：

$$\angle u_fou_c=\theta_1 \ \angle uou_f=\theta_2 \ \angle uou_c=\theta_1+\theta_2=\theta \tag{3-3}$$

$$\vec{u}=\overrightarrow{(-u_c)}+\vec{u_f} \tag{3-4}$$

2. 扩散预测模型

船舶航行过程中，尾气排放到大气中时，会形成烟羽流并进行扩散。气象学中大量用于计算此类排放的模型，例如高斯模型、各向同性羽流模型、流体动力学模型等。本书利用高斯模型进行船舶尾气扩散区域的预测，因为它运行速度快，并且基于具有一致风速、排放率和大气条件的稳态羽流假设大气条件。

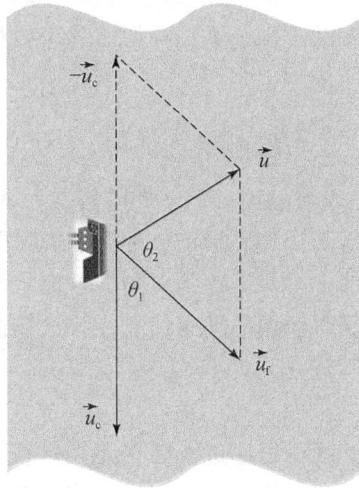

图 3-8　实际风速与船速矢量合成模型风速

u_c：船舶行驶方向；u_f：实际风向；u：尾气扩散方向

基于大气稳定性，根据高斯烟羽模型，可以计算出 t 时刻单个船舶在侧风、顺风和垂直方向上的尾气排放扩散区域，如式（3-5）所示：

$$f(p) = \frac{Q}{(2\pi)^{3/2}\sigma_x\sigma_y\sigma_z}\exp\left(\frac{-(x-x_c-ut)^2}{2\sigma_x^2}\right)\exp\left(\frac{-(y-y_c)^2}{2\sigma_y^2}\right)$$

$$\cdot\left\{\exp\left[-\frac{(z-H)^2}{2\sigma_z^2}\right]+\exp\left[-\frac{(z+H)^2}{2\sigma_z^2}\right]\right\} \tag{3-5}$$

式中，x、y、z 为监测位置（m），p（x_c，y_c）为船舶位置（m），u 为风速（m/s），σ_x、σ_y、σ_z 是沿侧风、顺风、垂直方向的扩散系数，Q 是瞬时排放质量（g/s），H 是有效烟囱高度（m），包括实际烟囱高度加上烟囱上升高度。式（3-5）揭示了烟气在水平和垂直平面上均呈高斯分布。气体扩散在水平方向的标准差用 σ_x、σ_y 表示，垂直方向的标准偏差用 σ_z 表示。

弥散系数（σ_x、σ_y、σ_z）由大气稳定性和沿下风向距离排放源的距离 x 决定：

$\sigma_x = \sigma_y = ax^b$，$\sigma_z = cx^d$。由于大气是稳定的，参数 a、b、c、d 是恒定的。大气稳定性分为六个等级：极不稳定、中度不稳定、轻微不稳定、中性条件、轻微稳定、中等稳定。沿海地区的大气稳定性被认为是中性水平。一般，大多数船舶尾气排放被认为与船舶的燃料消耗线性相关。排放质量 Q 可以通过 $Q = f_c \times EF$ 粗略估算，其中 f_c 为燃料消耗量（kg/s），EF 为某些气体的排放因子（g/kg）。船舶 SO_x、NO_x 排放因子可参考 EMEP/EEA 空气污染排放清单。

不同的是，任何单独的船舶都可以被视为位置不断变化的移动发射源。假设过去短时间内的气体排放有助于当前烟羽扩散。为了模拟船舶移动过程中尾气排放的扩散，则利用如下高斯模型：

$$F(p) = \sum_{i=1}^{N} f(p_i) \tag{3-6}$$

式中，$i = 1$，$\cdots$，N 是船舶之前的第 i 个尾气的排放。对于每个 C_i，尾气排放那一时刻的位置随着船舶航行而变化。目前，AIS 可以周期性地提供船舶的静态和动态信息，例如，经度和纬度、对地速度、航向、海上移动识别码等。因此，可以从 AIS 和船舶数据库中获得船舶的动态信息。排放预测可以为无人机平台提供最佳的朝向船舶排放源的飞行方向。

3. 浓度梯度预测

烟气排放扩散的浓度梯度可以通过安装在无人机载平台上的微型嗅探传感器来测量。通过对两个不同位置的烟气浓度测量形成浓度梯度变化，通过跟踪浓度梯度变化进而达到连续跟踪烟气排放源的目的。本书在模拟过程中没有考虑风的干扰，因为在实际应用中，无人机在跟踪船舶时，无论是与烟羽扩散同一方向追踪还是逆向追踪，无人机可以根据浓度梯度的变化随时调整自己的位置。如式 (3-7)，浓度梯度是根据在位置 p_i 和位置 p_j 监测的气体浓度 c_i 和 c_j 计算得到的：当 $c_i > c_j$ 时，函数"sign（·）"返回 1；当 $c_i < c_j$ 时，则返回 –1；当 $c_i = c_j$ 时，则为 0。无人机飞行控制系统将不同采样位置监测得到的烟气浓度测量值记录存储下来。因为船舶的烟气排放是动态的，本书将之前的 N 个测量值视为有价值的数据。将这些数据与其位置信息一一结合，形成一系列梯度向量。而烟气浓度梯度跟踪方向则由梯度向量求和得到。

$$\vec{V_{ij}} = \text{sign}(c_i - c_j) \cdot \left(\frac{\vec{P_i} - \vec{P_j}}{\vec{P_i} - \vec{P_{j2}}} \right) \tag{3-7}$$

$$\vec{V_g} = \text{norm}\left(\sum \vec{V_{ij}} \right), i, j = 1, \cdots, N \tag{3-8}$$

式中，函数"norm（·）"是向量归一化操作。

4. 概率融合框架

仅依靠前两节所述的烟气扩散预测或浓度梯度预测，在超大尺度海上场景中利用无人机载平台完成对于船舶尾气跟踪任务仍存在困难。为此，采用概率框架将浓度梯度监测与扩散预测融合在一起。该框架利用了两者在融合过程中的不确定性，形成了一种联合跟踪算法。

在概率融合框架中，扩散预测和浓度梯度监测可以看作两个独立的模块。通过扩散预测中的公式 (3-8) 可以计算出烟气排放过程中浓度最大 c_e 的位置即排放源位置。

其他梯度向量则通过比较当前位置的浓度测量值 c_c 得到

$$\vec{V_a} = \text{sign}(c_c - c_e) \cdot \left(\frac{\vec{P_c} - \vec{P_e}}{\vec{P_c} - \vec{P_{e2}}} \right) \tag{3-9}$$

一般，仅有两个梯度向量 $\vec{V_g}$ 和 $\vec{V_a}$ 存在一些不确定性。气体浓度测量误差将产生 $\vec{V_g}$ 向量的不确定性 ω_g，其可定义为由高斯白噪声。$\vec{V_a}$ 的不确定度 ω_a 比较复杂，主要来源于船舶烟气扩散的建模误差。如图 3-9 所示，无人机的跟踪方向由 $\vec{V_g}$ 和 $\vec{V_a}$ 两个向量结合确定，并具有一定的不确定性：

$$\vec{V_e} = \frac{w_g}{w_g + w_a} \vec{V_g} + \frac{w_a}{w_g + w_a} \vec{V_a} \tag{3-10}$$

$$\omega_g \sim N(0, \sigma^2) \tag{3-11}$$

$$\omega_a = \text{RMS}[F(x, y, z \mid p) - c_i(x, y, z)], i = 1, \cdots, k \tag{3-12}$$

$N(0, \sigma^2)$ 生成一个随机数，该随机数服从均值为 0 且方差为 σ^2 的正态分布。该方差与传感器的精度有关。$c_i(x, y, z)$ 是 (x, y, z) 位置的测量浓度，$F(x, y, z \mid p)$ 是同一位置的预测浓度。函数 RMS() 指均方根计算。

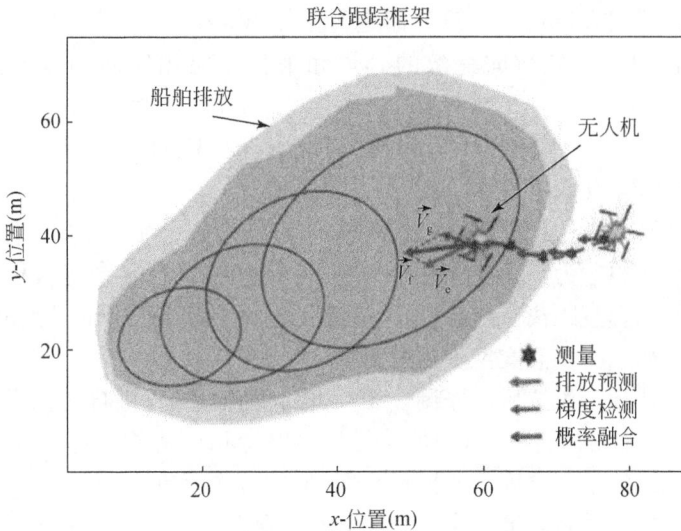

图 3-9 基于扩散预测和浓度梯度监测的联合跟踪

3.1.1.4 智能安全飞控程序

针对安全避碰和穿越尾气的双重要求，提出基于图像的船机之间相对高差、水平间距实时测量方法，提出基于高斯模型的船舶尾气烟羽扩散区域预测方法，优化设计以船舶正前方为角点的下风向立面矩形的穿越船舶尾气飞行航线，开发了智能、安全的无人机穿越船舶尾气飞控程序，可以自动控制无人机搭载嗅探测硫传感器飞入船舶尾气烟羽中。解决了手动飞行不安全及监测数据采集不科学的问题，大大提高了基于无人机的船舶尾气监测作业效率和安全性。

智能安全飞控程序主要是操控无人机按照以下的要求飞行：

首先，启动无人机后同时启动搭载在无人机上的传感器，即 GPS 模块、CO_2 浓度传感器、风速风向传感器，采集飞行任务相关的参数，包括无人机当前经纬度位置、空气背景 CO_2 浓度、风速、风向。在启动 1min 后，根据风速风向传感器测得的平均风速和无人机的最大飞行速率，判定是否能够安全飞行。安全飞行条件：平均风速≤最大飞行速率/2。如果不能够安全飞行，拒绝执行飞行任务。

其次，根据计算的提前量，操控无人机以最优的方向和速度飞向指定的船舶。根据船讯网实时查询指定船舶的航速，以及无人机的设定飞行速度，无人机升空至安全高度（默认 100m），水平以 VU 的飞行速度飞向无人机与船舶的预计交汇处，比船舶早到 Δt（默认设定为 30s）到达预计交汇位置。VU 是一个速度矢量，其速率设定为常数，即无人机的最经济飞行速度，一般情况下大于船舶的速率，具体值因无人机自身的设计而定，比如 10m/s。VU 可以根据无人机的飞行方向，拆解为与船舶航向一致的分量和垂直于船舶航向的分量，通过下式求解：

$$VS \times (D_v/VU_v + \Delta t) = VU_h \times D_v/VU_v + D_h \qquad (3\text{-}13)$$

式中，$VU^2 = VU_v^2 + VU_h^2$。

VS 为船舶的航行速度，VU 为无人机的飞行速度，VU_v 为 VU 垂直于船舶航行方向的分量，VU_h 为 VU 与船舶航行方向一致的分量，D_v 为无人机起飞位置与船舶航向之间的垂直距离，D_h 为无人机起飞位置与船舶在航向上的间距，Δt 为要求无人机比船舶提早到交汇处的提前量。

无人机到达指定位置后，先调整无人机的朝向。无人机自转机头至朝向指定船舶，即朝向与船舶航行方向相反；另外，保持相机镜头不存在俯仰角度。然后，调整无人机的垂直高度。根据船舶烟囱在无人机实时回传的画面中所处的位置，调整无人机的垂直高度，直至船舶烟囱出现在画面的中央偏下位置，即无人机处于比烟囱高 5~10m 的高度。该高度是船舶尾气离开烟囱后因热力上升的抬升高度，是最佳的追踪高度（图 3-10）。

再次，调整无人机的水平位置。结合风速 VW 和船舶航向，计算垂直于船舶航向的风速分量 VW_v 以及与船舶航向一致的风速分量 VW_h。船舶尾气离开烟囱扩散约 10s 后，尾气失去热力上升动力，基本处于随风扩散的状态，认定此处是最佳追踪位置。调整无人机的水平位置，直至其与船舶航向之间的垂直

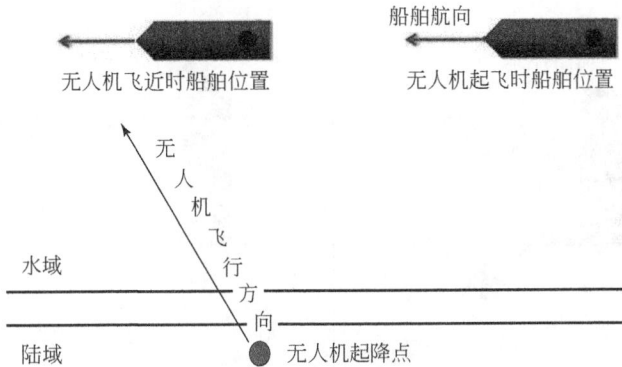

图 3-10　船舶尾气遥测无人机飞行示意图

距离 $D_v = 10 \times VW_v$。

最后，等待船舶驶近。等待船舶驶近，当无人机与船舶在航向上的间距 $D_h =$ 10×（VW_h−VS）时，经测算，无人机已经处于船舶尾气中且是最佳追踪位置。此时，无人机自转机头至朝向指定船舶，船舶出现在无人机相机的画面中。当风向与船舶航向不一致时，尾气侧飘，最佳追踪位置在船舶下风向一侧。当风向与船舶航向相反或者一致但风速小于航速时，尾气后飘，最佳追踪位置在船尾后方。当风向与船舶航向一致且风速等于航速时，尾气相对静止，最佳追踪位置在烟囱正上方。当风向与船舶航向一致且风速大于航速时，尾气前飘，最佳追踪位置在船头前方（图 3-11）。

随着船舶的驶近，无人机监测到的 CO_2 浓度会不断升高，判定监测到尾气的依据是 CO_2 浓度≥（背景 CO_2 浓度+ΔC），此后无人机处于尾气中；随着船舶的驶离，无人机监测到的 CO_2 浓度会不断下降，判定监测不到尾气的依据是 CO_2 浓度≤（背景 CO_2 浓度+ΔC），此后无人机脱离尾气。ΔC 默认设定为 10ppm。一个完整的 CO_2 浓度波峰代表一次成功的船舶尾气追踪过程。在无人机守株待兔得到的第 1 个 CO_2 浓度波峰之后，无人机沿着船舶航行方向飞行，追赶船舶尾气，飞行速度 VU≥船舶航速 VS×2。追赶的过程中，无人机会再次进入船舶尾气，然后穿越并在船舶前方等待，具体的表现依然是制造一个完整的 CO_2 浓度波峰。为了重复至少 3 次追踪，无人机需要完成至少 2 次追赶。完成追踪任务后，根据无人机起飞时记录的起飞点经纬度位置，无人机自动返航（返航前无人机上升至安全高度）。

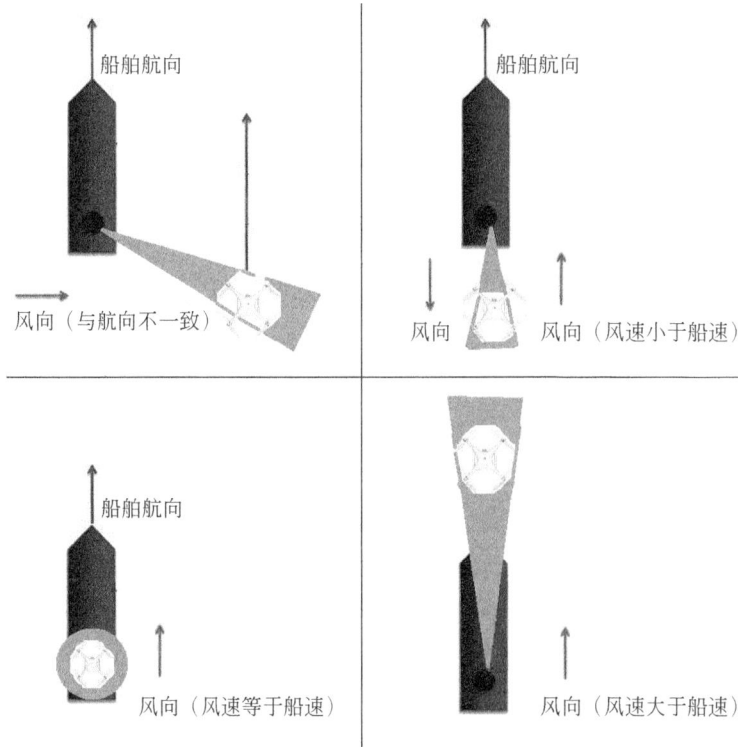

图 3-11　船舶尾气遥测无人机遥测方式

3.1.2 船舶相对静止与尾气摄影构图双重约束的无人机监视船舶尾气飞行控制技术

3.1.2.1 飞行关键技术问题识别

1. 稳定防抖技术

控制无人机保持与船舶相对静止是无人机载船舶尾气智能监测技术的飞行任务关键技术之一。船舶黑烟监测过程中，由于船舶的颠簸摇晃、拍摄者的手存在自然抖动等因素，船舶在视频画面中的位置时刻在变化，为基于图像的黑烟检测带来了极大的挑战。鉴于船舶黑烟监测对于视频拍摄稳定性的要求，无人机需要尽量保持与船舶相对静止。急需开发一套与船舶保持相对静止的无人机飞行控制程序，解决传统方式难以获取稳定、有效船舶黑烟视频的问题。

2. 最优伴飞位置确定

无人机最优伴飞位置确定是无人机载船舶尾气智能监测技术的飞行任务关键

技术之一。黑烟程度的判断具有主观性，林格曼黑度可以作为一个相对客观的指标，但是受背景环境光的影响明显。水面周围环境又较为复杂，缺少合适参照物可以定量监测，故黑度判定的尺度拿捏上极易产生纠纷。鉴于船舶黑烟视频拍摄过程中，具有避免逆光干扰、与船舶航向平行伴飞、垂直船舶尾气烟羽航拍、以天空为背景的监视高度、距离适中等摄影构图限定条件，急需一套船机之间最优相对位置计算公式及飞行参数动态微调算法，满足船舶黑暗视频拍摄要求，提高船舶黑烟视频拍摄质量。

3. 自主控制飞行

基于上述两点，利用无人机开展船舶尾气黑烟监视任务的关键技术是要同时解决黑烟视频拍摄质量和稳定防抖的问题。船舶黑烟视频采集中的摄影构图要求较为复杂，需要兼顾多方面因素。与此同时还要保证无人机与船舶相对静止的稳定伴飞。传统的手动飞行方式难以达到以上要求。因此，目前急需一套智能、稳定的飞行控制技术，可以实现自主设置及动态微调安全飞行参数，解决手动飞行抖动大及监视数据采集效果差的问题。

3.1.2.2　船机间相对位置计算方法

采集船舶黑烟视频过程中，由于太阳相对位置、水面风速、无人机相对船舶烟囱位置等因素的影响，均有可能造成视频拍摄不清晰，采集内容不标准等问题，严重的情况还可能导致无人机撞上船体而坠机，导致不能准确定量监测船舶黑烟。针对避免逆光、垂直尾气带的监视方位、天空为背景的监视高度等船舶黑烟视频采集中的摄影构图要求，本书提出船机之间最优相对位置计算公式，提高无人机的船舶监视视频采集质量。

基于太阳位置和船舶烟囱，计算无人机伴随船舶飞行的相对位置方法如下：

在设定无人机伴随船舶飞行的相对位置时，需要充分参考太阳位置和船舶烟囱的相关信息，即以太阳位置和船舶烟囱作为参照。在设定过程中满足方位要求、高度条件和距离条件，如图 3-12 所示。

为了保障抓拍船舶黑烟的视觉效果，相对位置需要满足 3 个方位条件：

①当太阳位于无人机朝向船舶烟囱方位的后方时，调整无人机位置，使无人机处在非逆光区域，从而避免逆光环境拍摄。

②当太阳位于船舶航行前方时，无人机除了要避免逆光环境，还要避开船体本身，避免撞船，即与船舶航向形成的夹角不得小于 30°。

③当无人机朝向船舶烟囱方位时，与尾气烟羽水平方向形成的夹角不得小于30°；在航速与风速接近的特殊条件下，船舶烟羽主要是向上扩散，无人机在任何位置均可满足该夹角要求。

在无人机的方位设定完成后，判断无人机的方位是否适宜，只需判断无人机的机头朝向，以及无人机机头方位角 $A_u = \tan$ [（无人机纬度−船舶纬度）/（无人机经度−船舶经度）] 是否属于方位集合。方位集合为（$A_s \pm 90°$ 范围内）∩（$A_v \pm 30°$ 范围外）∩（$A_e \pm 30°$ 范围外）。其中，无人机经纬度来自自带的 GPS 数据，船舶经纬度来自船舶公开广播的 AIS 数据。

A_s 为太阳方位角，A_v 为船舶航向角，A_e 为船舶烟羽水平方位角。A_s 的计算比较复杂，具体计算公式如式（3-14）所示：

$$A_s = \arccos\left[\left(\sin\varphi \times \sin H_s - \sin\delta\right) \div \left(\cos\varphi \times \cos H_s\right)\right] \qquad (3\text{-}14)$$

式中，φ 为船舶所在纬度，H_s 为太阳高度角，且 $H_s = \arcsin\left(\sin\varphi \times \sin\delta + \cos\varphi \times \cos\delta \times \cos t\right)$，$\delta$ 为太阳赤纬，$\delta = 0.006918 - 0.399912\cos（b）+ 0.070257\sin（b）- 0.006758\cos（2b）+ 0.000907\sin（2b）- 0.002697\cos（3b）+ 0.00148\sin（3b）$

式中，$b = 2 \times \pi \times（N-1）\div 365$，$N$ 为每年从 1 月 1 日起的天数，t 为时角，且 $t =$（本地时刻−12）$\times 15°$，本地时刻范围为 0~24。

图 3-12 是无人机伴随船舶飞行的相对位置示意。

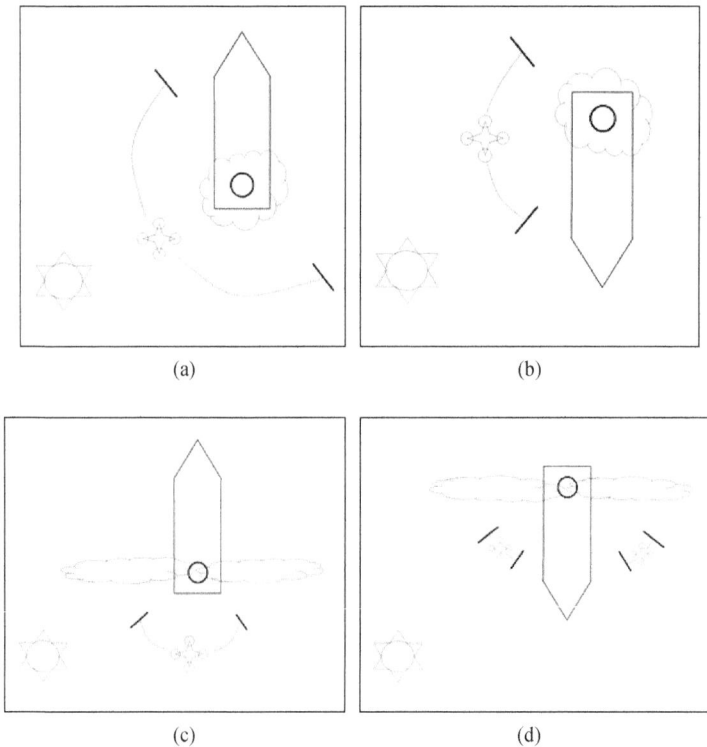

（a）

（b）

（c）

（d）

图 3-12　无人机伴随船舶飞行的相对位置的 4 种情形

（a）风速接近航速且太阳位于前方；（b）风速接近航速且太阳位于后方；（c）常态情形且太阳位于前方；（d）常态情形且太阳位于后方

　　为了保障船舶烟羽不被水体、岸线等干扰，相对位置需要满足 2 个高度条件：

　　①无人机高度低于船舶烟囱口高度，具体体现在抓拍画面中的烟囱口位于地平线之上。

　　②无人机仰视船舶烟囱口的角度小于 30°。

　　由于缺乏船舶及烟囱的尺寸参数数据，高度条件由无人机飞手根据传回来的画面主观判断。这里采用大疆精灵 4 pro v2 无人机拍摄，无人机自带摄像头的等效焦距为 24mm，根据计算可以得知，无人机上下视野宽度约为 53°。在水平拍摄时，远处地平线位于画面居中位置，物体在画面中出现的最大俯仰角为 26.5°。因此，只要物体出现在画面中，就能保证"无人机仰视船舶烟囱口的角度小于30°"；只要烟囱高于地平线，就证明"无人机高度低于船舶烟囱口高度"，如图 3-13 所示，无人机的相对位置满足飞行高度条件和距离条件，才能保证船舶尾气烟羽不被水体、岸线等干扰且清晰可见。

图 3-13　无人机满足飞行高度条件和距离条件的相对位置示意图

　　为了兼顾飞行安全与船舶烟羽覆盖范围，需要满足 2 个距离条件：

　　①无人机距离船舶烟囱的水平距离不得低于 30m。可根据无人机传回来的画面主观判断，也可以根据无人机的经纬度位置和船舶的经纬度位置计算获得。

　　②船舶烟囱口在画面中的占据比例在 1%～10%。当烟囱口向上时，占据比例为烟囱口直径与画面横向长度的比值；当烟囱口向后时，占据比例为烟囱口直径与画面纵向长度的比值。如图 3-13 所示，烟囱口朝左，上下纵向长度为 14 个像素，整个画面的上下纵向为 1080 个像素。烟囱口占据比例为 1.3%，处于1%～10%，保证画面中烟囱口清晰可见。

　　由于缺乏船舶烟囱的尺寸参数数据，由无人机飞手根据传回来的画面主观判断,保证画面中烟囱口清晰可见即可。

经过设定后,当无人机处于伴随船舶飞行的相对位置时,使无人机垂直船舶尾气烟羽并避免处在逆光环境中。

3.1.2.3　基于图像跟踪算法的飞行参数动态微调方法

采集船舶黑烟视频过程中,除了3.1.2.2小节所述的影响因素之外,船舶航行状态也会对视频拍摄结果造成影响。由于船舶在航行过程中,位置也时刻发生变化,无人机不可能随时与其保持相对静止。针对保持无人机与船舶之间距离适中、相对静止等船舶黑烟视频采集中的摄影构图要求,提出了基于图像跟踪算法的飞行参数动态微调算法,进一步提高基于无人机的船舶尾气监视视频采集质量。

基于图像跟踪算法的飞行参数动态微调算法主要步骤如下:

在3.1.2.2小节描述的确定无人机伴随船舶飞行的相对位置后,根据船舶的定位数据,设置无人机的飞行初始速度和飞行朝向;当船舶烟囱出现在无人机画面中合适位置时,将其定为初始位置并设置跟踪框;进一步识别跟踪框的中心位置坐标和面积;根据坐标和面积,再分别识别中心位置的偏移和跟踪框缩放倍率;根据中心位置的偏移和跟踪框缩放倍率,持续调整控制无人机的伴飞速度。

1. 设定无人机飞行初始速度和朝向

根据船舶公开广播的 AIS 数据,提取最近时间的船舶航速数据 V_0,作为无人机飞行初始速度。在本实施例中,利用船讯网 app,点击目标船舶,记录弹出窗口中的航迹向的度数,该度数以正北为 0°、正东为 90°;记录弹出窗口中的航速的节数。理想情况下,可以实现无人机飞行轨迹与船舶航行轨迹平行,船舶在无人机画面内相对静止;实际情况并不绝对,但是船舶在无人机画面内移动较慢,为后续的锁定烟囱口提供了方便,为微调控制无人机飞行提供了基准,调整幅度会比较小。

根据无人机画面内船舶烟囱口的位置,自转无人机朝向,使得船舶烟囱口位置尽可能居中。

2. 锁定烟囱口在无人机画面中初始位置

在无人机画面中,人工框选一个涵盖船舶烟囱口的矩形范围作为跟踪框。利用跟踪框锁定烟囱口在无人机画面中初始位置,为无人机伴随船舶飞行提供一个跟踪的目标。如图3-14所示,矩形范围需要满足2个条件:

①范围不能过大。一方面,范围过大则跟踪算法计算量增加,跟踪算法运行速度变慢,不利于快速跟踪;另一方面,范围过大容易把干扰背景含进去,由于背景与船舶烟囱口的远近距离不同,在画面中移动速度不一致,容易导致跟踪错乱,甚至跟踪到背景导致失败。

②范围不能过小。范围过小则容易导致范围内缺少拐角、纹理等特征点,容易导致跟踪失败。

这里，范围的长度和宽度占画面的长度和宽度的比例在 1/10 到 1/3 之间，具体是长度比例为 0.288、宽度比例为 0.207，如图 3-14 所示。

识别跟踪框的中心位置坐标和面积，为后续跟踪算法识别跟踪框的偏移和缩放倍率提供参考基准。

跟踪框为矩形，跟踪框具有 4 个角点，每个角点都有在画面中的行列号，横向从 m 行到 n 行，那么横向占据像素个数就是 $n-m$，即为跟踪框的长，中心位置坐标的横坐标就是 $(m+n)/2$。纵向从 a 列到 b 列，那么纵向占据像素个数就是 $b-a$，即为跟踪框的宽，中心位置坐标的纵坐标就是 $(a+b)/2$，跟踪框面积为长乘以宽，单位是像素。

图 3-14　无人机画面中跟踪框的位置示意图（白色框为正确，黑色框为错误）

3. 持续微调控制无人机飞行速度

持续运行跟踪算法和无人机飞行速度调整，频率不得低于 1s。通过持续微调控制无人机飞行速度，确保烟囱口位于画面内相对固定位置。

　　跟踪算法识别跟踪框的中心位置的偏移 d 和跟踪框的缩放倍率 m。跟踪算法要求具备缩放跟踪功能，即可以对图像进行放大和缩小一定倍率进行重采样，根据前后不同缩放比例匹配识别最优结果，确定目标的缩放倍率。

　　根据缩放倍率 m，设定合理的缩放倍率阈值，超过阈值则调整无人机的飞行速度 $V = V_0/m$，否则不调整，其中，m 为实时的跟踪框面积处于初始时的跟踪框面积，面积单位为像素个数。在本实施例中，缩放倍率阈值范围为 0.9~1.1，当大于 1.1 或者小于 0.9 则调整飞行速度。在画面中，如果烟囱放大了，说明无人机飞得太快了，越来越近，应该降低无人机的飞行速度；如果烟囱缩小了，说明无人机飞得太慢了，越来越远，应该提高无人机的飞行速度。

　　根据偏移 d，设定合理的偏移阈值，超过阈值则调整无人机的飞行方向 1°，否则不调整。本书中，偏移阈值的设置根据无人机自带摄像头的等效焦距 f（单位 mm）计算。等效焦距是默认 CMOS 长度为 36mm。那么水平视野的角度等于 $2\arctan(18/f)$，如果画面长度的像素个数为 n 个，那么 1° 代表 $n/[2\arctan(18/f)]$ 个像素。如果 d 超过这些像素，那就调整。

　　连续 t 时间内，无人机的飞行速度和方向均未调整，则确认无人机飞行速度和方向已经调整至稳定，启动视频录制。视频录制期间，继续保持运行跟踪算法和无人机飞行速度调整，直至视频录制结束。

3.1.2.4　智能稳定飞控程序

　　根据前文介绍的船机之间最优相对位置计算方法以及基于图像跟踪算法的飞行参数动态微调算法，开发智能、稳定的无人机跟踪船舶尾气飞控程序。

　　飞控程序的主要步骤如下：

　　①基于太阳位置和船舶烟囱方位，船机之间最优相对位置计算方法，设定无人机伴随船舶飞行的相对位置。

　　②根据船舶的 AIS 数据，基于图像跟踪算法的飞行参数动态微调算法，设置无人机的飞行初始速度和飞行朝向；锁定船舶烟囱合适跟踪位置坐标和面积，进一步识别中心位置的偏移和跟踪框缩放倍率；持续调整控制无人机的伴飞速度。

　　该智能稳定飞控程序可自动控制无人机伴随船舶飞行，同时保障抓拍船舶黑烟的视频录制效果，为后续基于视频的船舶黑烟等级判定工作提供有效的数据源，支撑海事主管部门对船舶黑烟的监管。

　　第一，根据跟踪船舶尾气飞控程序，基于太阳位置和船舶烟囱方位，选择最优的无人机伴随船舶飞行的相对位置。包括确定无人机飞行方位、无人机距离船舶烟囱的高度和无人机与船舶烟囱间的水平距离。设定无人机距离船舶烟囱的水平距离不低于某一距离阈值。同时设定无人机的高度低于船舶烟囱口的高度，且无人机与船舶烟囱口的仰角小于第三角度阈值。

第二，根据跟踪船舶尾气飞控程序，准确判断太阳位置并设定无人机飞行朝向。当太阳位于无人机朝向船舶烟囱方位的后方时，无人机设定在非逆光位置；当太阳位于船舶航行前方时，无人机设定在逆光位置，且无人机与船舶航向的夹角大于第一角度阈值；当无人机朝向船舶烟囱时，无人机与船舶烟羽的夹角大于第二角度阈值。

第三，根据跟踪船舶尾气飞控程序，通过计算无人机纬度与船舶纬度的纬度差、无人机经度与船舶经度的经度差，判断纬度差与经度差的比值是否位于预置的方位集合内，进一步判断目前无人机伴随船舶飞行的相对位置是否是最优位置。若是，则无人机伴随船舶飞行的相对位置适宜。否则，无人机伴随船舶飞行的相对位置不适宜，需再次调整位置直至满足条件。预置的方位集合为 $(A_s \pm 90°$ 范围内$) \cap (A_v \pm 30°$ 范围外$) \cap (A_e \pm 30°$ 范围外$)$。

第四，根据跟踪船舶尾气飞控程序，在无人机画面中，框选一个涵盖船舶烟囱口的矩形范围作为跟踪框，且设置船舶烟囱口在画面中的占据比例在设置的阈值范围内。

第五，根据跟踪船舶尾气飞控程序，根据中心位置的偏移和跟踪框缩放倍率，持续调整控制无人机的伴飞速度：基于缩放倍率，设定第一阈值，超过第一阈值则调整无人机的飞行速度，否则不调整；基于偏移，设定第二阈值，超过第二阈值则调整无人机的飞行方向角度，否则不调整。

在设定时间范围内，无人机的飞行速度和方向均未调整，则确认无人机的飞行速度和方向调整至稳定，启动视频录制；在视频录制期间，根据缩放倍率和偏移，持续调整无人机的飞行速度，直至视频录制结束（图 3-15）。

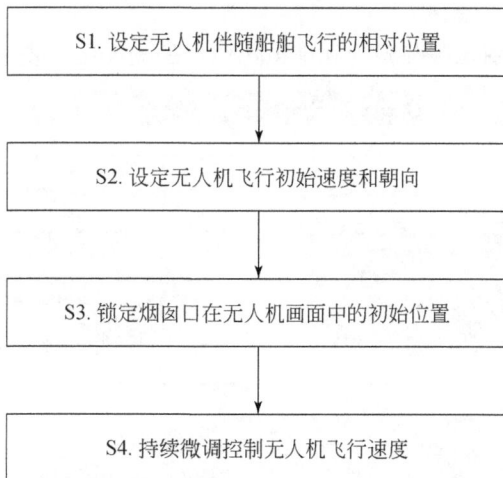

图 3-15　抓拍船舶黑烟的无人机飞行控制方法流程图

3.1.3　小结

本节发明了一套适用于船舶尾气监视监测任务的无人机智能飞控技术,实现了无人机自主设置船舶尾气监视监测的安全飞行参数,提出最优的穿越尾气飞行航线,保证船舶尾气监测硫含量的数据采集效果,同时提出无人机最优伴飞位置的计算方法,保证船舶尾气黑烟监视视频的采集质量。填补该应用场景下的无人机智能、安全、稳定飞行控制技术空白,解决手动飞行不安全和监视监测数据采集效果差的问题。具体解决了以下 2 项关键技术:

①针对安全避碰和穿越尾气的双重要求,提出基于图像的船机之间相对高差、水平间距实时测量方法,提出基于高斯模型的船舶尾气烟羽扩散区域预测方法,优化设计以船舶正前方为角点的下风向立面矩形的穿越船舶尾气飞行航线,解决了无人机监测船舶尾气飞行过程中的安全问题,弥补了人工手动飞行存在的数据采集不标准的不足。提高基于无人机的船舶尾气监测作业效率和安全性。

②针对避免逆光、垂直尾气带的监视方位、天空为背景的监视高度、距离适中、相对静止等船舶黑烟视频采集中的摄影构图要求,提出船机之间最优相对位置计算公式,提出基于图像跟踪算法的飞行参数动态微调算法。解决了传统船舶尾气视频拍摄质量不佳的问题,填补了船舶尾气黑烟监测技术领域的空白,提高了基于无人机的船舶尾气监视视频采集质量。

3.2　基于图像跟踪识别和虚拟比色卡的船舶尾气视频测黑技术

图 3-16 为基于图像跟踪识别和虚拟比色卡的船舶尾气视频测黑技术方案。

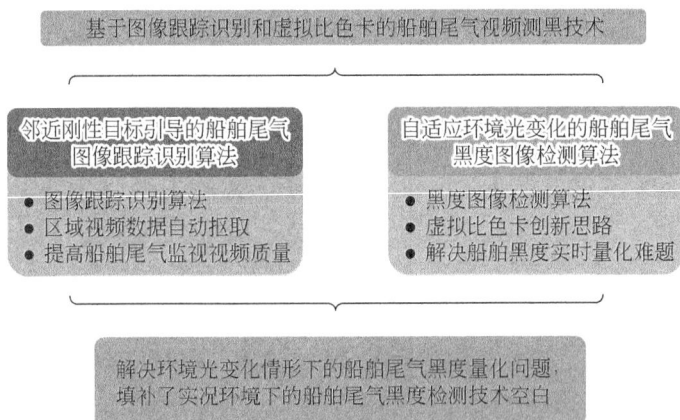

图 3-16　基于图像跟踪识别和虚拟比色卡的船舶尾气视频测黑技术方案

3.2.1　邻近刚性目标引导的船舶尾气图像跟踪识别算法

由于船舶在突然加速的过程中会正常排放黑烟，因此日常海事监管船舶黑烟时常用做法是录制一段时长的视频，以示其是在正常航行期间存在排放黑烟的违规行为。由于海巡艇会颠簸摇晃、拍摄者的手存在自然抖动、目标船舶始终在移动等多重因素，录制的视频大多质量不佳，船舶黑度实时监测就成为了现在海事监管部门急需解决的问题。

本书针对船舶尾气非刚性目标和船舶烟囱口刚性目标邻近共存的特征，提出田字格子母窗口嵌套的非刚性目标图像跟踪创新思路，开发母窗口跟踪烟囱口和子窗口识别尾气的船舶尾气图像跟踪识别算法，绕过直接跟踪船舶尾气非刚性目标的技术瓶颈，实现平台抖动和目标移动的情形下的船舶尾气区域视频数据自动抠取，进一步提高船舶尾气监视视频质量。

3.2.1.1　尾气非刚性目标的跟踪难点及解决方法

1. 跟踪难点分析

视觉目标跟踪是指对视频的图像序列中的运动目标进行跟踪，获取感兴趣运动目标的运动信息，如位置、尺度和运动轨迹等参数信息，从而便于对感兴趣的目标进行下一步处理与分析，实现对运动目标的行为理解，以完成更艰巨的跟踪任务。

对于复杂背景下运动目标的检测，实现实时控制对算法的实时性和准确性都有较高的要求，目前对运动序列图像的目标分割检测的主流方法是背景差分法、光流场法等。光流场法不需要预知图像场景的任何先验信息就能检测到运动对象，并且在摄像机运动的情况下也能检测到运动目标，但该方案计算复杂，光流场计算结果的精确性受高噪声、阴影、遮挡等情况的干扰，抗噪性能查，计算量较大。背景差分法通过序列图像监理背景图像的像素模型，并在此基础上将每帧图像与背景图像进行对比运算得到运动目标。背景差分法一般能提供完全的特征数据，但由于场景的复杂性，不可预知性以及环境噪声的存在，其对天气变化、光照变化、背景扰动及背景物移入、移出等情况非常敏感。例如雨天检测结果的准确性及跟踪的精确性会受到运动目标阴影的干扰。

船舶黑烟尾气是一种非刚性目标，在实际应用中，大多数目标跟踪算法难以实现对黑烟尾气的高精度和鲁棒性跟踪。船舶黑烟尾气跟踪涉及计算机图像处理、视频图像处理、模式识别以及人工智能等诸多领域。船舶尾气这种有别于船体刚性物体的非刚性目标在运动过程中会出现旋转、比例变化及形变等情况，在复杂的背景中通过特征识别匹配实现跟踪相比于刚性物体就困难得多。

2. 解决方法

为了解决目前手动录制视频存在的平台抖动和目标移动的问题，必然需要能够自动识别船舶黑烟区域（船舶烟囱口周边），支撑后续的黑烟等级判定分析。具体的技术实现过程分两个步骤，分别是人工辅助对准烟囱口和基于特征点的烟囱口自动跟踪。

（1）人工辅助对准烟囱口

在拍摄船舶黑烟视频时，画面正中央将显示一个黑色矩形区域。整个画面中要求有目标船舶和黑烟，而黑色矩形区域则要求对准船舶烟囱口。由于船舶黑烟的形态由风决定，向上、向后、向侧甚至向前飘散，为了确保黑色矩形区域中一定有船舶黑烟区域的存在，要求船舶烟囱口尽量在黑色区域中央，至少不能脱离黑色矩形区域。

一旦按下录制视频的按键，瞬间画面中的矩形区域内的刚性目标（含烟囱口和部分船体）将会被作为跟踪的基准，这是因为刚性目标的最大特点是形状、色彩等信息在短时间内保持不变。而船舶尾气属于非刚性目标，始终处于动态变化过程中，虽然是感兴趣目标，但是作为跟踪的基准难度很大。

因此，人工辅助对准操作（对准船舶烟囱口以及黑烟）是自动跟踪船舶黑烟区域的必要前期步骤（图3-17）。

图3-17　人工辅助对准烟囱口示例（要求黑色矩形区域内有烟囱等刚性
目标和黑烟等非刚性目标）

（2）基于特征点的烟囱口自动跟踪

一旦启动视频录制，后台运行烟囱口自动跟踪算法，需要自动识别不同帧画面中的烟囱和船体等刚性目标（第一帧画面中的黑色矩形区域内部分），自动保持刚性目标在黑色矩形区域中的相对位置，实现矩形区域对船舶尾气（含烟囱和部分船体）的跟踪。刚性目标识别的基础是其在图像中的特征点提取与匹配（图 3-18）。

图 3-18　两张不同画面中的同一刚性目标的图像特征点提取与匹配示例

图像处理中的特征点指"同一个物体或场景，从不同的角度采集多幅图片，如果相同的地方能够被识别出来是相同的，这些具有'尺度不变性的点或块'称为特征点"。特征点所在位置含有丰富局部信息的点，经常出现在图像中拐角、纹理剧烈变化等地方。特征点具有的所谓"尺度不变性"，指其在不同图片中能够被识别出来具有的统一性质。对于计算机来说，图像只是数据的存储；只有对图像进行特征分析后，才能够进一步识别图像中的物体。因此特征点在识别、定位、拼接、跟踪等多种图像处理的细分类别中广泛使用。

基于特征点的烟囱口自动跟踪算法对视频的不同帧图像进行特征点提取，然后进行一一匹配，帮助黑色矩形区域及时调整位置，确保特征点在黑色矩形区域中的相对位置不变。

邻近刚性目标引导的船舶尾气图像跟踪识别算法实现船舶尾气自动跟踪识别的主要步骤如下：

①人工辅助对准烟囱口并录制视频。程序调用摄像头拍摄船舶冒黑烟现象时，画面正中央显示一个特定大小和形状的矩形框，作为感兴趣目标区域。

操作人员可以将矩形框的正中央对准目标船舶的烟囱口，矩形框可以分为左上、左下、右上、右下 4 个子区域。在感兴趣目标区域的 4 个子区域中，分别指定 1 个形状、色彩不变的船体子区域（烟囱、驾驶舱、船体等）和形状、色彩变化的尾气子区域（图 3-19）。一旦按下录制视频的按键，视频的第一帧画面中的船体子区域将会被用于自动跟踪船舶，而尾气子区域则被用于识别船舶尾气的林格曼黑度。

图 3-19 矩形区域示意图（1. 感兴趣目标区域；2. 船体子区域；3. 尾气子区域）

②自动跟踪船舶。上述图像中的一个矩形区域范围描述方法是 $[x_i \sim x_j,$ $y_m \sim y_n]$，x 和 y 分别是像素在图像中的行列号，x_i 和 x_j 分别是矩形区域的起始和终止行号，y_m 和 y_n 分别是矩形区域的起始和终止列号，总共的像素个数 $z = (j-i+1) \times (n-m+1)$。

首先，对第一帧画面的船体子区域 $[x_i \sim x_j,\ y_m \sim y_n]$，利用边缘算子突出区域内的边缘像素（包括船与水、船与天、船上黑烟囱与白建筑等之间的交界处），如图 3-20 所示。然后，对第二帧画面的 $[x_i-1 \sim x_j-1,\ y_m-1 \sim y_n-1]$、$[x_i-1 \sim x_j-1,\ y_m \sim y_n]$、$[x_i-1 \sim x_j-1,\ y_m+1 \sim y_n+1]$、$[x_i \sim x_j,\ y_m-1 \sim y_n-1]$、$[x_i \sim x_j,\ y_m \sim y_n]$、$[x_i \sim x_j,\ y_m+1 \sim y_n+1]$、$[x_i+1 \sim x_j+1,\ y_m-1 \sim y_n-1]$、$[x_i+1 \sim x_j+1,\ y_m \sim y_n]$、$[x_i+1 \sim x_j+1,\ y_m+1 \sim y_n+1]$ 这 9 个区域，分别利用边缘算子突出区域内的边缘像素。然后，将第一帧画面的船体子区域与第二帧的这 9 个区域分别做减法运算，即两个区域内的每一对相同行列号像素的亮度值相减的绝对值，得到 9 个差值画面。最后，对每一个差值画面内的所有像素值求和，确定 9 个求和结果最小的那个区域作为第二帧画面的船体子区域。如此，就实现了在视频中追踪船舶的目的，解决了海巡艇摇晃、拍摄者双手抖动、目标船舶移动等造成的烟囱口在画面中位置不稳定的问题，如图 3-21 所示，在该算法运行 3s 后的画面，与第一帧画面对比可得，该算法可以实现在视频中追踪船舶的目的。后续每一帧画面的船体子区域都是以前一帧画面已经确定的船体子区域为基准，按照如上方式确定。

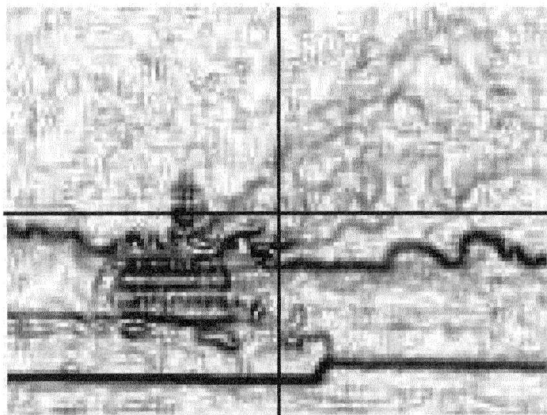

图 3-20 第一帧感兴趣目标区域内的画面（突出边缘像素）

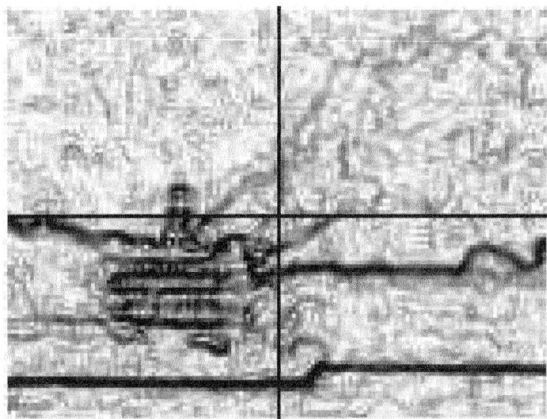

图 3-21 自动跟踪船舶算法运行 3s 后的第 75 帧感兴趣
目标区域内的画面（突出边缘像素）

3.2.1.2 算法原理及框架

本书提出的船舶黑烟跟踪算法流程如图 3-22 所示。原始 KCF 算法在跟踪过程中，如果目标短时间被遮挡，再次出现在视野之中，可能会导致跟踪框漂移甚至跟踪失败。因此，提出的船舶黑烟尾气跟踪算法，利用汉明距离来实时判定目标跟踪模型的置信度，如果判定目标模型的置信度低于一定的阈值，则停止更新分类器；同时，使用模板匹配算法重新对目标进行定位，并重新初始化跟踪器，以完成对目标的长时间跟踪。

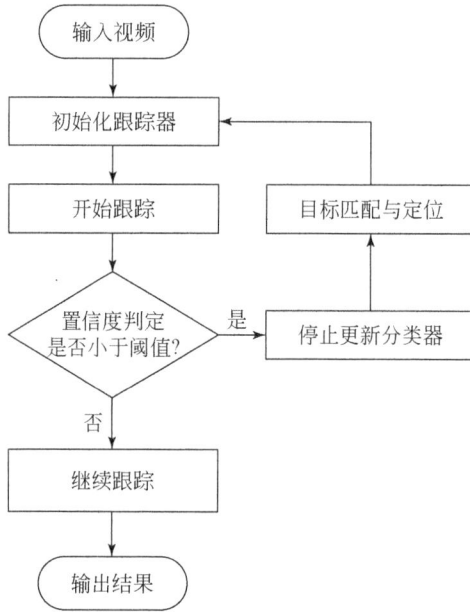

图 3-22　船舶黑烟尾气跟踪算法流程图

　　船舶黑烟跟踪算法是采用一种基于核相关滤波的跟踪算法。该算法以岭回归分类器作为核心，采用循环矩阵的方法在目标区域进行移位操作，形成大量的样本来训练分类器。通过核函数来计算选择区域与目标区域的相似度，最大响应的区域作为新的跟踪目标。此外该算法对训练样本进行巧妙变换，使其具有循环矩阵的特性，利用离散傅里叶变换矩阵对角化，减少大量矩阵求逆的运算，显著提高了算法的运行速度，从而实现对于目标的实时跟踪。

　　1. HOG 特征和循环矩阵

　　KCF 算法使用 HOG（histogram oriented gradient）特征，通过对图像局部区域的梯度方向直方图进行统计和计算形成图像特征，进而实现对物体特征的描述。HOG 特征对图形中几何和光学形变具备不变性，最早被应用于图像行人检测，后来被广泛应用于检测和识别等领域。HOG 特征提取与计算步骤如下：

　　①色彩和伽马归一化：为减少光照影响，首先要对图像进行统一的归一化。

　　②计算图像梯度：梯度信息不仅能够很好地反映出图像的轮廓信息和纹理信息，还能够进一步减弱光照带来的影响。对图像中的横坐标和纵坐标分别计算梯度，计算方法如式（3-15）和式（3-16）所示：

$$G_x(x,y) = H(x+1,y) - H(x-1,y) \qquad (3-15)$$

$$G_y(x,y) = H(x,y+1) - H(x,y-1) \qquad (3-16)$$

式中, $G_x(x, y)$ 和 $G_y(x, y)$ 分别代表水平方向和垂直方向上的梯度值, $H(x, y)$ 代表某点像素值, 那么在该点的梯度值 $G(x, y)$ 方向 $\alpha(x, y)$ 如式 (3-17) 和式 (3-18) 所示:

$$G(x, y) = \sqrt{G_x(x, y)^2 + G_y(x, y)^2} \tag{3-17}$$

$$\alpha(x, y) = \arctan\left(\frac{G_y(x, y)}{G_x(x, y)}\right) \tag{3-18}$$

③构建方向直方图: 通过采取加权投票的方式对细胞单元中的像素点进行直方图通道投票, 每一票都是带有权值的, 该权值可通过像素点幅度梯度进行计算。

④将细胞单元组合成大的区间: 把各个细胞单元进行组合形成大的, 空间上连通的区域, 通过这种方式 HOG 特征就能够将各个区间上细胞单元的直方图组合成为一个向量。由于这些区域之间存在重叠现象, 所以一个细胞单元可能会多次作用于最终的描述器。

⑤收集 HOG 特征: 把所有提取到的 HOG 特征输入 SVM 分类器中, 寻找最终的决策函数。

算法采用循环移位的方式进行样本采样, 利用循环矩阵的性质, 能够将样本矩阵转换成为对角矩阵完成矩阵计算。由于在对角矩阵进行计算时只需要将对角线上的值进行运算, 所以大大减少了矩阵运算量, 从而提升算法的运算速度。

首先以一维向量做循环矩阵的解释, 一维向量表示为 $x = [x_1, x_2, \cdots, x_n]^{\mathrm{T}}$, 由它构造成的循环矩阵如式 (3-19) 所示:

$$X = C(x) = \begin{bmatrix} x_1 & x_2 & x_3 & \cdots & x_n \\ x_n & x_1 & x_2 & \cdots & x_{n-1} \\ x_n & x_{n-1} & x_1 & \cdots & x_{n-2} \\ \vdots & \vdots & \vdots & \ddots & \vdots \\ x_2 & x_3 & x_4 & \cdots & x_1 \end{bmatrix} \tag{3-19}$$

式中, X 的每一行向量都代表一个样本, 它的第一行为原始样本, 整个矩阵的构成都是由第一行循环移位得到。

前面解释了构造循环矩阵的方法, 循环矩阵具备特有的性质, 即无论样本 x 为何值, 所形成的循环矩阵都可以根据傅里叶变换对角化的性质进行矩阵对角化。该性质的公式如式 (3-20) 所示:

$$X = F \operatorname{diag}(\hat{x}) F^{\mathrm{H}} \tag{3-20}$$

式中, F 是一个无关样本 x 的离散傅里叶变换矩阵且是一个常量矩阵, F^{H} 是 F 的共轭矩阵, $\hat{x}$ 表示 x 的离散傅里叶变换。

2. 岭回归分类器

岭回归分类器基本原理是：找到一个函数 $f(z) = w^T z$ 使得样本 x_i 与回归目标 y_i 的平方误差最小，表达式如式（3-21）所示：

$$\min_w \sum_i [f(x_i) - y_i]^2 + \lambda \|w\|^2 \tag{3-21}$$

式中，w 为分类器参数，z 为检测图像块，λ 为控制过拟合的正则化参数。将所有的样本 x_i 用矩阵 X 表示，所有的回归目标用向量 y 表示，通过对 w 求导，可以得到上述问题的解，如式（3-22）所示：

$$w = (X^T X + \lambda I)^{-1} X^T y \tag{3-22}$$

式中，$X = [x_1 \quad x_2 \quad x_3 \quad \cdots \quad x_n]^T$，$y = [y_1 \quad y_2 \quad y_3 \quad \cdots \quad y_n]^T$，$I$ 是单位矩阵，式（3-22）在复频域上的形式如式（3-23）所示：

$$w = (X^H X + \lambda I)^{-1} X^H y \tag{3-23}$$

式中，$X^H = (X^*)^T$，X^* 是 X 的复共轭矩阵。由于 X 是循环矩阵，即 X 可表示为 $X = F \mathrm{diag}(\hat{x}) F^H$，那么可得到 $X^H X$ 的形式如式（3-24）所示：

$$X^H X = F \mathrm{diag}(\hat{x}^*) F^H F \mathrm{diag}(\hat{x}) F^H \tag{3-24}$$

由于 $F^H F = 1$，对式（3-24）进行简化可得到如下形式：

$$X^H X = F \mathrm{diag}(\hat{x}^*) \mathrm{diag}(\hat{x}) F^H \tag{3-25}$$

因为 $\mathrm{diag}(\hat{x}^*)$ 和 $\mathrm{diag}(\hat{x})$ 都是循环矩阵，对角矩阵的乘法可以用对角线上的元素相乘进行表示，继续对式（3-25）进行简化，得到式（3-26）：

$$X^H X = F \mathrm{diag}(\hat{x}^* \mathrm{e} \hat{x}) F^H \tag{3-26}$$

将式（3-26）代入式（3-23），简化后可得到式（3-27）：

$$
\begin{aligned}
w &= (X^H X + \lambda I)^{-1} X^H y \\
&= (F \mathrm{diag}(\hat{x}^* \mathrm{e} \hat{x}) F^H + \lambda I)^{-1} F \mathrm{diag}(\hat{x}^*) F^H y \\
&= (F \mathrm{diag}(\hat{x}^* \mathrm{e} \hat{x} + \lambda) F^H)^{-1} F \mathrm{diag}(\hat{x}^*) F^H y \\
&= F \mathrm{diag}(\hat{x}^* \mathrm{e} \hat{x} + \lambda)^{-1} F^H F \mathrm{diag}(\hat{x}^*) F^H y \\
&= F \mathrm{diag}\left(\frac{\hat{x}^*}{\hat{x}^* \mathrm{e} \hat{x} + \lambda}\right) F^H y
\end{aligned}
\tag{3-27}
$$

对 w 进行频域转换，最终结果如式（3-28）所示：

$$\hat{w} = \frac{\hat{x}^* \mathrm{e} \hat{y}}{\hat{x}^* \mathrm{e} \hat{x} + \lambda} \tag{3-28}$$

式（3-28）是岭回归问题的解，最终结果是在频域上得到，同时与样本频域的计算存在关系，所以被称为相关滤波器。通过上述求解过程可以发现，算法将矩阵的乘法以及求逆的过程巧妙地转换为频域内矩阵点乘运算，降低了算法的计算量。假如原算法复杂度是 $O(n^3)$，经过转换后复杂度为 $O(n \log_n)$，减少了计算的复杂度，这些都是算法处理速度快的关键因素。

3. 核相关滤波

上述推导过程都是线性回归，但是在实际应用中，常遇到非线性的问题，所以需要使用核函数将样本投影到高维特征空间，使得样本在高维空间内变得线性可分。岭回归中 w 在高维空间的线性组合如式（3-29）所示：

$$w = \sum_i \alpha_i \varphi(x_i) \tag{3-29}$$

式中，$\varphi(x_i)$ 为将训练样本映射到高维特征空间的函数，将算法写成点积的形式，定义核函数如式（3-30）所示：

$$k(x, x') = \varphi^{\mathrm{T}}(x) \varphi(x') \tag{3-30}$$

式中，k 为高斯核函数，或者多项式核函数。所有样本对之间的点积通常存储在 $n \times n$ 核矩阵 K 中，并且 $K_{ij} = k(x_i, x_j)$，基于最小二乘法给出的岭回归的解如式（3-31）所示：

$$\alpha = (K + \lambda I)^{-1} y \tag{3-31}$$

式中，K 为核矩阵，I 为单位矩阵，y 为期望输出。由于核矩阵 K 具有循环特性，对式（3-31）进行离散傅里叶变换，得到式（3-32）：

$$\hat{\alpha} = \frac{\hat{y}}{\hat{k}^{xx} + \lambda} \tag{3-32}$$

式中，$\hat{k}^{xx}$ 是矩阵 $K = C(\hat{k}^{xx})$ 的第一行元素，也就是生成向量。通过上述方法，将计算分类器参数 w 转换为计算参数 $\hat{\alpha}$，大大减少算法的计算量。

4. 目标模型置信度判定机制

当跟踪目标被遮挡时，如果使用置信度较低的目标模型更新分类器，分类器将不可避免地引入错误的模型信息，导致目标跟踪框漂移或者跟踪失败。本书提出的船舶黑烟跟踪算法，当判定到目标模型置信度较低时，则停止更新分类器，同时使用模板匹配算法对目标进行重新定位，以完成对目标的长时间跟踪。

船舶黑烟跟踪算法使用汉明距离来实时判定目标跟踪模型的置信度。汉明距离越小说明跟踪模型置信度越高。反之，如果汉明距离越大，则表示跟踪模型置信度越低。

这里，我们引入感知哈希算法和汉明距离来实时判断目标跟踪模型的置信度，如果当前帧的跟踪模型置信度小于阈值 H_m，则认为跟踪模型是可靠的，此时继续更新分类器；反之，则认为跟踪模型置信度较低，停止更新分类器，利用模板匹配算法重新对目标进行定位和跟踪。

感知哈希算法可以获得更精确的结果，它采用的是 DCT（离散余弦变换）来降低频率。DCT 变换的全称是离散余弦变换（discrete cosine transform），主要用于将数据或图像压缩，能够将空域的信号转换到频域上，具有良好的去相关性性能。

感知哈希算法工作原理如下：

①缩小尺寸。为了简化了 DCT 的计算，感知哈希算法以小图片开始。

②简化色彩。需要将图片转化成灰度图像，进一步简化计算量。

③计算 DCT。DCT 是把图片分解频率聚集和梯状形。

④缩小 DCT。DCT 的结果为 32×32 大小的矩阵，但只需保留左上角的 8×8 的矩阵，这部分呈现了图片中的最低频率。

⑤计算平均值，计算所有 64 个值的平均值。

⑥进一步减小 DCT。根据 8×8 的 DCT 矩阵进行比较，大于等于 DCT 均值的设为 "1"，小于 DCT 均值的设为 "0"。图片的整体结构保持不变的情况下，hash 结果值不变。

⑦构造 hash 值。组合 64 位生成 hash 值，顺序随意但前后保持一致性即可。

⑧对比指纹：计算两幅图片的指纹，计算汉明距离。

5. 目标搜索与重定位

船舶黑烟尾气跟踪算法在判定目标跟踪模型置信度低于一定阈值的情况下，使用模板匹配的方法对目标进行匹配与定位。当目标被遮挡时，算法将不可避免地采用错误的模型信息更新分类器，会大大降低分类器的判别能力，并且错误会不断累加，致使跟踪失败。本书提出的算法实时判断目标模型的置信度，如果模型置信度较低，则利用模板匹配算法对目标进行再次定位，并重新初始化跟踪器，目的是消除误差，使用正确样本重新对分类器进行训练，通过这种方法实现对后续视频帧中目标的跟踪，体现出改进算法的设计完整性。

模板匹配是数字图像处理的重要组成部分之一，根据已知模板到另一幅图中寻找同目标模板有相近尺寸和方向的图像，并确定其坐标位置。本书选择平方差匹配法来实现对目标的重新定位，如式 (3-33) 所示：

$$R(x,y) = \sum_{x',y'} \left[T(x',y') - I(x+x',y+y') \right]^2 \qquad (3-33)$$

3.2.1.3 实验验证分析

为了全面评估算法的跟踪精度和鲁棒性，选择 5 组具有挑战性的视频来测试算法的性能。实验环境硬件配置如下：操作系统 Windows 10，Intel（R）Core（TM）i7-10700F CPU@2.90GHz+RAM 16GB；软件运行环境：PyCharm Community Edition 2020.1.3+opencv-python 4.2.0。实验参数 H_m 取值 0.5。

1. 实验视频

实验过程中，选择 5 组具有挑战性的船舶视频序列，包括形变、尺度变化、遮挡、运动模糊等，测试视频的详细属性描述如图 3-23 和表 3-1 所示。

| Ship1 | Ship2 | Ship3 | Ship4 | Ship5 |

图 3-23　测试视频

表 3-1　实验测试视频属性描述

视频	帧数	分辨率	难点问题
Ship 1	469	960×544	DEF（形状变化）
Ship 2	668	1280×720	DEF、SV（尺度变化）
Ship 3	1170	1280×720	DEF、SV
Ship 4	1305	1280×720	DEF、OCC（遮挡）
Ship 5	812	1280×720	DEF、MB（运动模糊）

2. 评估标准

根据跟踪算法通用的评测标准，采用精度和成功率作为衡量算法性能的指标。

（1）精度

所有帧上的平均中心位置误差（center location error，CLE）用于表示算法在视频序列上的跟踪精度，通常选取欧式距离为 20 像素作为衡量不同跟踪器精度的标准。评价算法的跟踪准确性以距离目标中心坐标点的距离为标准，中心距离误差越小，说明算法的跟踪性能越好。

（2）成功率

成功率也是评价算法跟踪性能的另一个重要的评价标准，重叠率（overlap ratio）表示算法的跟踪成功率。重叠率阈值范围属于 [0，1]，重叠率越大，说明算法的跟踪成功率越高。假设算法得到的目标跟踪框的面积为 S_2，目标实际区域的面积为 S_1，则重叠率计算方法如式（3-34）：

$$重叠率 = \frac{S_1 \cap S_2}{S_1 \cup S_2} \tag{3-34}$$

式中，∩ 和 ∪ 分别表示两个区域面积的交集和并集。

3. 实验结果和分析

为了验证所提出算法的有效性，采用精度和成功率对提出的算法进行评估。并与原始算法进行对比，算法在实验视频上的平均精度（mean precision）、成功率（mean successrate）、运行速度（mean FPS）的测试结果如表3-2所示。黑色加粗字体表示最好的结果。

表 3-2 算法与原始算法性能对比

算法	MP	MS	MF
改进	0.869	0.834	37.5
原始	0.824	0.792	42.7

从表3-2可以看出，提出的算法较原始算法有更高的跟踪精度和跟踪成功率，运行速度略低于原始算法，但基本满足实时性的要求。

表3-3为算法在5个测试视频上的跟踪精度、成功率和运行速度，可以发现，提出的算法在测试视频中均表现出良好的跟踪性能。

表 3-3 算法在测试视频上的跟踪精度、成功率和运行速度

视频	精度	成功率	FPS
Ship 1	0.932	0.913	45.3
Ship 2	0.871	0.820	40.6
Ship 3	0.854	0.817	34.4
Ship 4	0.793	0.768	30.6
Ship 5	0.897	0.853	36.4

图3-24表示算法在五个测试视频上的跟踪结果。可以看出提出的船舶尾气跟踪算法具有较高的跟踪鲁棒性和精度。

图 3-24　算法在测试视频上的跟踪结果

4. 结论

根据船舶尾气的特点，提出了一种基于核相关滤波的船舶尾气跟踪算法。算法融合模型置信度判定机制和模板匹配算法，来提高算法的跟踪鲁棒性和精度。实验结果表明，提出的算法不仅可以完成对船舶黑烟尾气的实时跟踪，而且对尾气的形变、尺度变化具有一定的适应能力。

3.2.2　自适应环境光变化的船舶尾气黑度图像检测算法

目前黑烟判定的主要方法是对观看录制的船舶黑烟视频，同时携带一张林格曼黑度比色卡，人为地对照每一帧画面的尾气区域内的黑烟等级进行判定，最后求平均，判断其黑烟程度是否超过二级及以上。给出综合的黑烟等级判定结果。但这种方法主观性太强，海事监管部门在执法过程中易产生纠纷，而且目前也没有一套专门用于船舶黑烟监测的技术标准。自动检测图像中的船舶尾气黑度就成为现下海事监管部门急需解决的问题。

针对船舶尾气监视视频亮度随环境光变化的不利因素，提出自动搜索图像内 0 级黑度干净天空和 5 级黑度暗目标的虚拟比色卡创新思路，结合船舶尾气林格曼黑度对比量化方法，开发自适应环境光变化的船舶尾气黑度图像检测算法，解决无人机监视情形下的环境光变化导致的船舶黑度实时量化难题，实现船舶尾气黑度的智能测定，填补目前国内船舶黑烟监测的技术空白。

3.2.2.1　环境光变化和无参照物的问题及解决方法

1. 主要问题

根据国内外船舶黑烟管控要求，各个国家判定船舶是否冒黑烟的标准是连续一定时长持续冒黑烟，因此需要连续检测烟羽的林格曼黑度并录制视频留证。在发现船舶冒黑烟现象时，观测者很有可能是手持相机或手机录制视频证据，甚至是在海巡艇等晃动平台录制视频证据。

由于视频拍摄过程中，环境光会随着无人机与太阳间相对位置的变化而变化，此外，阴天情况下拍摄的视频与艳阳高照下拍摄视频环境光也会有所不同。背景不同，人为判定时则会受光源色差等因素干扰。因此，拍摄船舶黑烟视频时，需要避免逆光以及非天空背景的干扰。

图 3-25 是同一艘船舶前后相差不过 3s 的两帧画面，在逆光环境下，拍摄抖动造成的黑烟视觉差异十分明显。逆光环境下，则显得尾气黑度程度更黑。

图 3-25　不同光照下拍摄视频片段

图 3-26 是同一艘船舶航经不同区域的两帧画面，黑烟背景分别是建筑和天空，背景不同导致的黑烟视觉差异十分明显。若以建筑物为背景，则黑烟看上去并不明显。

图 3-26　不同背景下拍摄视频片段

其次，视频拍摄过程中，要求观测者同时手持小型的林格曼烟气黑度图（图 3-27）和录制视频证据。这种携带一张林格曼黑度比色卡作为参照的传统方式，更容易在黑度级别的判定上产生失误，由于林格曼黑度比色卡是以纯白色作为背景，即为 0 级黑度。通常情况下，由于不同地域天空状态的不同，天空散射光的存在及其变化，远处的 0 级（无黑烟）和 5 级（漆黑如墨）目标往往并非纯白色和纯黑色，极少有天空背景为纯白色的情况发生，用传统方式判定，天空都会有黑度级别，所以观察者则会根据个人主观感觉适度调整船舶黑烟黑度级别，由于个体的差异性，更容易产生执法纠纷。所以需要动态调整这两个参照，才能准确对黑烟的黑度定级。

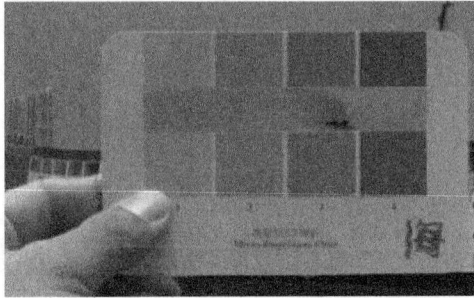

图 3-27　手持小型的林格曼烟气黑度图进行船舶黑烟检测的示例

2. 解决方法

为了满足船舶黑烟检测的要求且保证烟羽林格曼黑度的准确度，需要基于黑烟的视觉机理和船舶特点，提出适用于船舶黑烟检测的改良型林格曼黑度法。根据黑烟的视觉机理，可以获得林格曼黑度相关的 x 值计算公式如下：

$$x = 1 - (S_{accept} - S_{back} \times y)/(S_{back} - S_{back} \times y) \tag{3-35}$$

根据观察，船上或多或少存在一定的黑色物体，可以假设是林格曼黑度 5 级（$x=1$）的烟羽，例如船体黑漆或船上窗户等船上暗目标。观测者看到这些暗目标时，$S_{accept} = S_{back} \times y$，即观测到的亮度与烟羽与观测者之间的散射有关。当雾霾很严重时，y 近似 1，则船上暗目标和烟羽均不可见，$S_{accept} = S_{back}$。当几乎没有雾霾时，y 近似 0，则远处船上的暗目标清晰可见，近距离和远距离（使用望远镜）观测的效果差别不大，$S_{accept} = 0$。根据式（3-35），以上这些情形下观测船上暗目标，计算结果均是 $x=1$。

可以假设烟羽附近的干净天空是一种林格曼黑度 0 级（$x=0$）的烟羽。观测者看到干净天空时，$S_{accept} = S_{back}$，即观测到的亮度就是观测者角度的烟羽后方的太阳散射光强度，因为无论怎么变换观测位置，观测同一片天空的亮度是不变的（无论雾霾是否严重）。根据式（3-35），计算结果是 $x=0$。

　　因此，以船上暗目标和干净天空分别作为林格曼黑度 5 级和 0 级烟羽的参照，可以准确计算出船舶烟羽的林格曼黑度。这种适用于船舶黑烟检测的改良型林格曼黑度法，无需林格曼烟气黑度图，而且不存在传统的林格曼黑度法的苛刻使用条件（只能在林格曼烟气黑度图与烟气有相似的天空背景且天气能见度很高时应用）（图 3-28）。

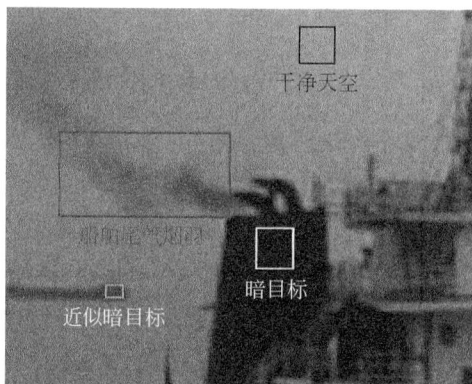

图 3-28　适用于船舶黑烟检测的改良型林格曼黑度法以船上暗目标和干净天空分别作为林格曼黑度 5 级和 0 级参照的示例。示例中远处船上暗目标的颜色深度不如烟羽所在船舶的船上暗目标，也说明了烟羽与观测者之间的大气散射对传统林格曼黑度法结果准确性的影响

3.2.2.2　算法原理及框架

　　根据上述环境光变化和无参照物的不利因素，本书创新性地提出自动搜索图像内干净天空作为 0 级黑度和视频中暗目标作为 5 级黑度的虚拟比色卡思路，结合船舶尾气林格曼黑度对比量化方法，开发自适应环境光变化的船舶尾气黑度图像检测算法。

　　1. 刚性目标自动屏蔽算法

　　由于前期的基于特征点的烟囱口自动跟踪算法已经使得刚性目标在矩形区域内的相对位置不变，因此可以采用前后两帧图像差分算法识别到刚性目标。具体过程是，对每一帧图像进行剪裁，只保留矩形区域内部分；然后两两进行减法运算，得到差分图像（刚性目标的差分结果接近零，而非刚性区域的差分结果十分不稳定）；最后，判定整个视频的所有差分像素值始终接近零的像素为刚性目标，在后续的林格曼黑度等级自动判定算法中不予考虑。

　　2. 制作虚拟林格曼比色卡

　　假设录制的视频中必然存在 0 级林格曼黑度的像素（天空以及建筑和船体上

的白漆）和 5 级林格曼黑度的像素（阴影以及建筑和船体上的黑漆和窗户等）。对视频里的感兴趣目标区域内的每一个像素，从蓝色、绿色、红色 3 个颜色的亮度值 DN_{blue}、DN_{green}、DN_{red} 中取最小的亮度值作为灰度值。统计所有像素的灰度值的直方图（横坐标为灰度值，纵坐标为像素个数），设定最暗的 1% 像素的灰度值为林格曼 5 级黑度（默认感兴趣目标区域内必有阴影、黑漆、彩漆和窗户等暗目标），设定最亮的 1% 像素的灰度值为林格曼 0 级黑度（默认感兴趣目标区域内必有天空、白漆等亮目标）。1 级黑度 = 0 级黑度×80% +5 级黑度×20%、2级黑度 = 0 级黑度×60% +5 级黑度×40%、3 级黑度×40% +5 级黑度×60%、4 级黑度×20% +5 级黑度×80%（图 3-29）。

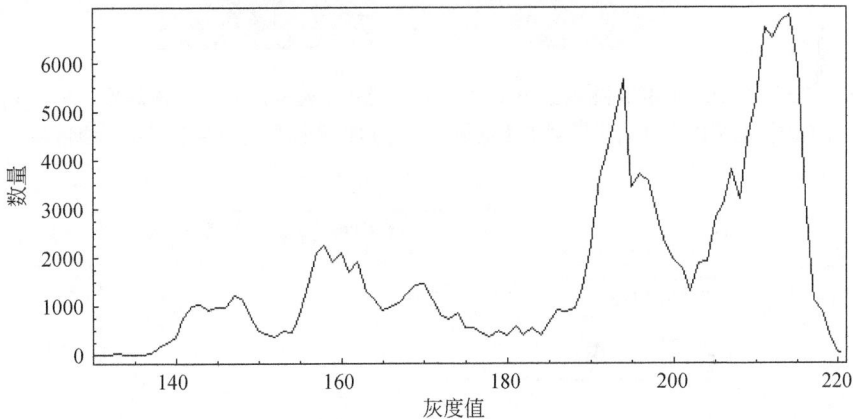

图 3-29　矩形框内所有像素灰度直方图

3. 识别尾气的林格曼黑度

对于已经识别到的矩形区域中的非刚性目标像素，根据每一个像素的亮度值，判别其归属的林格曼黑度级别，以最暗的 1% 部分像素的林格曼黑度级别代表该时刻的船舶黑烟林格曼等级。最后，对视频中每一帧图像的林格曼黑度判定结果，求平均得到整个视频的黑烟等级判定结果。

3.2.2.3　实际应用分析

1. 操作步骤

无人机完成黑烟视频录制后，将视频转存至本地，随后利用算法软件调取已有的船舶黑烟视频，在视频基础上开展黑烟检测工作。

开启软件后，将自动弹出视频选择列表，选择需要进行船舶黑烟检测的视频（图 3-31）。

软件自动提取视频的第一帧画面，并在画面正中央生成一个固定大小的田字

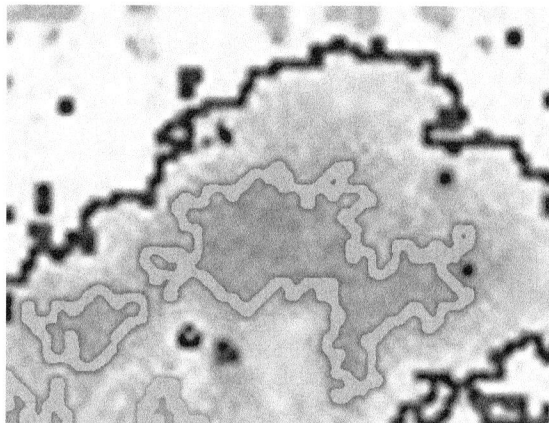

图 3-30　算法识别到的林格曼黑度结果（浅灰色边框范围内为林格曼黑度 2 级区域，黑色边框范围内为林格曼黑度 1 级区域，黑色边框范围外为林格曼黑度 0 级区域）

图 3-31　软件调取视频方式

格。人工锁定船舶黑烟区域需要不断地调整田字格，使得田字格中的一个子区域中只有船舶黑烟。调整的过程只有 1 种，即手动在画面上重新画一个田字格。要求画的位置准确，即田字格的某个子区域包含黑烟又不能带入其他非黑烟的物体，如船舶烟囱等（图 3-32）。

图 3-32　田字格定位船舶尾气位置

完成以上过程后，单击"②尾气在右上"，人工设定船舶黑烟在田字格的"右上"（默认）、"左上""右下""左下"位置。

单击"③开始录制"，软件以每秒一帧的频率重新录制船舶黑烟视频（相当于一个视频抽稀的过程），看起来会比较卡顿。重录视频的过程中，田字格会自动锁定船舶黑烟。

重录过程中，软件后台自动计算田字格黑烟子区域的林格曼黑度，并在下部"日志信息"区域实时显示。视频处理时长与本地原始视频时长一致，无需单击"④录制完成"按钮，软件保存渲染后的船舶黑烟视频并生成船舶黑烟黑度折线图（图 3-33、图 3-34）。

图 3-33　视频处理过程

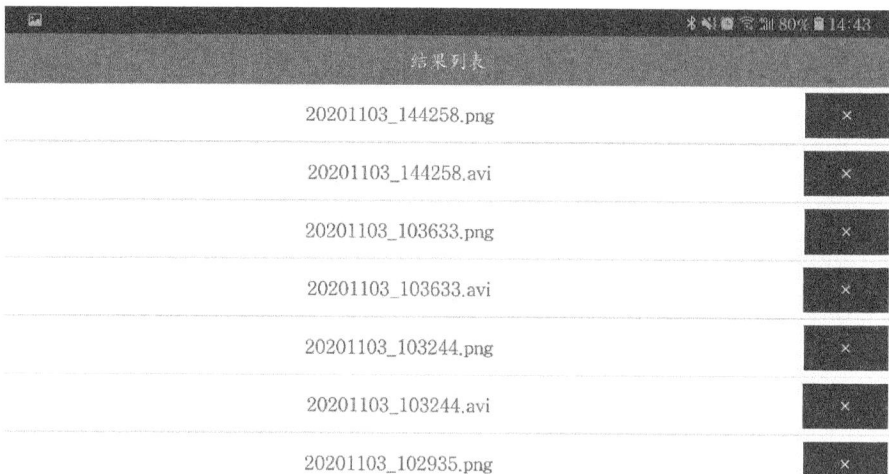

图 3-34　船舶黑烟结果显示

　　单击 "⑤查看结果"，可以查看软件的船舶黑烟检测结果，结果成对出现（文件名相同），分别是一段经过渲染的船舶黑烟视频（图 3-35）和一张船舶黑烟黑度折线图（图 3-36）。

图 3-35　渲染处理后的黑烟视频

　　渲染的船舶黑烟视频是上一个步骤录制视频的基础上叠加了田字格跟踪框、5 级黑度渲染（紫色）、黑烟子区域渲染（0 级黑度为红色、船舶黑烟为绿色）。

　　船舶黑烟黑度折线图的横坐标是时间（s），纵坐标是林格曼黑度。折线图既给出了船舶黑烟林格曼黑度的动态结果，也给出了平均值。

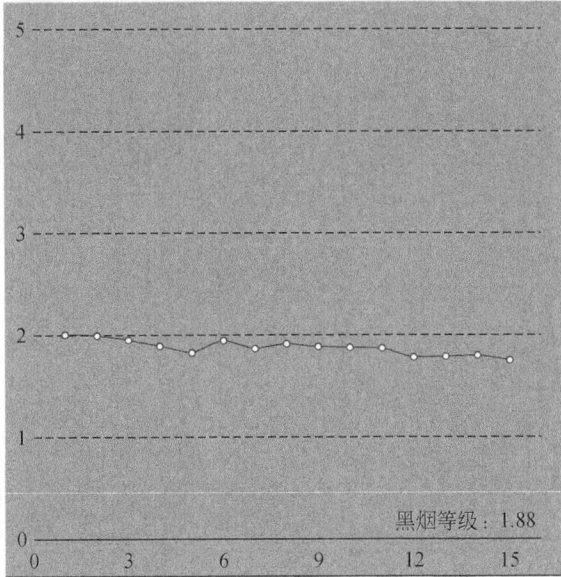

图 3-36　黑度等级结果折线图

2. 具体案例

　　选择 1 组具有挑战性的视频来测试算法的性能。软件在识别到船舶黑烟区域后，基于黑度图像检测算法，对视频逐帧进行分析，如图 3-37 所示，自动搜索视频图像内最亮的部分（天空以及建筑和船体上的白漆）作为 0 级黑度和视频中暗目标（阴影以及建筑和船体上的黑漆和窗户等）作为 5 级黑度。

　　在确定 0 级黑度和 5 级黑度的基础上，将船舶黑烟与二者比较。通过烟气黑度等级计算方法（图 3-38）计算出每帧图像的黑度等级。

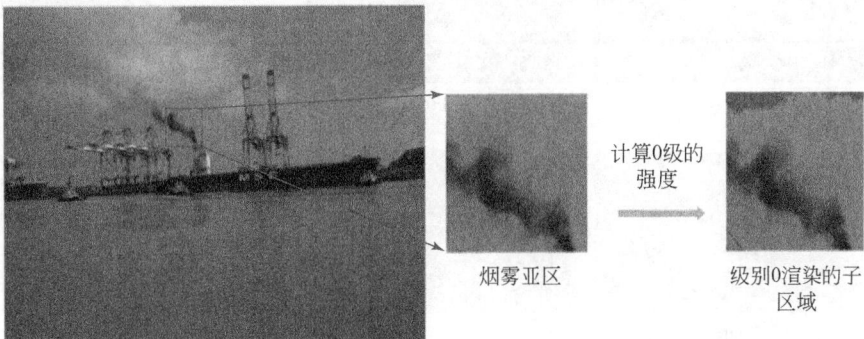

计算5级的
强度

原始框架　　　　　　　　　　　　　　　　　　　级别5渲染的子
区域

图 3-37　0 级及 5 级黑度等级选取

黑度等级计算算法

Ⅰ. 0级黑度的调试值I_0

Ⅱ. 5级黑度的亮度值I_5

Ⅲ. 烟羽的亮度值I_S

Ⅳ. 该图像图度等级为：

$$B=(I_0-I_S)/(I_0-I_5)$$

图 3-38　目标帧尾气黑度等级计算

　　选取目标视频的渲染结果如图 3-39 所示，其中方框内右上角渲染区域和船身渲染区域分别用于表示 0 级和 5 级黑度强度的像素。小图内烟羽渲染区域代表船舶黑烟。利用图 3-38 所示的计算方法，可以精确地推导出船舶尾气黑烟等级结果。

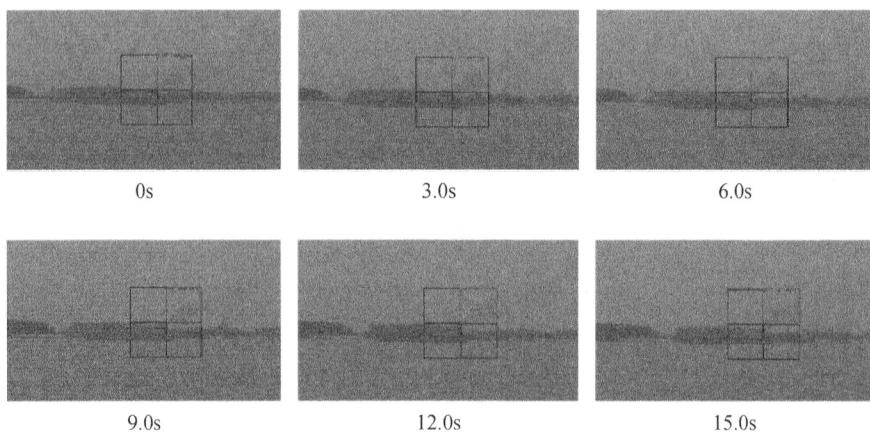

0s　　　　　　　　　　3.0s　　　　　　　　　　6.0s

9.0s　　　　　　　　　　12.0s　　　　　　　　　　15.0s

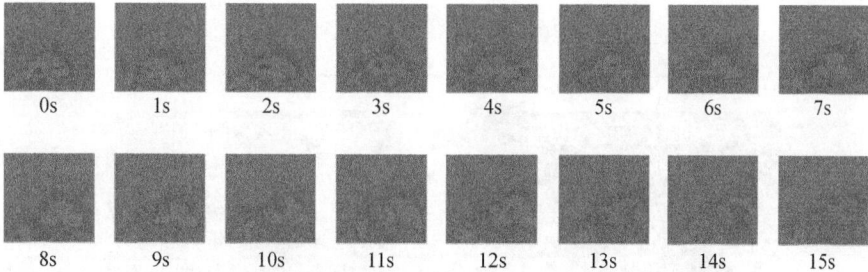

图 3-39　视频不同时刻船舶尾气黑度等级解析结果

3.2.3　小结

本节提出了基于图像跟踪识别和虚拟比色卡的船舶尾气视频测黑技术。提出了适用于船舶尾气非刚性目标的田字格子母窗口嵌套图像跟踪思路，发明了邻近刚性目标引导的船舶尾气图像跟踪识别算法，解决了平台抖动和目标移动情形下的船舶尾气区域视频数据抠取问题；首次提出自动搜索图像内 0 级黑度干净天空和 5 级黑度暗目标的虚拟比色卡思路，发明自适应环境光变化的船舶尾气黑度图像检测算法，解决环境光变化情形下的船舶尾气黑度量化问题，填补了实况环境下的船舶尾气黑度检测技术空白。具体解决了以下 2 项关键技术：

①自动识别图像中的船舶尾气区域是无人机载船舶尾气智能监视技术的数据提取关键技术。针对船舶尾气非刚性目标和船舶烟囱口刚性目标邻近共存的特征，提出田字格子母窗口嵌套的非刚性目标图像跟踪创新思路，开发母窗口跟踪烟囱口和子窗口识别尾气的船舶尾气图像跟踪识别算法，绕过直接跟踪船舶尾气非刚性目标的技术瓶颈，实现平台抖动和目标移动的情形下的船舶尾气区域视频数据自动抠取，进一步提高船舶尾气监视视频质量。

②自动检测图像中的船舶尾气黑度是无人机载船舶尾气智能监视技术的数据处理关键技术。针对船舶尾气监视视频亮度随环境光变化的不利因素，提出自动搜索图像内 0 级黑度干净天空和 5 级黑度暗目标的虚拟比色卡创新思路，结合船舶尾气林格曼黑度对比量化方法，开发自适应环境光变化的船舶尾气黑度图像检测算法，解决无人机监视情形下的环境光变化导致的船舶黑度实时量化难题，实现船舶尾气黑度的智能测定。

3.3　无人机载微型智能船舶尾气嗅探测硫传感器

图 3-40 为无人机载微型智能船舶尾气嗅探测硫传感器技术方案。

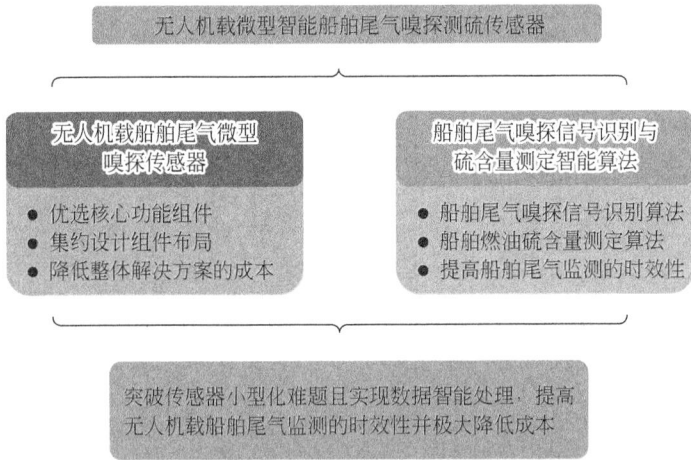

图 3-40　无人机载微型智能船舶尾气嗅探测硫传感器技术方案

3.3.1　关键问题识别

目前国内使用的无人机载船舶尾气监测设备，由于尺寸质量的限制，可选择搭载无人机设备型号固定且成本高（如大疆 M210，体积大、质量大、成本高），摔机成本更高，无法满足海事监管部门日常管理工作的需求，同时海事现场执法人员对成本较高的无人机载船舶尾气嗅探传感器存在"不敢飞"的现状问题。因此急需设计一种微型智能船舶尾气嗅探测硫传感器，可以搭载在低成本小型无人机上，用于海事识别违规使用高硫油船舶现场执法中，提供一种低成本、轻量化、适配性强的船舶尾气嗅探无人机解决方案。

1. 功能模块

目前市面上常用的传感器均为泵吸式传感器（图 3-41），其中不可减少的三大组件（抽气泵、抽气管路、干燥器）不仅质量大，而且体积大，无形中增加了传感器的整体体积。本书拟通过优选传感器各功能组件，研发体积更小、重量更轻的监测传感器，提高传感器的普适性。

2. 供电模块

无人机载测硫传感器多采用无人机电池供电模式，这种方式不仅进一步降低无人机的续航时长，还增加了二次开发的成本。本书拟从供电模块入手，根据传感器的功率和电动无人机续航 30min 的上限设置，优选供电方案，达到既能满足传感器监测用电需要，又能进一步减少传感器整体尺寸和质量的目的。

3. 通信模块

市面上传感器均采用通信模块进行数据回传，这种方式不仅在偏远野外传输

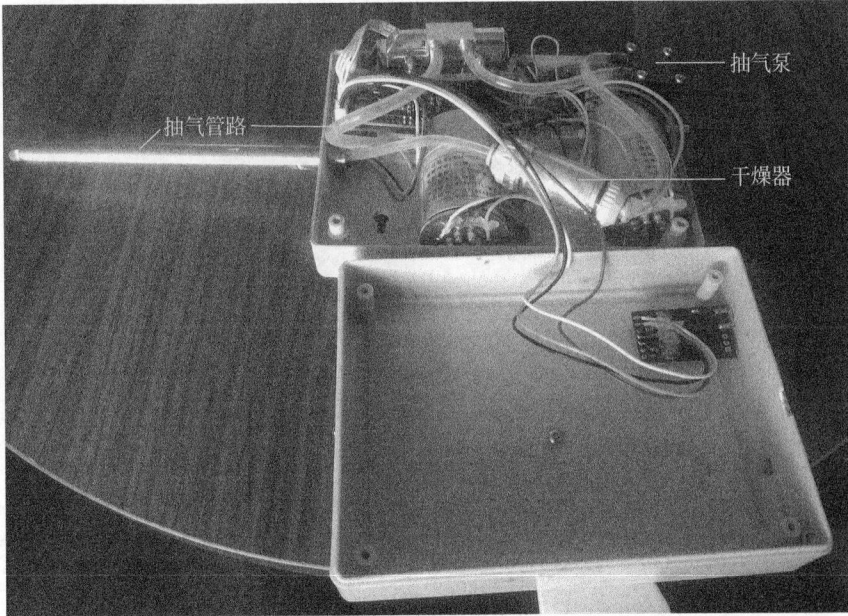

图 3-41　传统泵吸式传感器内部构造

难度较大，而且通信模块会进一步增加传感器体积与质量。本书拟根据数据采集、分析和发送需求，优化电路板、电池、传感器、报警灯等功能组件设计布局，完成监测数据可视化表达，进一步减少传感器整体尺寸和质量。

3.3.2　弥散式气体监测模块

3.3.2.1　传统泵吸式气体监测模块

嗅探传感器作为气体检测的重要组成部分，是无人机船舶尾气嗅探仪的核心，本书采用的无人机载船舶尾气微型嗅探传感器的结构主要包括气路模块、气体传感器模组、嵌入式的数据处理模块、供电模块、及时报警指示灯等。

目前市面上的传感器均使用传统的泵吸式气体监测模块，其构造如图 3-42 所示。

气路模块的作用是将外部的气体抽入尾气检测吊舱内、通入气体传感器模组、排出尾气检测吊舱外，由软管、过滤嘴、气泵组成。软管是气体通道，进气口和出气口部分采用耐高低温、耐腐蚀、抗黏着性的聚四氟乙烯白色气管，吊舱内部分采用吸附性低、耐温性好、不易老化、析出物低的硅胶软管。过滤嘴起到除湿除杂的作用，确保进入气体传感器的气体干燥、无颗粒物杂质。气泵是将外部气体抽入尾气检测吊舱的动力，气泵的参数与图片如图 3-43 所示。

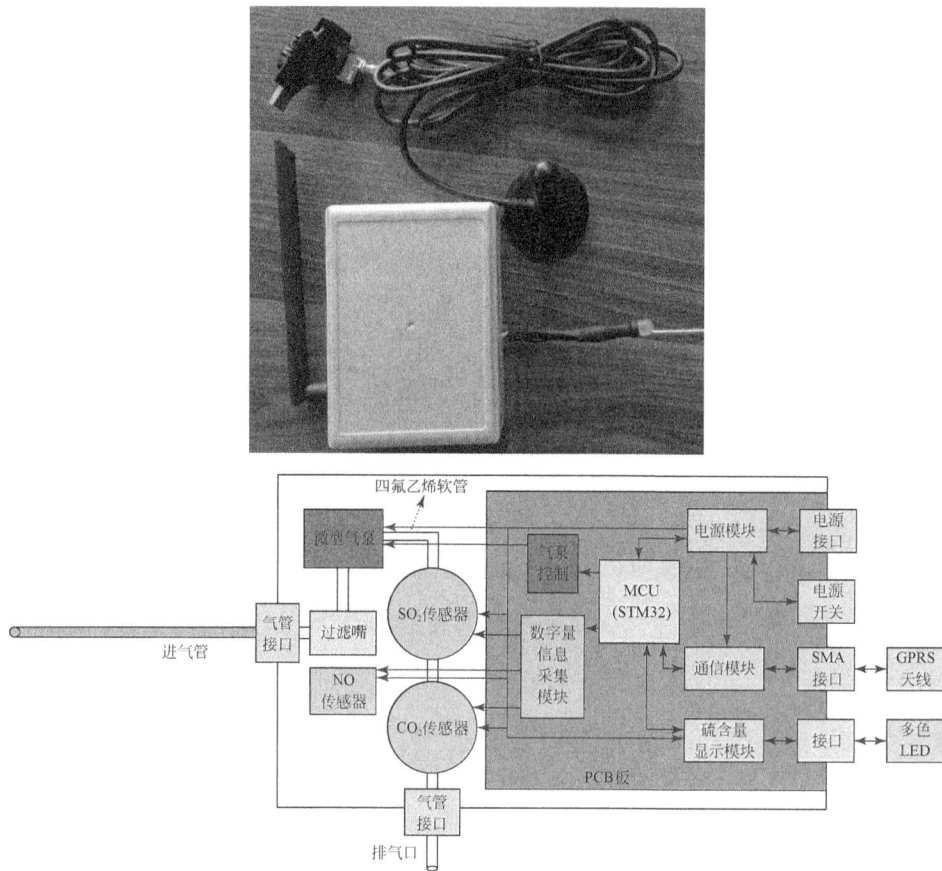

图 3-42　泵吸式嗅探传感器实物图和结构图

流量	1L/min(空气)
真空度	−53kPa
持续压力	70kPa
电压	DC5V
功耗	1.9W
环境温度	0~50℃
重量	60g
长宽高	54mm×22mm×36mm

图 3-43　泵吸式气泵

3.3.2.2　弥散式气体监测模块优点

无人机飞入尾气烟羽过程中，由于螺旋桨的转动，自然会带动尾气发生扰动（图 3-44），在一定距离内，传感器即可识别，从而并不需要气泵将船舶尾气抽入气路模块。

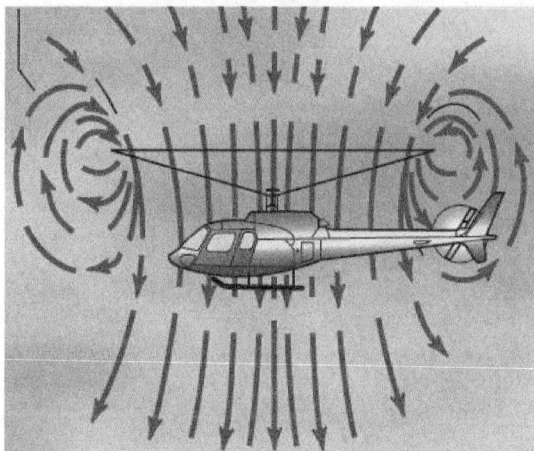

图 3-44　尾气环流示意图

本书创新性地使用适宜精度弥散式气体监测模块代替传统泵吸式，从而减少抽气泵、管路、干燥器等大型配件，其装置结构图如图 3-45 所示。

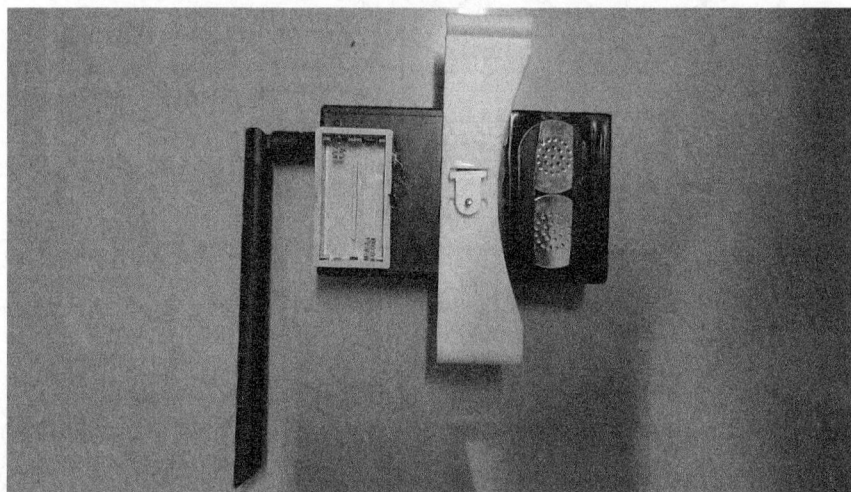

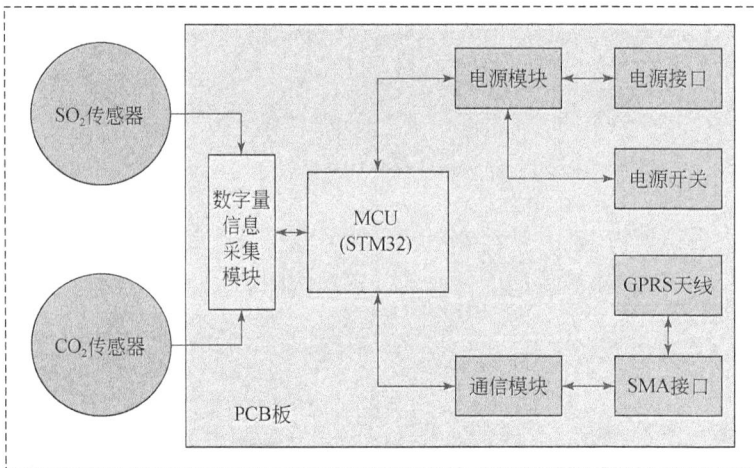

图 3-45　弥散式嗅探传感器实物图及结构图

气体传感器模组包含测定 SO_2、CO_2 传感器，均采用质量较轻的传感器。传感器采用串联的方式，气体先后经过 CO_2、SO_2 传感器。

1. 非色散红外 CO_2 传感器模组

非色散红外（non-dispersive infraRed，NDIR）传感器是一种由红外光源（IR source）、光路（optics cell）、红外探测器（IR detector）、电路（electronics）和软件算法（algorithm）组成的光学气体传感器。NDIR 传感器用一个广谱的光源作为红外传感器的光源，因为并没有一个分光的光栅或棱镜将光进行分光，所以叫非色散。光线穿过光路中的被测气体，透过窄带滤波片，到达红外探测器。通过测量进入红外传感器的红外光的强度，来判断被测气体的浓度。当环境中没有被测气体时，其强度是最强的，当有被测气体进入气室中，被测气体吸收掉一部分红外光，这样，到达探测器的光强就减弱了。通过标定零点和测量点红外光吸收的程度和刻度化，仪器仪表可以算出被测气体的浓度。传感器实物图如图 3-46 所示。

不同化合物的红外吸收光谱不一样。化合物是由不同种类的原子构成，如一个甲烷分子，由 1 个碳原子和 4 个氢原子构成的空间结构。当红外光照射到这个分子的时候，C 和 H 之间就发生了少量的往返位移，简称化学键振动。可以假想为 1 根弹簧，两头各栓 1 个小球。

因为原子非常小，也很轻，所以化学键振动的频率是很高的，例如甲烷中 C—H 键振动的频率就是 333kHz，中心波长是 3.3μm。不同分子的分子量不同，因此红外吸收的波长也就不一样，如图 3-47 所示。

直径：34.5mm，高度：30mm

图 3-46　传感器实物图

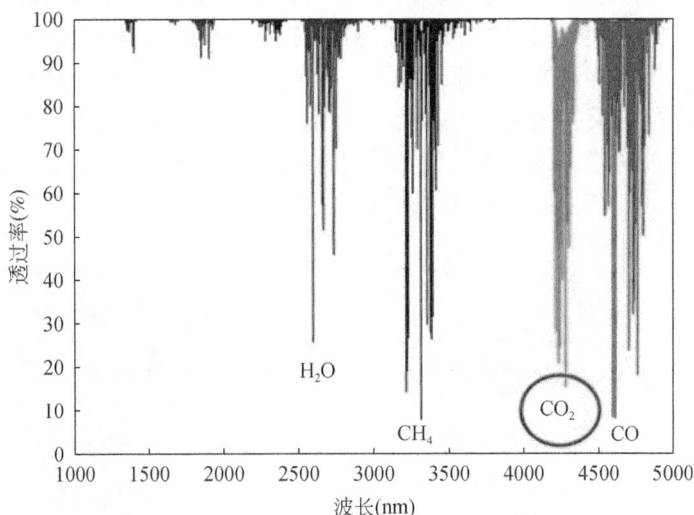

图 3-47　4 种气体分子的红外吸收光谱

非色散红外传感器主要用于测化合物，例如 CH_4、C_2H_2、C_2H_4、CO_2、N_2O、CO、CO_2、NH_3、VCM、CF_4、SF_6、乙醇、氟利昂等。

本仪器中的 CO_2 传感器采用的是非色散红外 CO_2 传感器，具有体积小、质量轻、精度适宜的特点。传感器具体参数如表 3-4 所示。

表 3-4　CO₂ 传感器参数

测量方法	NDIR 红外吸收检测原理
工作电压	DC 5 V
工作电流	I_{max}：100mA
信号输出方式	UART
储存温度	$-40 \sim 70℃$
工作温度	$0 \sim 50℃$
湿度范围	$0\% \sim 95\%$ RH（无冷凝）
通道	双通道
探测范围	$0 \sim 2000$ppm
测量精度	$\pm5\%$ 当前读数
响应时间	$\leqslant 30$s
预热时间	120s
壳体材料	铝合金
质量	30g

2. 电化学 SO₂ 传感器模组

电化学传感器通过与被测气体发生反应并产生与气体浓度成正比的电信号来工作。大多数电化学气体传感器是电流传感器，产生与气体浓度成线性比例的电流。

电化学气体传感器的工作原理如下：与传感器接触的目标气体分子首先通过一个防止冷凝的隔膜，它也起到防尘的作用。那么气体分子通过毛细管扩散，可能通过随后的过滤器，然后通过疏水膜到达感测电极的表面。在那里分子立即被氧化或还原，从而产生或消耗电子，从而产生电流（图 3-48）。

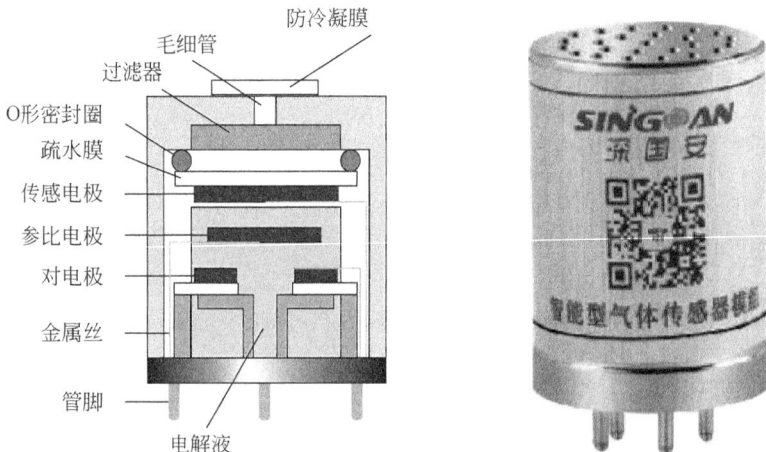

图 3-48　传感器原理及实物图

本仪器中的 SO_2 传感器采用的是电化学 SO_2 传感器，传感器具体参数如表 3-5 所示。

表 3-5　SO_2 传感器参数

测量方法	电化学
量程	0 ~ 1ppm
分辨率	10ppb
响应时间（T90）	≤30s
温度范围	−20 ~ 50℃
压力范围	1 个标准大气压±10%
湿度范围	15% ~ 90% RH（无冷凝）
长期稳定性	<2%信号值/月
储存温度	10 ~ 30℃
使用寿命	2 年（空气中）
储存时间	6 个月（专用包装盒中）
壳体材料	铝合金
质量	30g
方向性	无

3.3.3　适宜容量供电模块

传统传感器大多使用无人机电池供电，这种方式存在如下弊端。首先，若利用无人机电池供电，由于二者的电压需求不同，则需要二次开发才能使传感器正常供电，无形中又增加了无人机需要搭载的配件质量，从而减少无人机单次续航时间。其次，此方法增加了无人机电池的负载，减少了可以供无人机飞行使用的电量，缩短了无人机单次飞行时间。

微型嗅探传感器的功率约为 12W，这里采用 2 节 5 号电池供电代替传统使用无人机电池的方式，不仅可以降低无人机二次开发成本，且可以与无人机保持独立，便于拆卸。单节电池容量为 2775mW·h，两节电池容量为 5550mW·h。按照有效容量 70% 计算，有效容量为 3885mW·h。两节电池电压 3V。尾气检测吊舱的功率 30W，经计算可以支撑传感器连续工作 58min。通常电动旋翼无人机的飞行时间不超过 25min，供电模块可以支撑 2 个架次的船舶尾气检测（图 3-49）。

这样既保证了传感器工作所用电量，又减少了二次开发成本，同时提高了无人机飞行时长。

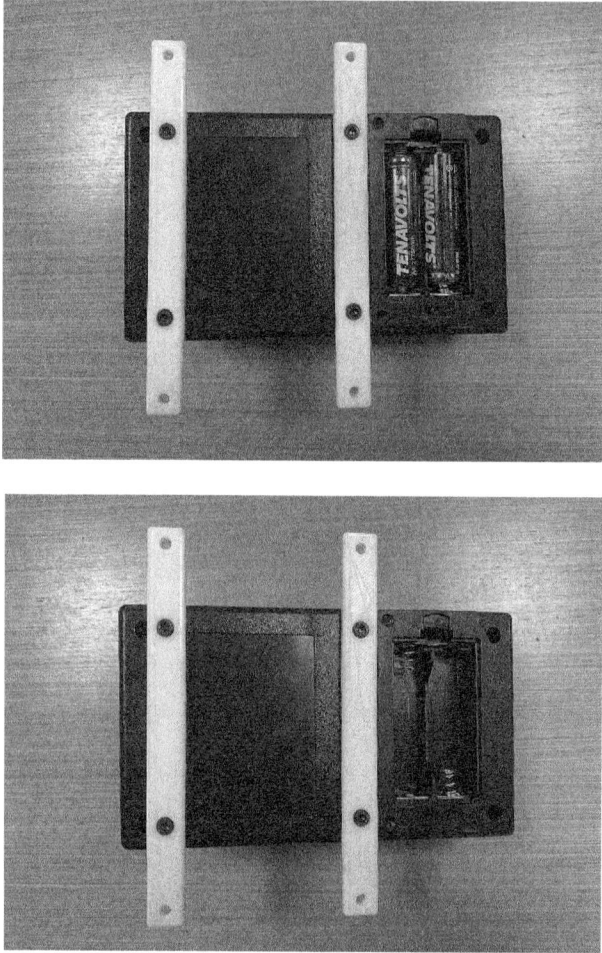

图 3-49　传感器供电模块

3.3.4　实时显示手段

传统传感器普遍具有数据处理模块及通信模块来完成数据传输。

本书创新性地采用嵌入式数据处理模块及报警指示灯模块相配合。设计搭载于无人机相机镜头前端的报警指示灯，将数据处理模块嵌入报警指示灯控制框架内，建立基于地面操控无人机方式的监测数据可视化表达，实现无人机船舶尾气嗅探结果的检测与识别。

当数据处理模块识别到二氧化碳浓度突然增高，而且与背景浓度相比涨幅超过了20%时，则指示灯亮紫灯，表示测到尾气。此时无人机将会暂时远离船舶尾气，完成该轮次的数据采集任务（图 3-50）。

图 3-50　监测到尾气指示灯（紫色）

数据处理模块开始处理此轮采集到的数据，当计算所得的燃油硫含量在 0.1%～0.25% 时，则指示灯亮黄灯，指示该船舶燃油硫含量可能超标。可以采取再次采样监测或者登船采样检测等进一步措施。

当计算所得的燃油硫含量在 0.25%～0.65% 时，则指示灯亮橙灯，指示该船舶燃油硫含量一定超过 0.1% 的限值标准，但是不一定超过 0.5%。可以采取登船采样检测等管控手段。

当计算所得的燃油硫含量在 0.65% 以上时，则指示灯亮红灯，指示该船舶燃油硫含量一定超过 0.5% 的限值标准。可以采取登船采样检测等管控手段。

通过该设计省去传统通信模块，完成监测数据可视化表达。而且从无人机遥控平台可以清晰地看到指示灯情况，飞手在操控无人机的同时就可以完成船舶尾气的遥测，大大提高了效率。

经过以上改进的传感器可以适配大疆精灵 4Pro 无人机。该无人机是目前国际上最热销的消费级微型无人机，价格在万元人民币以内，嗅探传感器可以固定在无人机的两个支架上，且操作简单，易于上手（图 3-51）。

3.3.5　小结

本节根据船舶烟囱口附近尾气浓度的波动范围和无人机的续航上限，首先采用适宜精度弥散式气体监测模块代替传统泵吸式从而减少抽气泵、管路、干燥器等大型配件。其次供电模块仅仅选用 2 节 5 号电池代替传统使用无人机电池的方式，不仅可以满足传感器的供电同时可以减少二次开发成本并提高无人机飞行时

图 3-51 大疆精灵 4Pro 实物图

长。再次采用嵌入式数据处理模块及报警指示灯模块相配合从而省去传统通信模块，完成监测数据可视化表达。通过以上传感器核心功能组件优选，创制时下最小的无人机载船舶尾气嗅探传感器，尺寸仅为 14cm×8cm×4cm，质量为 300g，适配微型无人机后不仅极大降低成本还可提高单次监测时长，提高了传感器的普适性、便捷性、适用性。

通过优选弥散式气体监测、供电、嵌入式数据处理、报警指示等硬件，集约化设计组件布局、壳体防护、适配无人机和挂载支架等集成方案，突破传感器小型化难题，创制时下最小的无人机载船舶尾气嗅探传感器（尺寸 14cm×8cm×4cm，质量 300g）。适配微型无人机后可极大降低整体解决方案的成本。满足船舶大气污染物排放控制区高效、精准的海事监管需要。

第4章 船舶尾气排放"陆海空"立体监测技术与精准管控系统及应用

4.1 船舶尾气排放"陆海空"立体嗅探遥测技术

4.1.1 多平台遥测站点建设技术

4.1.1.1 桥基平台要求

为了确保设备能够采集船舶尾气，同时避免桥上机动车尾气的干扰，设备的进气管路需要单独设计，进气管路需沿着桥侧向下延伸一定距离。不宜过长，以满足桥梁净空高度的要求；也不宜过短，以避免沿着桥面向两侧扩散的机动车尾气进入管路。另外，为了避免桥梁结构和机动车行驶对风速风向的干扰，风速风向传感器应当尽量靠近桥梁外侧，可固定在最外侧的栏杆上（图4-1）。

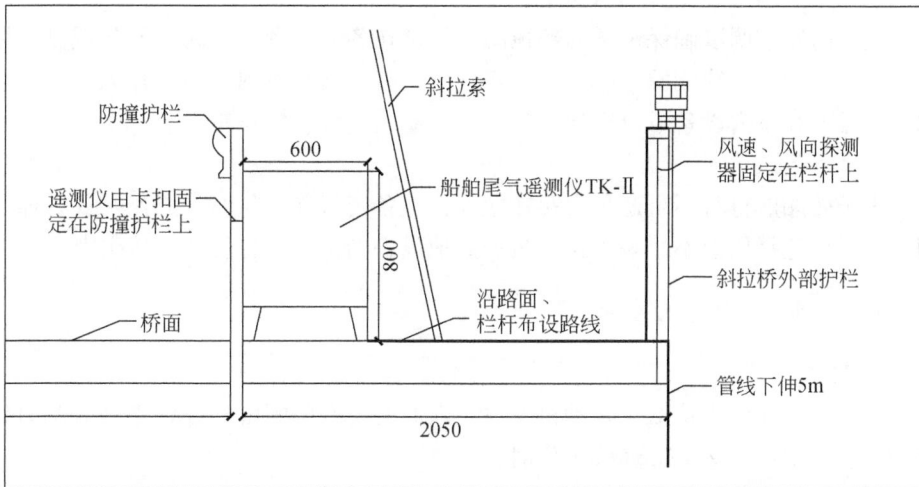

图4-1 桥上安装位置与进气管路和风速风向传感器位置示意图

4.1.1.2 岸基平台要求

①根据港区风速风向气象统计数据，将设备优先考虑布设于常风向的下风

向处；

②设备布设应尽量靠近水域，以保证设备与船舶航行航道间距离在有效监测范围内；

③设备布设尽量远离船舶停靠泊位，避免靠泊船舶尾气被多次识别，对在航船舶尾气监测产生干扰；

④设备尽量布设于空旷位置，避免周边码头作业区及道路移动式机械排放的气体污染物对设备监测结果产生影响；

⑤船舶尾气遥测仪进气口需要设置在一定高度，而岸边基本为空旷的场地，因此进气口布设应尽量依托码头灯桩等较高的建筑物，将抽气管攀附至特定高度。

4.1.1.3 船载平台要求

1. 避免自身尾气干扰

根据实践经验，避免海巡艇自身尾气的干扰，有两个途径，分别是船舶尾气遥测仪进气口远离海巡艇排气口和干扰数据自动识别与屏蔽。第一个途径，无论船舶尾气遥测仪安装在驾驶舱内或甲板上，其抽气管路必须沿桅杆向上，在最顶端抽气，以确保进气口尽可能地远离海巡艇的排气口；在正常的航行状态下，海巡艇尾气向后排放，不会产生干扰（图4-2）。

2. 优先将设备安装于驾驶舱内

设备内置空调以确保设备内部恒温，但是在冬天或者夏天时，制热或制冷用电量较大。为了节约能源，应当优先将设备安装于驾驶舱内，与工作人员共享空调。而且，在室内设备可以去掉防护外壳，质量更轻、体积更小。

3. 焊接固定

由于船舶航行时不可避免会存在颠簸，设备销售并交付时，必然需要在船上固定。需要选择船上不影响工作人员和其他设备的位置，将设备焊接生根。

4.1.1.4 机载平台要求

1. 接电

由于机上无法直接取用发动机发电，因此需要专门配备外置锂电池等临时供电配件，至少确保 2～3h 连续工作时长。

2. 可伸缩抽气杆

为了确保进气管路不会缠绕螺旋桨，引起飞行安全事故。船舶尾气遥测装备的进气管路应当内置于中空的钢管内，钢管不宜过长，由操作人员伸出机舱外。为了确保万无一失，宜在起飞前将抽气杆固定在直升机起落架上，避免人员操作失误引起安全事故。

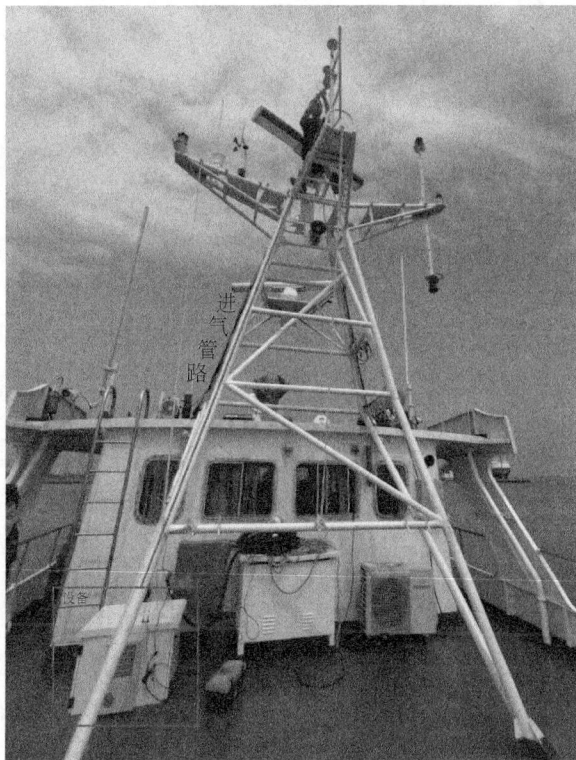

图 4-2　为避免海巡艇自身尾气干扰的进气口安装要求

3. 去防护壳和空调

飞机内空间狭小，且不存在日晒雨淋的情况，因此可以去掉防护壳和空调。

4.1.2　多平台监测技术体系

岸基和桥基是固定平台，将仪器布设于岸上或桥上固定位置，船舶尾气随风飘至仪器处进行监测，适合狭长航道（距离限制），没有平台本身的额外成本投入，属于被动式监测方法，其关键在于选址；船载和机载是移动平台，将仪器布设于船上或飞机上，由移动式的交通工具将仪器带至船舶尾气处进行监测，开阔水域、狭长航道均适合，船和飞机平台本身要比嗅探法监测系统的成本更高，属于主动式监测方法，其关键在于驾驶要求（兼顾尾气监测与航行安全）。

总体而言，固定平台和移动平台内部的原则是"内河桥基优先、沿海海巡艇优先"，固定平台和移动平台之间根据优势互补原则是"固定平台预警、移动平台追测"。

4.1.2.1　狭窄水域的桥基固定平台

桥基评估平台的应用根据尺度需要考虑 3 个方面的因素，分别是选桥规划、单桥布点与桥面定位。

1. 选桥规划

以长江江苏段为例，近 300km 的河口至南京的航道上，已建成跨江（主航道）大桥 9 座，按照从西到东、从上游往下游的顺序，依次是大胜关高铁桥、南京三桥、南京大桥、南京二桥、南京四桥、润扬大桥、泰州大桥、江阴大桥、苏通大桥。大桥是连接两岸人民经济和生活往来的重要通道，更是南北物资交流的主运输通道，未来还将建成沪通大桥、南京五桥、镇江无峰山铁路大桥等多座跨江桥梁。因此，江苏省境内有足够的桥梁可以建设桥基船舶尾气遥测站。

有鉴于大胜关高铁桥与南京三桥较近（距离 1.5km），朝向一致（东南—西北走向），因此择一即可。考虑到大胜关高铁桥是铁路大桥，设备的安装和维护不方便，因此选择南京三桥。南京大桥是公铁两用桥，设备的安装和维护不方便，且嗅探法需要监测的风速风向参数容易受到铁路经过的干扰，因此不便利用该桥。另外，该桥距离南京二桥、南京三桥、南京四桥等均较近，存在重复建设的问题。南京二桥和南京四桥距离较近（约 10km），朝向稍有差别，分别是东南—西北走向（与南—北向约 30°夹角）和南—北走向。考虑到南京二桥分南汊桥和北汊桥，如果南北两处都建站，所需设备数量和成本高出一倍，因此选择南京四桥。

因此，南京三桥和南京四桥，以及下游的润扬大桥、泰州大桥、江阴大桥、苏通大桥四座桥，组成适合江苏省的"六桥"固定遥测站方案。

"六桥"固定遥测站方案是否存在监测覆盖点位分布过密、重复监测等情况，尤其是桥梁走向一致的南京三桥和江阴大桥（东北—西南走向）以及南京四桥、润扬大桥和苏通大桥（南—北走向）是否会存在监测覆盖点位分布过密、重复监测等情况，但是"六桥"固定遥测站建设是必要的，理由如下：

（1）航道开放，船舶航程起终点不定，站点需要均匀分布

长江深水航道江苏段并非一个闭合的航道，船舶可以自长江口一路至南京，也可以从上游经安徽进入江苏，同样也可以在江苏省内出发和靠泊。因此，为了对航道内大部分的船舶实施有效的监管，有必要在空间上尽量均匀分布固定遥测站。

（2）即使气象条件满足，桥基固定遥测站依然存在漏检概率

航道与公路不同的是，航道内没有"白色虚线"进行细分。因此，在无安全风险的情况下，船舶在航行时相对比较随意。例如，苏通大桥的南北两处桥墩距离 1080m，上行航道和下行航道各 400m 宽。由于船舶尾气扩散至桥面的气团

直径不足 400m（一般在 50 ~ 100m 左右），因此桥基固定遥测站只能监测到靠近航道中心线行驶的船舶，而对偏离中心线较远的船舶无能为力。因此，多个桥基固定遥测站有助于降低漏检概率。

（3）航运繁忙导致桥墩固定遥测站无法准确辨识嫌疑船舶

长江航运十分繁忙，尤其是江苏段和长江口段。桥梁跨越长江，桥梁所处位置代表长江的一个剖面，经现场观测和船舶 AIS 数据分析可知，很多情况下会出现多艘船舶同时经过桥梁的情况，例如两三艘船舶并行过桥、上行和下行同时出现、短时间内多艘船舶鱼贯而过等。由于尾气气团随着扩散不断变大，2 ~ 3min 内多艘船舶经过同一个剖面就有可能造成尾气团混合，遥测结果是多艘船舶的混合结果，一个结果对应多个嫌疑船舶。庆幸的是，这些船舶出现在同一个剖面是一个随机的结果，多艘船舶在多个剖面都同时出现的概率极小。因此，多个桥墩固定遥测站有助于提高嫌疑船舶的准确识别率。

2. 单桥布点

以苏通大桥为例，苏通大桥呈南北走向。为了充分利用桥梁作为长江上的"安检门"价值，可以在桥上布设 4 个船舶尾气遥测站点，分别是北桥墩、南桥墩、上行航道正上方桥面和下行航道正上方桥面。北桥墩的适宜风向为南风，南桥墩的适宜风向为北风，相当于两处岸基平台固定遥测站点。上行航道正上方桥面和下行航道正上方桥面适宜静风天气，船舶尾气自下而上扩散至桥面；同时，也适宜东风和西风天气，相当于两处岸基平台固定遥测站点，航道上距离较远处的船舶尾气扩散至桥梁位置时气团膨胀得足够大，也能够被测到。因此，一座桥梁布设 4 个遥测站点，通过组合可以实现全天时、全覆盖监测（图 4-3）。

图 4-3 单桥布点方案，正方形为遥测设备，灰线为抽气管路

3. 桥面定位

以苏通大桥上行航道正上方桥面为例，由于航道 300m 宽，船舶在航道上航行具有一定的随意性，因此船舶尾气遥测站点的桥面定位十分关键，合理的桥面定位可以提高静风天气的检测率。具体方法如下：

船讯网免费共享所有船舶的 30 天内的 AIS 数据，从中可以显示任何一艘船舶的航行轨迹。图 4-4 是船讯网上的某一艘船长 147m 的名为"长江××"的货船的轨迹，该船在上行时通过苏通大桥的位置坐标为北纬 31°46.762′、东经 120°59.716′。

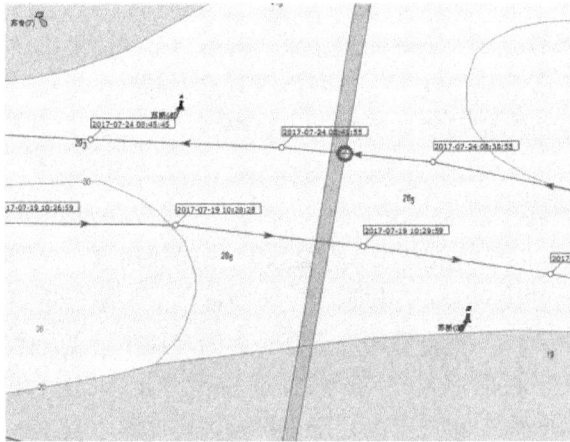

图 4-4　通过某船舶 AIS 数据确定其经过苏通大桥位置

据统计，每天经过苏通大桥上行的船长超过 120m 的船舶数量是 30～50 艘。根据船舶 AIS 数据共享平台中船舶航行轨迹数据，挑选具有统计意义数量的大型船舶（船长大于 120m），提取其航行轨迹与桥梁正上方交点的经纬度，将所有船的数据进行平均作为船舶过桥的中心位置。小船的航行有较大的随意性，而且其尾气排放量小，桥面定位不予考虑。经过统计，合理的桥面定位位置是北纬 31°46.742′，由于苏通大桥是南北向，因此不需要经度坐标，仅靠纬度坐标就能确定精准的船舶过桥中心位置，该处位置距离北桥墩约 350m。

经过试点研究，发现桥面还有一个额外的优势，即可以过滤掉只能使用柴油的小船的干扰。如图 4-5 所示，小船的尾气管与机动车类似，位于船尾后方，水平向后排放尾气，尾气排放量小；大船的尾气管与烟囱类似，位于船舶后方，垂直向上排放尾气，尾气排放量大得多。由于大船的尾气管本身就距离水面有一定的高度（10～30m 左右），而且尾气排放量大，因此尾气扩散至桥面时虽然经过稀释但是没有完全融入背景中；而小船的尾气管贴近水面，而且尾气排放量小得多，因此尾气扩散至桥面时已经稀释到完全融入背景中。大船具备使用高硫油的条件，而小船只使用柴油。因此，在桥面建设船舶尾气遥测站能够发挥监测功能，且不受过往小船的影响。

图4-5　桥面固定平台具有天然的不受小船干扰的效果示意图

4.1.2.2　狭窄水域的岸基固定平台

岸基固定平台的应用需要考虑两方面的因素，分别是选址规划和高度要求。前者从成本和效益角度优化船舶尾气遥测站建站投资，后者是从监测效果角度优化能够避免小船尾气干扰的办法。

1. 选址规划

岸基固定平台的选址需要考虑地形条件、航道条件和常见风向。地形条件要求周边空旷，保证站点位置监测的风速风向与航道上的一致；航道条件与岸边的距离关乎监测信号强弱，越近越好；常见风向关于监测到船舶尾气的概率，位于常见风向的下风向最好。

以长江航道南通段为例，根据风玫瑰图（图4-6），当地常见风向是东北、东、东南（概率为23%～26%），其次是南、北、西北（概率为16%～19%），最不常见风向是西南风（概率约为10%），其中无风或者微风天气的出现概率约20%。

本航道可作为岸边选址的位置有三处（图4-7），分别是西段的开沙岛最南侧的码头上，中段的黄泥山突堤上的长江第一灯塔，以及苏通大桥的北桥墩。开沙岛方案的位置距离航道中心线约500m，如果船舶航行较随机，则约有50%的船舶位于500m距离范围内，其余50%船舶则无法被监测到；结合16%左右的南

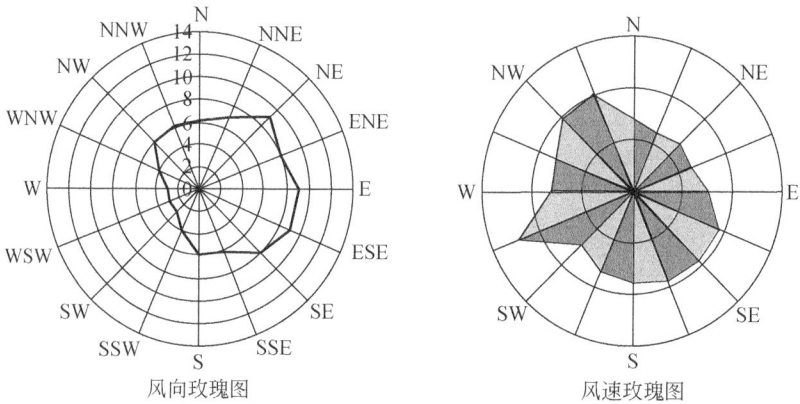

风向玫瑰图   风速玫瑰图

图 4-6 南通市风玫瑰图

风出现概率, 当地船舶能被监测到的概率是 8%。黄泥山的长江第一灯塔方案的位置距离航道中心线约 300m, 如果船舶航行较随机, 则约有 80% 的船舶位于 500m 距离范围内, 其余 20% 左右的船舶则无法被监测到; 结合 10% 左右的西南风出现概率, 当地船舶能被监测到的概率是 8%。苏通大桥的北桥墩方案的位置距离航道中心线约 350m, 如果船舶航行较随机, 则约有 70% 的船舶位于 500m 距离范围内, 其余 30% 船舶则无法被监测到; 结合 16% 左右的南风出现概率, 当地船舶能被监测到的概率是 10.2%。

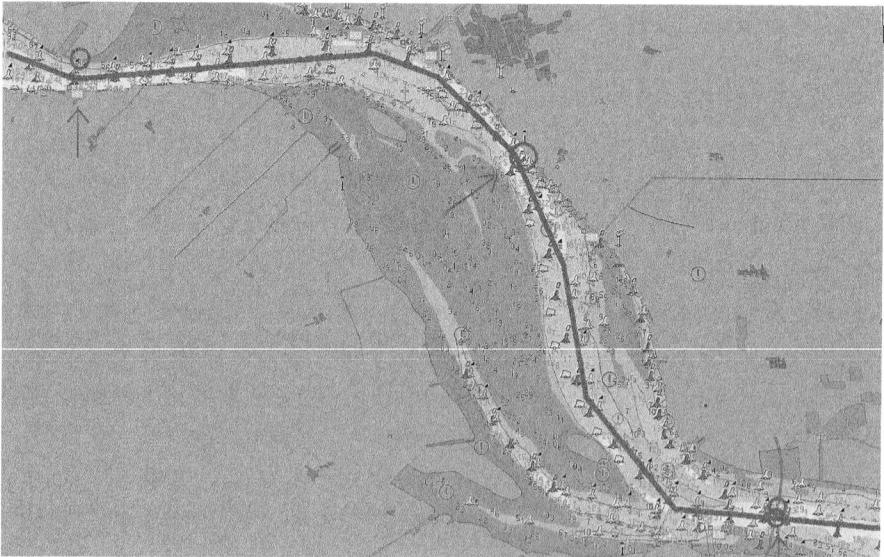

图 4-7 长江航道南通段的 3 处候选岸基固定平台船舶尾气遥测站点选址

从监测概率角度分析,苏通大桥的北桥墩是最佳选址。另外,周边其他排放源的干扰也是选址需要考虑的重要因素,开沙岛对面是沙钢集团且有火力发电厂,南风时监测到的尾气浓度可能受到严重的干扰。

2. 高度要求

岸基平台与桥基平台在外界环境干扰方面有一个较大的区别,即岸基平台易受近处小船尾气的干扰(图4-8)。干扰的程度主要依据混合尾气中不同船舶尾气的比例,小船的比例越低,则干扰越轻。如果小船和大船在一处位置,则该比例与船舶尾气源强直接相关;如果小船和大船不在一处位置,则该比例还与距离和高度相关。

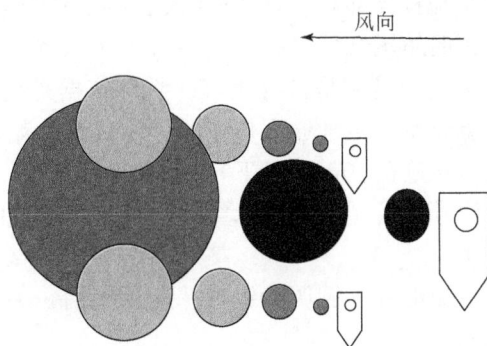

图4-8 岸基固定平台易受近处小船干扰的效果示意图

从通航安全角度考虑,一般大船会严格按照深水航道航行,而小船则会避开深水航道(贴近岸边航行)。船舶航行情况是客观存在的,无法改变,为了避开小船尾气的干扰,只能从船舶尾气遥测站点的高度去解决。通过提升高度,可以保证近距离的小船尾气扩散至监测点位时气团尚不足够大,而远处大船尾气扩散至监测点位时气团已足够大。

根据前期积累的船舶尾气扩散高斯模拟和现场实测经验,岸基平台船舶尾气遥测站点的建设高度是距离水面30m左右,在建设条件不可控的情况下可选择在20~40m。

4.1.2.3 开阔水域的船载移动平台

船载移动平台的应用需要考虑3个方面的因素,分别是成本、避免自身尾气干扰和满足船舶尾气监测需要的驾驶要求。成本是推广应用的关键因素之一,避免自身尾气干扰是从监测效果角度尽可能避免将自身的尾气误认作其他船舶的尾气,满足船舶尾气监测需要的驾驶要求是兼顾航行安全和监测效果角度优化平台的应用方式。

1. 成本

海巡艇移动平台的优势是可以主动适应风速风向，也能主动缩短与被测船舶的距离，这是移动平台的优势。缺点是平台运行成本较高，与只需要供电的固定平台相比，还有燃油消耗成本和船上工作人员人工成本。因此，推广应用的监管是结合海巡艇的日常巡逻任务，顺道开展船舶尾气监测。

2. 避免自身尾气干扰

为了尽可能避免自身尾气干扰，同时提高监测船舶的效果，采气口要尽可能的高，一般是将采气口设置在桅杆的顶部。虽然海巡艇的尾气排放往往位于船尾接近水面处，海巡艇在急停、启动、转弯等过程中，自身排放的尾气存在一定的概率弥漫整艘船（包括桅杆顶部），这就需要人去判断船舶尾气信号是否来自海巡艇自身。一旦监测到船舶尾气信号时（即 SO_2 和 CO_2 浓度先升后降的波峰），首先利用阈值分析算法判别是否是自身尾气，判别依据是超高浓度的 CO_2 增长量。根据实践经验，艇载船舶尾气遥测作业时，距离目标船舶至少 200m，尾气信号较弱（ CO_2 浓度增长量在 20ppm 以下）；而测得自身尾气信号时，距离排气口不超过 20m，尾气信号较强（ CO_2 浓度增长量在 50ppm 以上）。

3. 海巡艇驾驶要求

以长江口主辅航道交汇处（圆圆沙锚地，航运繁忙）为例（图 4-9），分情况介绍海巡艇的驾驶要求：

图 4-9　长江口主辅航道交汇处开展艇载船舶尾气遥测作业示例

当风向为北风、东北风时，海巡艇只需要抛锚在图 4-9 中的位置（2）——

圆圆沙锚地北侧边界附近，距离航道 500m 以内，即海巡艇与进出长江船舶有一个错身即可。风会自行将北侧的在航船舶的尾气带到海巡艇处。

当风向为东风、东南风时，海巡艇可尾随驶离长江的船舶 2～3min，即海巡艇浸泡在目标船舶的尾气带中，距离目标船舶 500m 以内。

当风向为南风、西南风时，海巡艇只需要抛锚在图 4-9 中的位置 (1) ——横沙锚地南侧边界附近或者位置 (3) ——圆圆沙锚地南侧边界附近，距离航道 500m 以内，即海巡艇与进出长江船舶有一个错身即可。风会自行将南侧的在航船舶的尾气带到海巡艇处。

当风向为西风、西北风或者微风天气时，海巡艇尾随驶入长江的船舶约 2～3min，即海巡艇浸泡在目标船舶的尾气带中，距离目标船舶 500m 以内。

4.1.2.4　开阔水域的机载移动平台

机载移动平台的应用需要考虑两方面的因素，分别是成本和满足船舶尾气监测需要的驾驶要求。成本是推广应用的关键因素之一，满足船舶尾气监测需要的驾驶要求是兼顾航行安全和监测效果角度优化平台的应用方式。

1. 成本

有人机移动平台的优势是可以主动适应风速风向，也能主动缩短与被测船舶的距离，这是移动平台的优势。缺点是平台运行成本较高，大多数时间和成本消耗在往返监测的途中，而且每次飞行时长较短；相比海巡艇移动平台，成本明显更高，且受空中飞行管制的制约。因此，宜结合救助局的日常搜救训练，顺道开展船舶尾气监测。

2. 驾驶要求

直升机螺旋桨存在空气下吸效应，因此直升机应当停留在尾气烟羽的中下部，避免停留在尾气烟羽上方。

机载移动平台主要分为旋翼机载平台和固定翼机载平台。目前，我国空中管制较严格，且由于固定翼速度快、无法悬停，因此建议采用旋翼机载平台。应用无条件制约，成本是其推广应用的最大阻力。应用过程中只需飞入船舶尾气烟羽中即可，具体位置取决于船舶的航速航向和风速风向 (图 4-10)。

4.1.2.5　固定平台和移动平台组合应用体系

在试点过程中，发现了一些对固定平台不利的现象。技术应用后，不少船东已经知道了在航船舶尾气嗅探遥测技术的存在，采取了在航使用高硫油、靠泊前切换成低硫油的应对策略，导致在航期间的嗅探遥测结果与靠泊期间的登船检查结果出入较大。问题主要是登船检查存在较长的时间滞后性，驶往南京港的船舶是在经过苏通大桥后的 2 天才会到港。

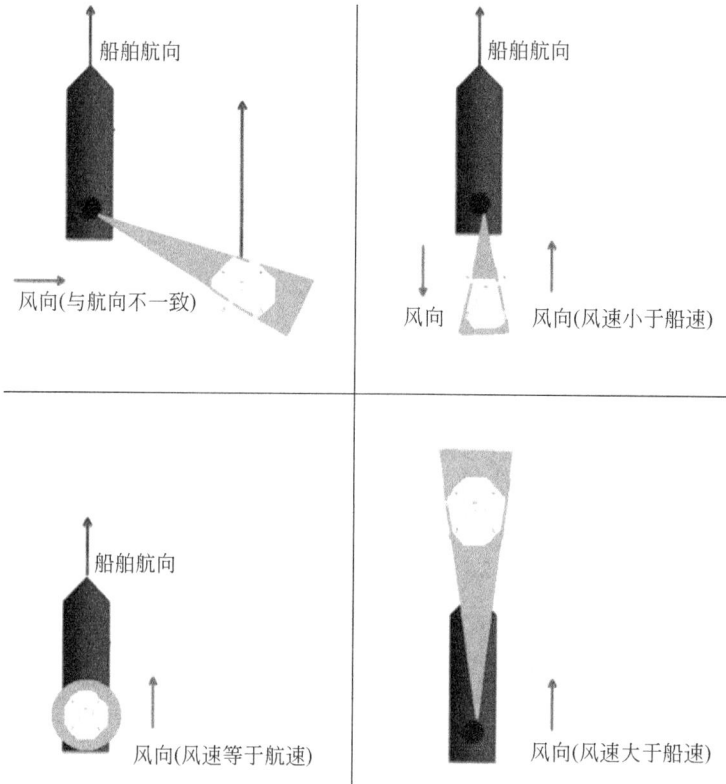

图 4-10 机载移动平台与被测船舶相对位置关系示意图

为了解决这个问题，提出了固定平台和移动平台组合应用的模式，即"固定平台预警、移动平台追测"（图 4-11）。具体包括 5 个过程：

①固定平台嗅探遥测预警。固定平台嗅探遥测硫含量超标船舶，并向指挥中心提供目标船舶身份、位置和目的地港信息。

②指挥中心就近调度海巡艇。指挥中心根据目标船舶的位置和目的地港，预判船舶的航程及特定时间的位置。根据海巡艇的部署，就近调用海巡艇并派发追测任务。

③海巡艇追测目标船舶。海巡艇搭载船舶尾气遥测装备抵近追测，判断当下该船的燃油硫含量是否超标。

④移动平台嗅探遥测决策。一旦确定目标船舶燃油硫含量超标，向指挥中心汇报并启动拦停登船检查的机制，包括选择最近锚地等。

⑤拦停登船检查并反馈。目标船舶在锚地停稳后，海巡艇向该船靠拢，并利用船上放下的悬梯迅速登船抽取油样，查获该船违规使用高硫油的事实。

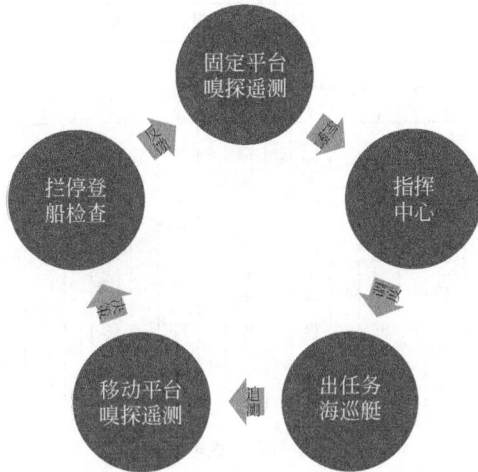

图 4-11　"固定平台预警、移动平台追测"组合应用流程

4.2　船舶尾气排放智能遥测、精准溯源与执法查证系统

4.2.1　船舶尾气遥测分析与嫌疑船舶锁定子系统

本子系统实现 3 个核心能力：①从船舶尾气排放遥测站点的遥感数据中接入原始数据。②分析原始数据（SO_2、NO、NO_2 和 CO_2 浓度曲线），估测燃油硫含量。③根据风速风向数据和船舶 AIS 数据构建包括智能识别嫌疑船舶的算法，实现嫌疑船舶锁定功能。为便于用户管理接入数据，监测到数据接入状态，能从历史接入数据中看出规律，能快速判别嫌疑船舶，也能将违规船舶追为重点监管对象，该子系统总体架构设计时将这三项能力需求模块化设计成包括船舶尾气信息实时接入、船舶尾气信息实时监测、船舶尾气历史信息分析、嫌疑船舶锁定管理、违规船舶信息管理、船舶全息地图管理、远程监测用户信息管理等功能模块（图 4-12）。

4.2.1.1　船舶尾气信息实时接入

1. 系统概述

船舶尾气信息实时接入模块基于计算机、网络通信技术，通过在船舶航行区域综合考虑船只密度、监测难度、气候条件等进行选址安装监测点，将监测点周围的船舶 AIS 信息、风速风向、CO_2 气体浓度、SO_2 尾气浓度通过专用的传感器

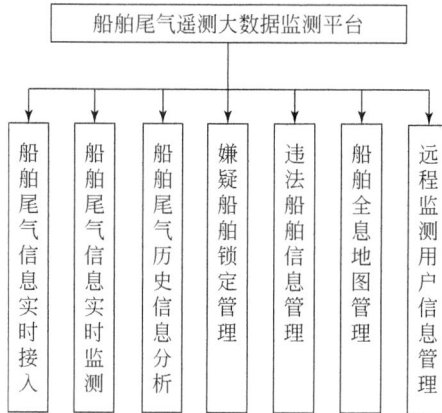

船舶尾气遥测大数据监测平台

船舶尾气信息实时接入 | 船舶尾气信息实时监测 | 船舶尾气历史信息分析 | 嫌疑船舶锁定管理 | 违法船舶信息管理 | 船舶全息地图管理 | 远程监测用户信息管理

图 4-12　框架图

传输至监测设备解析后上传到云端数据库。该系统具备实时采集、断电续传、定期清理、实时曲线显示等功能，同时系统内部配备了稳压 UPS，可在检测到供电异常后及时关机，防止突然停电引起硬件故障。

2. 系统功能架构

数据接入是数据分析和数据库建设的基础，船舶尾气信息实时接入功能模块，主要是将二氧化碳浓度信息、二氧化硫浓度信息、风向信息、风速信息、船舶编号信息、船舶名称信息、船舶时间信息、船舶定位信息等实时接入服务器中，并进行统计分析（图 4-13）。

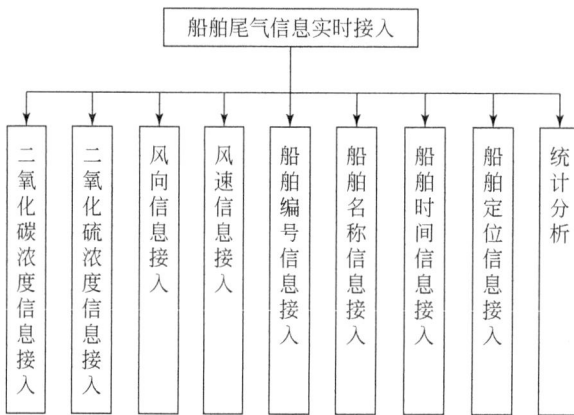

船舶尾气信息实时接入

二氧化碳浓度信息接入 | 二氧化硫浓度信息接入 | 风向信息接入 | 风速信息接入 | 船舶编号信息接入 | 船舶名称信息接入 | 船舶时间信息接入 | 船舶定位信息接入 | 统计分析

图 4-13　船舶尾气信息接入功能框架图

3. 核心处理流程

船舶尾气实时接入模块核心处理流程图如图 4-14 所示。

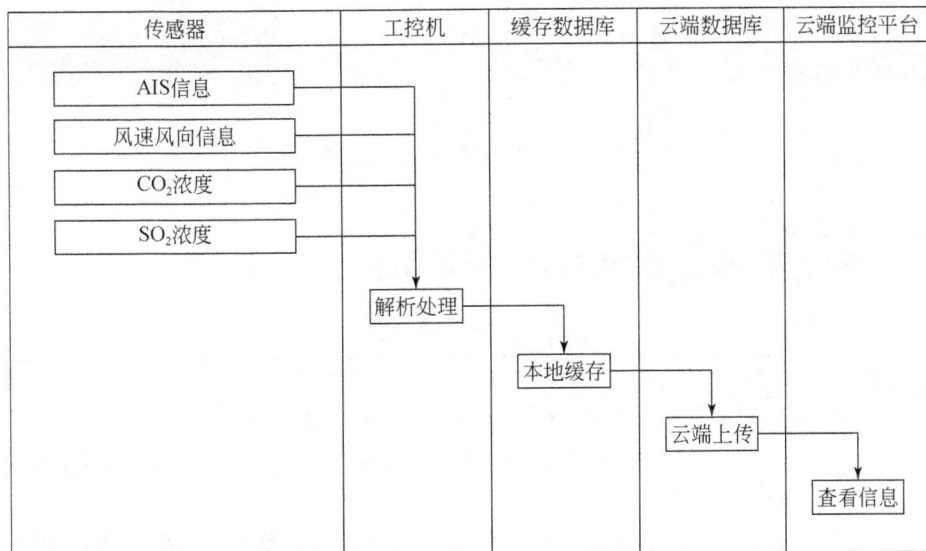

图 4-14　船舶尾气实时接入模块核心处理流程图

4. 系统数据流图

系统数据流图如图 4-15 所示。

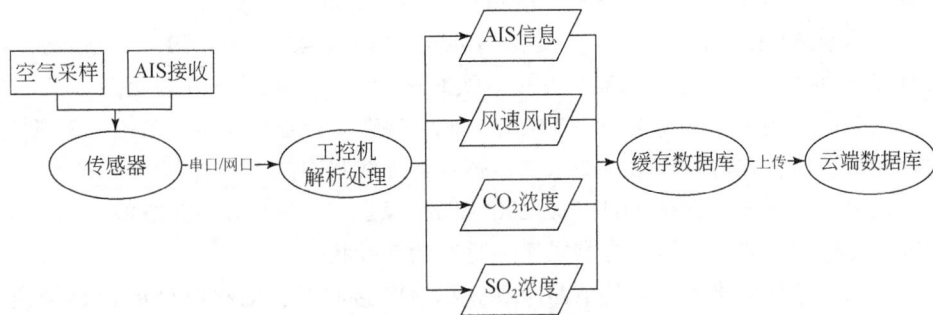

图 4-15　系统数据流图

5. 系统外部接口关系

船舶尾气信息实时接入模块与船舶尾气信息实时监测模块、船舶尾气历史信息分析模块、嫌疑船舶锁定管理模块、违法船舶信息管理模块有数据传输。其中，船舶尾气信息实时接入系统为这些模块提供交调数据，如图 4-16 所示。

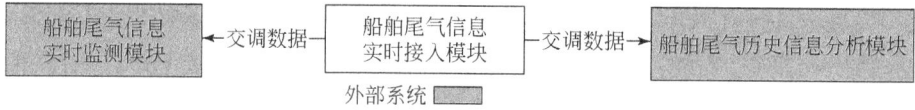

图 4-16　系统外部接口关系图

6. 系统用户

本模块的用户及其对应系统的主要操作如表 4-1 所示。

表 4-1　系统用户表

序号	用户	主要操作
1	普通用户	查看实时尾气浓度曲线、风速风向、AIS 数据
2	管理员	查看实时尾气浓度曲线、风速风向、AIS 数据；上传数据；修改软件参数
3	超级管理员	查看实时尾气浓度曲线、风速风向、AIS 数据；上传数据；修改软件参数；清理过期数据

7. 系统功能设计

二氧化碳浓度信息接入。支持 LICOR-850、LICOR-7000、Wi. Tec-Sensorik 三种型号的 CO_2 传感器，并可以实时检测 CO_2 传感器的在线状态。

二氧化硫浓度信息接入。支持 Thermo Fisher 43i、HORIBA-APSA-370、API100 三种型号的 SO_2 传感器，并可以实时检测 SO_2 传感器的在线状态。

风向信息接入。支持 FRT-FWS200、FY-CW2、VAISALA-WXT530 三种型号的风向传感器，并可以实时检测风向传感器的在线状态。

风速信息接入。支持 FRT-FWS200、FY-CW2、VAISALA-WXT530 三种型号的风速传感器，并可以实时检测风速传感器的在线状态。

船舶编号信息接入。支持 NAR-1000 型 AIS 接收机，对接收到的数据解码，提取船舶编号信息更新到船舶数据库，同时定期进行去重处理。

船舶名称信息接入。支持 NAR-1000 型 AIS 接收机，对接收到的数据解码，提取船舶名称信息更新到船舶数据库，同时定期进行去重处理。

船舶时间信息接入。从工控机本地系统提取经过网络同步处理的时间信息。

船舶定位信息接入。支持 NAR-1000 型 AIS 接收机，对接收到的数据解码提取经纬度信息，判断该位置是否在站点识别范围内，若不在，则忽略该信息；若在，则将该经纬度写入数据库。

统计分析与其他。所有传感器信息的采集日志均有记录可查。若系统发生异常断电，也会记入日志，在供电恢复后可继续上传相关数据，不会造成数据丢失。软件内置相关参数设置入口，可自行设置操作参数和站点属性。

4.2.1.2　船舶尾气信息实时监测

1. 系统概述

船舶尾气信息实时监测模块是对船舶尾气实时接入系统上传的数据进行实时显示，可直观快速地了解最近几分钟的尾气浓度、风速风向、AIS 信息等变化情况。其中，CO_2 和 SO_2 尾气浓度使用变化曲线展示，风速风向使用仪表盘展示，AIS 信息使用以站点为中心、带距离标识的雷达图展示，每艘船只均对应图中一个船型图标，单击图标可查看船只详情，底图为 GIS 地图，有助于用户直观判断船舶所在位置。

2. 系统功能架构

船舶尾气信息实时监测功能模块，主要是实时监测尾气气体曲线，查看最近时间段内空气中二氧化碳、二氧化硫浓度情况，根据其波峰波谷异常值判断船舶燃油硫含量是否符合排放控制区标准。船舶尾气信息实时监测的功能组成，主要包括二氧化碳浓度、二氧化硫浓度等尾气信息的实时监测和船舶编号、船舶经纬度、船舶经过时间等船舶信息的实时监测两部分内容（图 4-17）。

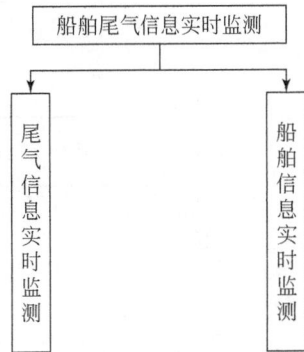

图 4-17　船舶尾气信息实时监测功能框架图

3. 核心处理流程

船舶尾气信息实时监测模块核心处理流程图如图 4-18 所示。

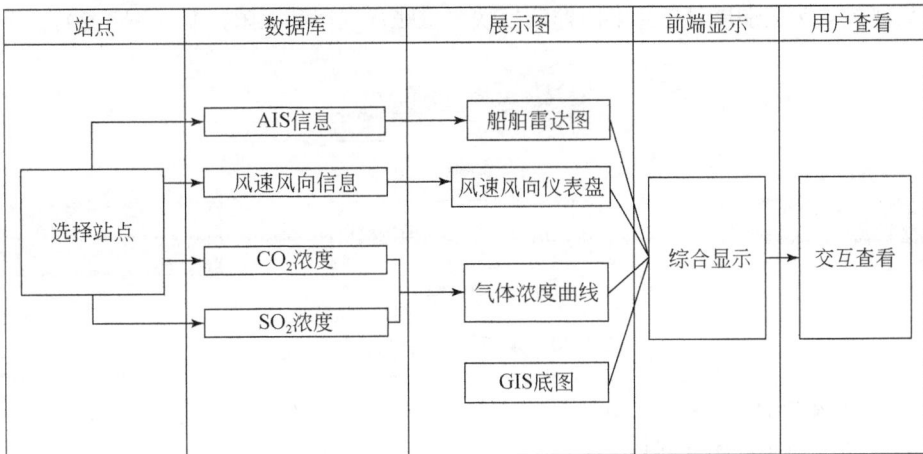

图 4-18　船舶尾气信息实时监测模块核心处理流程图

4. 系统数据流图

系统数据流图如图 4-19 所示。

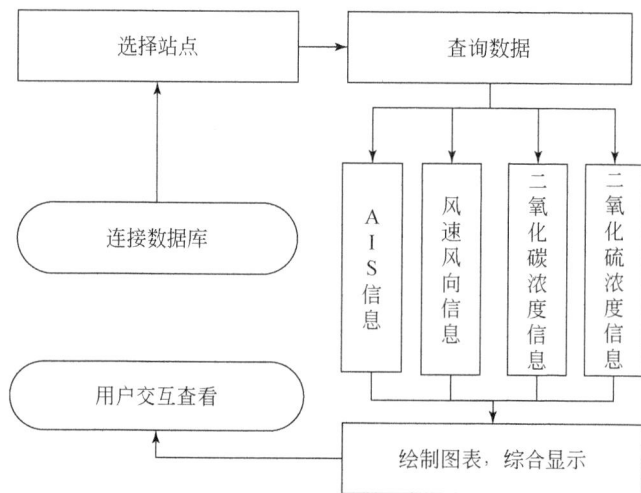

图 4-19 系统数据流图

5. 系统外部接口关系

船舶尾气信息实时监测模块与船舶尾气信息实时接入模块、船舶全息地图管理模块、远程监测用户信息管理模块有相关性。其中，船舶尾气信息实时接入模块为船舶尾气信息实时监测模块提供原始数据，船舶全息地图管理模块为船舶尾气信息实时监测模块提供 GIS 底图，以便直观查看周边船舶位置，远程监测用户信息管理模块为船舶尾气信息实时监测模块提供账户支持和权限控制（图 4-20）。

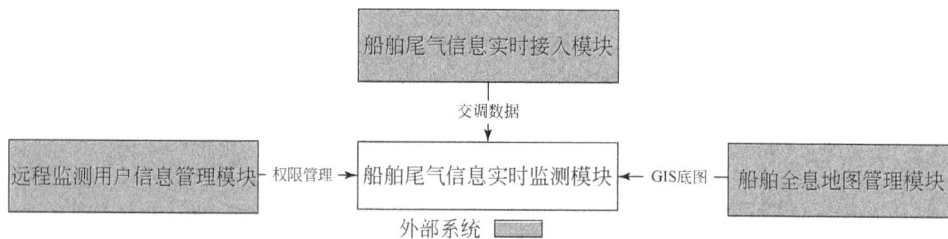

图 4-20 系统外部接口关系图

6. 系统用户

系统用户表如表 4-2 所示。

表 4-2　系统用户表

序号	用户	主要操作
1	普通用户	查看站点在线状态；查看站点实时气体浓度曲线；查看风速风向仪表盘；查看周边船舶雷达图
2	管理员	查看站点在线状态；查看站点实时气体浓度曲线；查看风速风向仪表盘；查看周边船舶雷达图；数据下载；添加、修改、删除普通用户
3	超级管理员	查看站点在线状态；查看站点实时气体浓度曲线；查看风速风向仪表盘；查看周边船舶雷达图；数据下载；添加、修改、删除普通用户和管理员

7. 系统功能设计

尾气信息实时监测。实时监测二氧化碳浓度、二氧化硫浓度、风向风速等尾气信息，并计算尾气平均值。

船舶信息实时监测。实时监测过往船舶编号、名称、位置、时间等船舶信息。

4.2.1.3　船舶尾气历史信息分析

1. 系统概述

船舶尾气历史信息分析模块对数据库中已采集到的历史传感器数据进行分析，通过框选本底和尾气波峰所在的时间段，采用嗅探算法计算硫含量和识别误差，得出该时间段内所有行驶船舶的嫌疑程度，并按嫌疑度从大到小排序，操作人员根据计算结果和经验判断最可能违规的船舶。同时，该系统还可对历史特定时间段内的船舶进行统计分析和风玫瑰图制作。

2. 系统功能架构

船舶尾气历史信息分析功能模块，全天候监测尾气排放情况，可查看一天内任意时间的二氧化碳、二氧化硫浓度，并计算二氧化碳、二氧化硫平均值（图 4-21）。

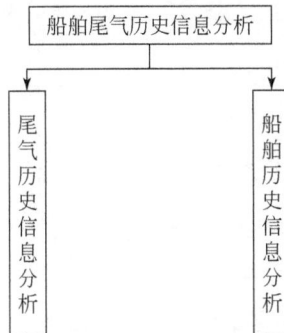

图 4-21　船舶尾气历史信息分析功能框架图

3. 核心处理流程

船舶尾气历史信息分析模块核心处理流程图如图 4-22 所示。

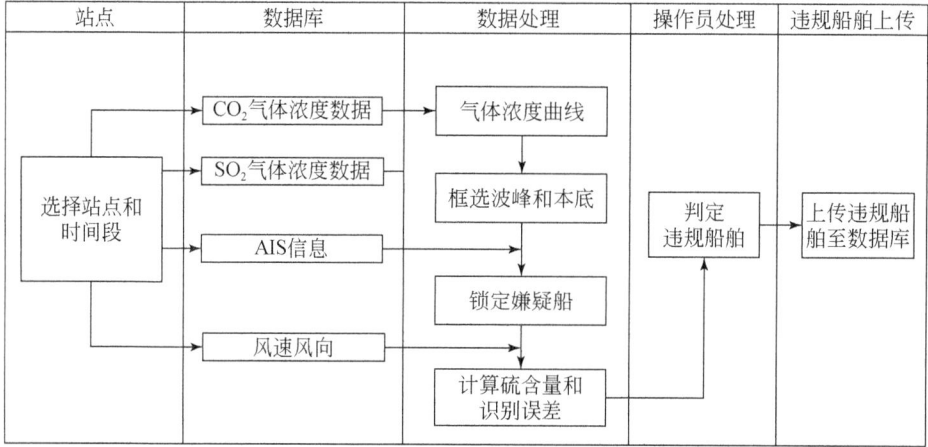

图 4-22　船舶尾气历史信息分析模块核心处理流程图

4. 系统数据流图

系统数据流图如图 4-23 所示。

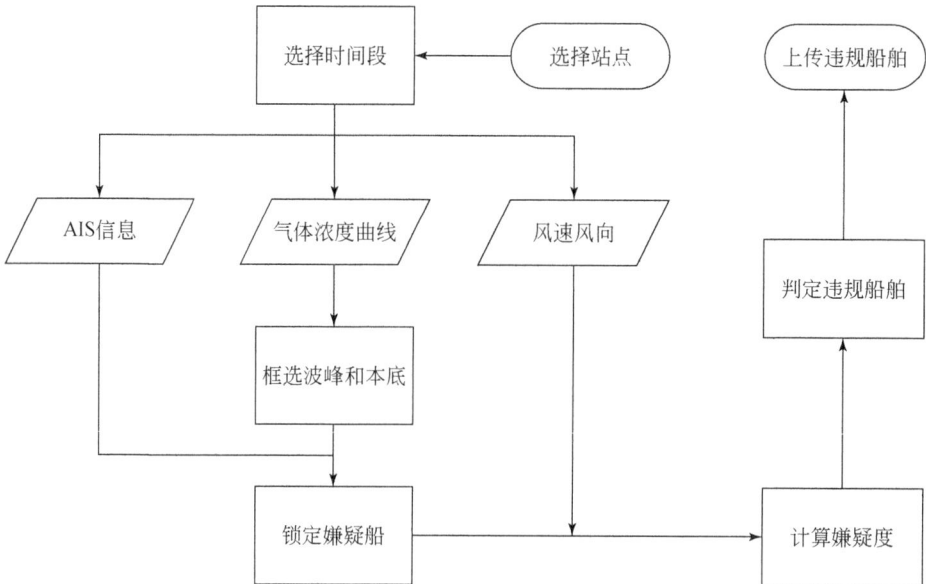

图 4-23　系统数据流图

5. 系统外部接口关系

船舶尾气历史信息分析模块与船舶尾气信息实时接入模块、远程监测用户信息管理模块、嫌疑船舶锁定管理模块相关。船舶尾气信息实时接入模块为船舶尾气历史信息分析模块提供原始数据；远程监测用户信息管理模块为船舶尾气历史信息分析模块提供账户支持和权限控制；船舶尾气历史信息分析模块为嫌疑船舶锁定管理模块提供嫌疑船舶清单（图 4-24）。

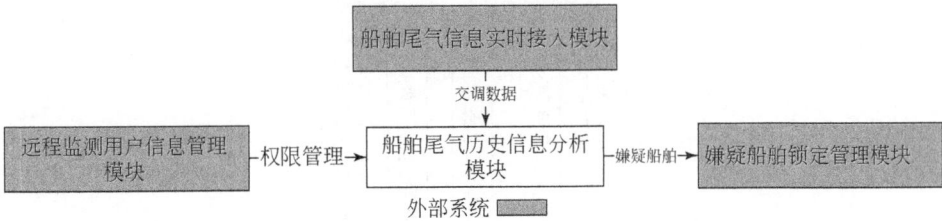

图 4-24　系统外部接口关系图

6. 系统用户

系统用户如表 4-3 所示。

表 4-3　系统用户表

序号	用户	主要操作
1	普通用户	查看历史气体浓度曲线
2	管理员	查看历史气体浓度曲线；框选本底和波峰；锁定嫌疑船舶；上传违规船舶
3	超级管理员	查看历史气体浓度曲线；框选本底和波峰；锁定嫌疑船舶；上传违规船舶；删除历史数据；删除违规船舶

7. 系统功能设计

尾气历史信息分析。分析 24h 内二氧化碳浓度、二氧化硫浓度、风向风速等信息，并计算尾气平均值。

船舶历史信息分析。分析 24h 连续监测过往船舶编号、名称、位置、时间等船舶信息。

4.2.1.4　嫌疑船舶锁定管理

1. 系统概述

嫌疑船舶锁定管理模块包括嫌疑船舶的新增、编辑、查询、删除等操作和源强分析，是监测平台的核心功能，其基于嗅探算法，通过对传感器数据的综合分析和智能判断，准确掌握违规船舶的详细信息。

2. 系统功能架构

嫌疑船舶锁定管理功能模块，主要是对燃油硫含量较高的船舶进行统一管理，包括嫌疑船舶新增、嫌疑船舶编辑、嫌疑船舶查询、嫌疑船舶删除、嫌疑船舶等操作（图4-25）。

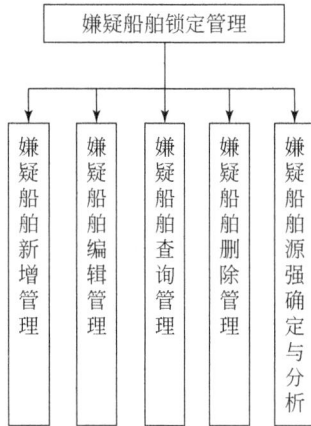

图 4-25　嫌疑船舶锁定管理功能框架图

3. 核心处理流程

嫌疑船舶锁定管理模块核心处理流程图如图4-26所示。

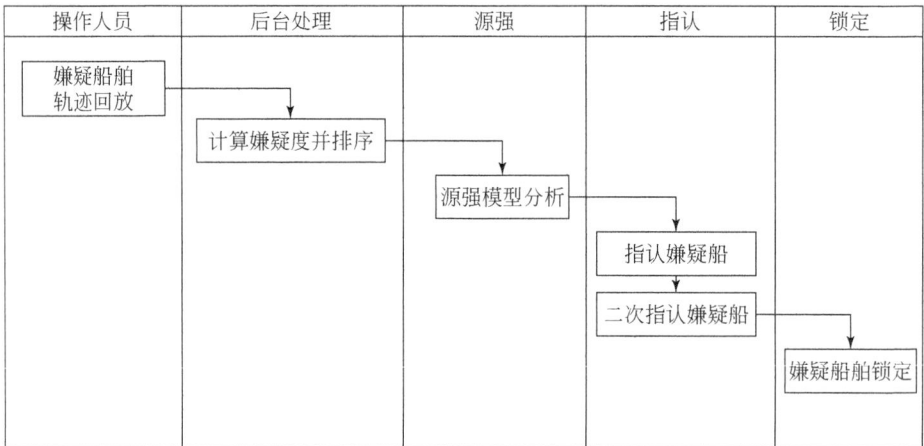

图 4-26　嫌疑船舶锁定管理模块核心处理流程图

4. 系统数据流图

系统数据流图如图4-27所示。

```
┌─────────────────┐
│  嫌疑船舶轨迹回放  │
└────────┬────────┘
         │
         ▼
┌─────────────────┐
│    嫌疑度计算     │
└────────┬────────┘
         │
         ▼
┌─────────────────┐
│   源强模型分析    │
└────────┬────────┘
         │
         ▼
```

┌───────────┐   ╱─────────────────╲   ┌───────────┐
│ 嫌疑船指认 │ ◄─── │   嫌疑船舶清单   │ ───► │ 嫌疑船舶删除 │
└───────────┘   ╲─────────────────╱   └───────────┘
                              │
                              ▼
                     ┌─────────────────┐
                     │   嫌疑船舶筛选   │
                     └─────────────────┘

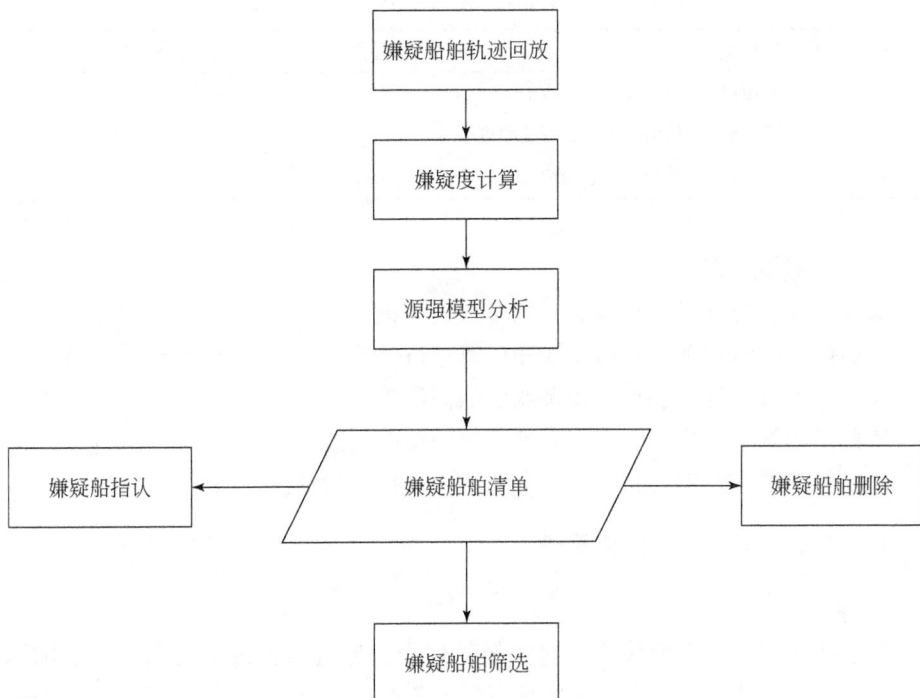

图 4-27　系统数据流图

5. 系统外部接口关系

系统外部接口关系如图 4-28 所示。

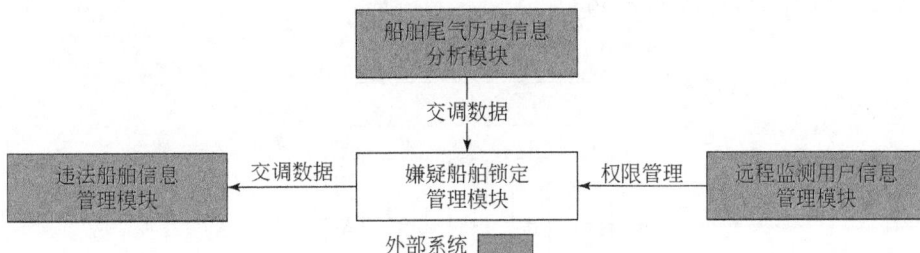

```
            ┌─────────────────┐
            │  船舶尾气历史信息  │
            │     分析模块      │
            └────────┬────────┘
                     │ 交调数据
                     ▼
┌───────────┐ 交调数据 ┌─────────────┐ 权限管理 ┌───────────────┐
│ 违法船舶信息 │ ◄───── │  嫌疑船舶锁定  │ ◄───── │ 远程监测用户信息 │
│   管理模块  │        │    管理模块   │        │    管理模块    │
└───────────┘        └─────────────┘        └───────────────┘
            外部系统 ▉
```

图 4-28　系统外部接口关系图

6. 系统用户

系统用户如表 4-4 所示。

表 4-4　系统用户表

序号	用户	主要操作
1	普通用户	查看嫌疑船舶清单
2	管理员	新增、查看嫌疑船舶清单
3	超级管理员	新增、查看、编辑、删除嫌疑船舶清单

7. 系统功能设计

嫌疑船舶新增管理。将嫌疑船舶增入违规记录表。

嫌疑船舶编辑管理。对嫌疑船舶信息进行修改。

嫌疑船舶查询管理。查询嫌疑船舶的详细信息。

嫌疑船舶删除管理。删除高硫油合格的船舶信息。

嫌疑船舶源强确定与分析。嫌疑船舶源强模型设计。

4.2.1.5　违法船舶信息管理

1. 系统概述

违法船舶信息管理模块基于违法船舶列表，通过对该列表进行添加、删除、编辑、查询等便捷化管理，可及时地保证其符合实际情况，更方便地筛选查看相关违规船舶，有助于提高海事部门的工作效率。

2. 系统功能架构

违法船舶信息管理模块，主要是对燃油硫含量超标的船舶进行统一管理，包括违法船舶新增、违法船舶查询、违法船舶编辑、违法船舶删除、违法船舶源强的确定与识别等管理（图 4-29）。

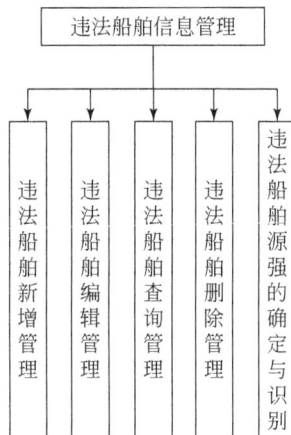

图 4-29　违法船舶信息管理功能框架图

3. 核心处理流程

违法船舶信息管理模块核心处理流程图如图 4-30 所示。

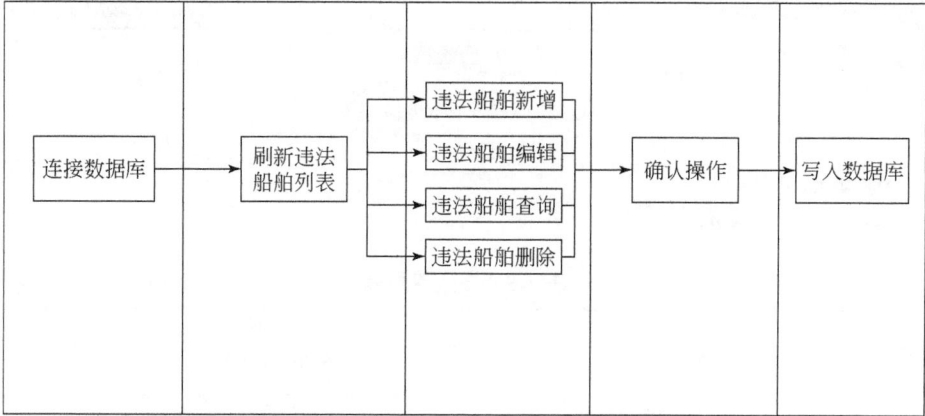

图 4-30 违法船舶信息管理模块核心处理流程图

4. 系统数据流图

系统数据流图如图 4-31 所示。

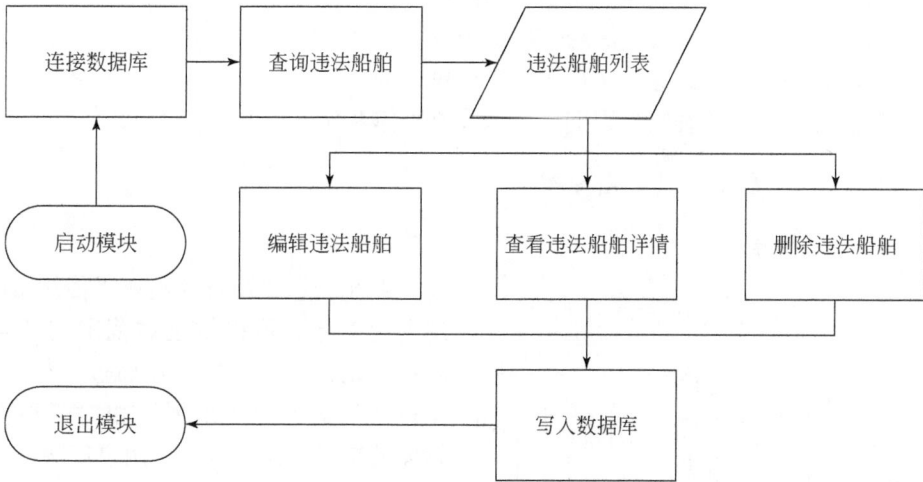

图 4-31 系统数据流图

5. 系统外部接口关系

违法船舶信息管理模块与嫌疑船舶锁定管理模块、远程监测用户信息管理模块有相关性。嫌疑船舶锁定管理模块为违法船舶信息管理模块提供数据来源，远程监测用户信息管理模块为违法船舶信息管理模块提供账户支持和权限控制

（图 4-32）。

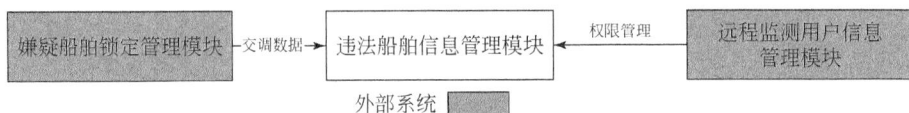

图 4-32 系统外部接口关系图

6. 系统用户

系统用户如表 4-5 所示。

表 4-5 系统用户表

序号	用户	主要操作
1	普通用户	查看违法船舶列表
2	管理员	查看、新增、编辑违法船舶列表
3	超级管理员	查看、新增、编辑、删除违法船舶列表

7. 系统功能设计

违法船舶新增。纳入违法船舶详细信息。

违法船舶编辑。修改违法船舶具体信息。

违法船舶查询。查看违法船舶信息记录。

违法船舶删除。删除违法船舶信息记录。

违法船舶源强的确定与识别。船舶排放气体匹配模型设计。

4.2.1.6 船舶全息地图管理

1. 系统概述

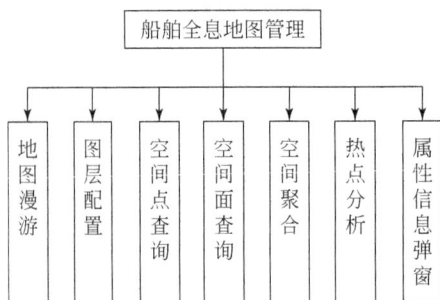

图 4-33 船舶全息地图管理功能框架图

船舶全息地图管理模块以传统 GIS 地图为基础，可提供全球范围内的空间分布地图，在查看船舶轨迹、位置、站点布局时能直观地展示相对于地面物体的空间关系，有助于用户理解。

2. 系统功能架构

船舶全息地图管理模块包含地图漫游、图层配置、空间点查询、空间面查询、空间聚合、热点分析、属性信息弹窗等功能（图 4-33）。

3. 核心处理流程

船舶全息地图管理模块核心处理流程图如图 4-34 所示。

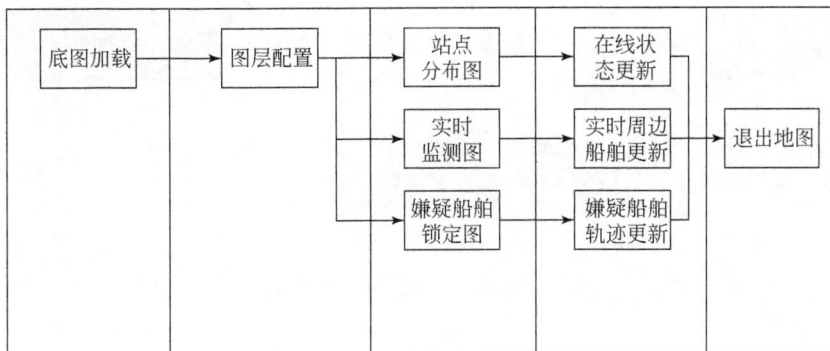

图 4-34 船舶全息地图管理模块核心处理流程图

4. 系统数据流图

系统数据流图如图 4-35 所示。

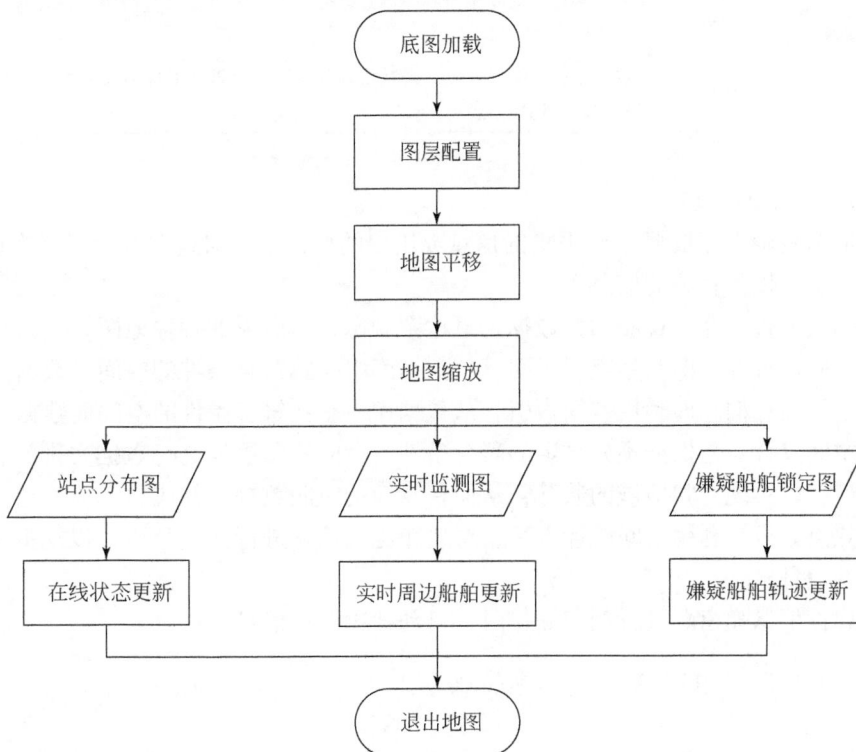

图 4-35 系统数据流图

5. 系统外部接口关系

系统外部接口关系如图 4-36 所示。

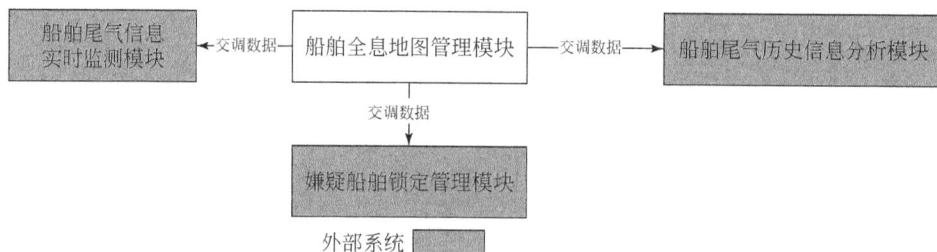

图 4-36　系统外部接口关系图

6. 系统用户

系统用户如表 4-6 所示。

表 4-6　系统用户表

序号	用户	主要操作
1	普通用户	查看、平移、缩放地图
2	管理员	查看、平移、缩放地图；查看站点分布图；查看实时监测图；查看嫌疑船舶锁定图
3	超级管理员	查看、平移、缩放地图；查看站点分布图；查看实时监测图；查看嫌疑船舶锁定图；切换图层

7. 系统功能设计

地图漫游。即根据 GPS 采集的信息或用户的操作指令对地图进行任意拖动显示，给用户提供直观的信息。

图层配置。即配置船舶大数据全息地图动态显示所需的各种地图。

空间点查询。即利用空间索引，从数据库中查找符合条件的空间点数据。

空间面查询。即利用空间索引，从数据库中查找符合条件的空间面数据。

空间聚合。是根据预先设定的聚合条件，在同一图层上进行数据类别的合并或转换，以实现空间地域的兼并，从而将复杂的空间数据合并成预定的类别。

热点分析。利用空间统计方法，对船舶尾气信息进行热点分析，以挖掘某些潜在的信息。

属性信息弹窗。进行相应操作时，自动弹出属性信息窗口。

4.2.1.7　远程监测用户信息管理

1. 系统概述

远程监测用户信息管理模块为操作人员提供账户支持，并通过设定不同级别的权限，使不同人员对不同模块的各项功能拥有不同的使用权限，方便管理，易于追溯。

2. 系统功能架构

远程监测用户信息管理包括远程监测用户注册和远程监测用户权限管理（图4-37）。

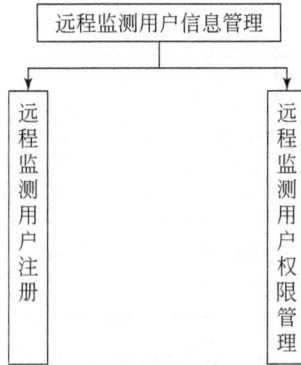

图 4-37　远程监测用户信息管理功能框架图

3. 核心处理流程

远程监测用户信息管理模块核心处理流程图如图4-38所示。

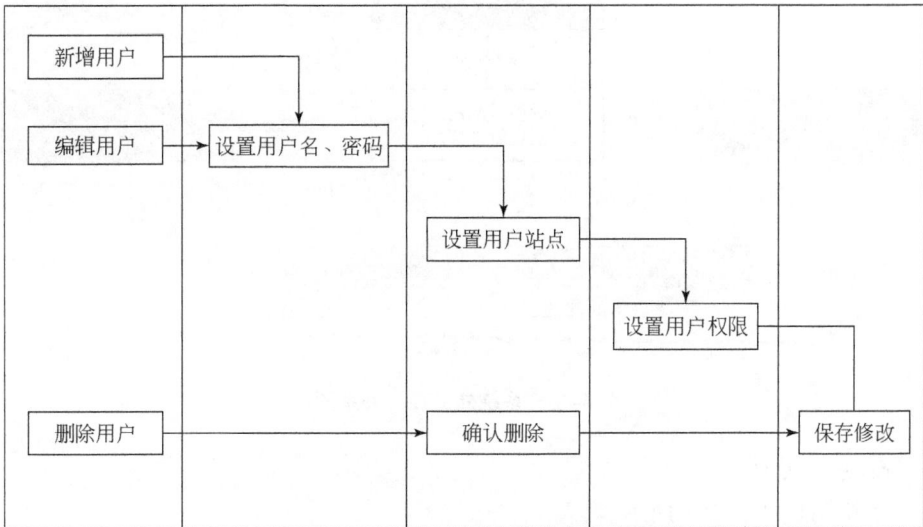

图 4-38　远程监测用户信息管理模块核心处理流程图

4. 系统数据流图

系统数据流图如图 4-39 所示。

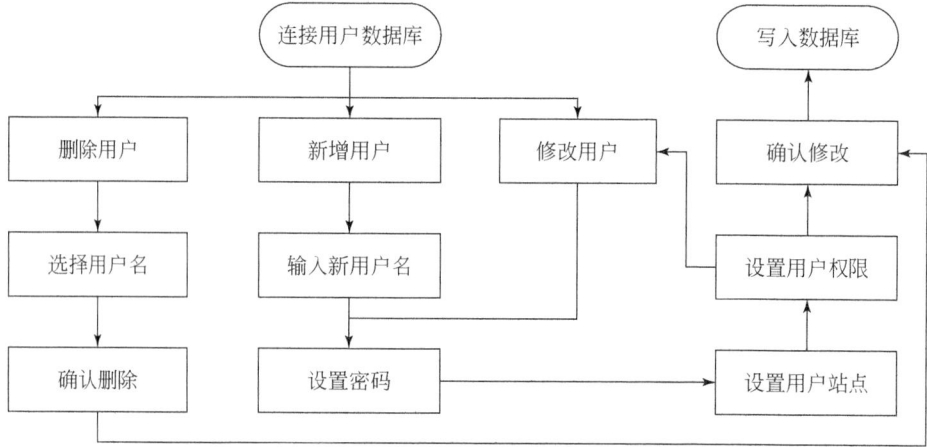

图 4-39　系统数据流图

5. 系统外部接口关系

系统外部接口关系如图 4-40 所示。

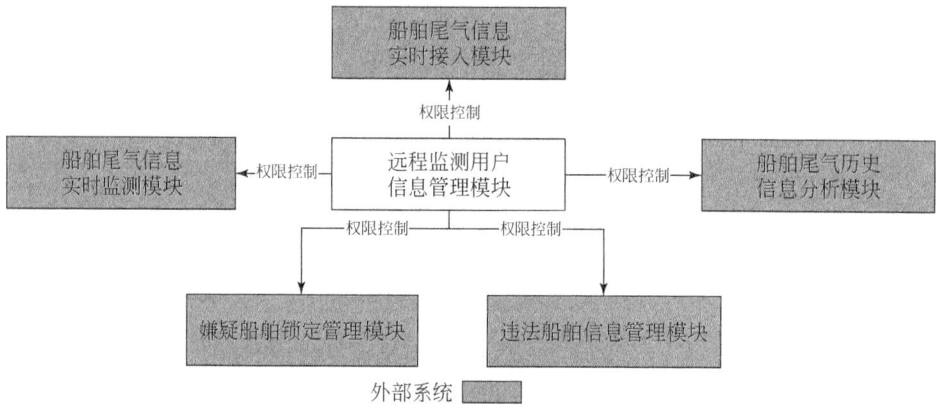

图 4-40　系统外部接口关系图

6. 系统用户

系统用户如表 4-7 所示。

表 4-7 系统用户表

序号	用户	主要操作
1	普通用户	查看本账户属性，修改本账户密码
2	管理员	查看本账户及所属普通用户属性；修改本账户密码；修改所属用户参数
3	超级管理员	修改所有管理员和普通用户参数；修改本账户密码

7. 系统功能设计

远程监测用户注册。系统提供远程用户注册账号功能。

远程监测用户权限管理。系统提供远程对用户权限编辑、修改、删除等操作。

4.2.2 执法检查任务分派、接收与执行子系统

执法检查任务分派系统，主要用途是分派针对嫌疑船舶的执法检查任务。具体功能包括①所有船舶尾气遥测站和执法人员账户与身份信息管理，②移动船舶尾气遥测站（依托海巡艇）工作状态和位置监测，以及就近执法检查任务分派算法，③无检查力量情况下的目的地港协查申请，④响应现场执法人员的反馈和协查的反馈。

执法检查任务接收与执行子系统，主要用途是接收控制中心分派的检查任务并反馈跟踪监测结果。具体功能包括①接收检查任务通知以及附带的嫌疑船信息（船名和实时位置）和固定船舶尾气遥测站估算的燃油硫含量值，②根据风速风向和嫌疑船航向，自动规划就近适宜位置的海事执法力量，③比对固定和移动船舶尾气遥测站结果，再次确认对方违法事实或时间滞后导致的问题（船方掩盖违规事实），④向控制中心反馈登船检查请求或放弃。

最终根据遥测结果和实测结果，开发汇总系统建立船舶尾气监测监管平台，统计船舶尾气遥测和燃油检测工作量和效果。

4.2.2.1 执法人员信息管理

执法人员信息管理包括执法人员基本信息、资质信息、执法人执法记录、执法人执法设备信息、执法人执法轨迹及当前位置信息的查看和管理功能。

执法人员基本信息包括执法人姓名、年龄、性别、执法工龄、执法人身份证、联系方式、头像、学历等基本属性。管理员可以增删改查执法人的基本信息，执法人可以对自己的部分信息做更新操作。

执法人资质信息包括执法证书、执法培训、资质认证等，管理员可以增删改查执法人的执法资质信息，执法人自己可以补充修改部分资质信息。

执法人执法记录信息管理，该信息主要来自任务分派模块，执法的任务分配与反馈形成一次完整的执法记录。未反馈的执法任务视为已分配但未执法，作为绩效考核的一项重要指标。管理员可以统计分析执法人执法记录，可以补录执法人执法记录。

执法人执法设备信息管理，登记执法人手持执法仪的记录，包括执法仪本身信息管理和执法人持有执法仪的持有记录信息管理。管理员可以管理执法仪的基础信息及状态信息，可以将执法仪分配给固定的执法人。

执法人执法轨迹及当前位置信息，该信息主要来自执法仪的定位传送信息，该模块接收来自执法仪的位置信息，记录并形成执法人的执法轨迹。管理员基于 GIS 查看执法人的执法轨迹，分析执法人巡航覆盖面的合理性，可以查看当前所有执法人的具体位置，为任务就近分派提供智能性的数据支撑。

4.2.2.2　任务分派与反馈

任务分派与反馈模块实现尾气监控中心值班人员与现场执法人员的执法互动。

任务分派是基于船舶尾气遥测分析子系统已锁定的嫌疑船舶，值班人员通过该功能按照就近原则快速定位最近执法人员，获取最近执法人员的任务分派情况，线上与执法人员进行沟通，填写执法任务信息，包括嫌疑船舶信息、违规项、针对违规项的巡查建议方案等，并分配给最佳执法人员的过程。任务派发中，建立基于 AIS 与 GPS 定位信息的就近分发工作功能，例如，在特定区域分配执法力量前往检查，应具备显示就近执法力量列表功能，使指挥中心人员可以择优分发任务。

任务反馈是执法人员根据执法检查信息执法检查后对检查结果的一次报告行为。包括检查项、检查结果、被检查船舶的在船船员等船舶基础信息符合度，以及检查时间和检查结果综合评价。

执法结果统计分析，根据任务派发与主动上传的执法任务结果，结合岸基、船基、无人机监测设备监测信息，自动将上传的实测结果与监测设备遥测结果核对，汇总分类展示。并提供按日期、区域、类型进行检索查询功能。

4.2.2.3　目的地港协查

目的地协查需要两个环节，一是协查申请与应答，当船舶检查内容需要目的地港协查时，将协查申请及监测数据报表提交给目的地港，目的地港根据实际情况和检查协查内容给予应答。二是协查与反馈。

4.2.2.4　执法资源联动

本模块要求为海巡艇执法人员提供精准的海巡艇检测尾气时与嫌疑船相对的适宜位置。海巡艇跟踪监测的适宜相对位置计算需要结合当时海上风速风向，AIS 中嫌疑船舶的船速、航向。

第5章 应用案例

在全面掌握嗅探法船舶尾气遥测技术的适用特点，并成功开发了装备和系统，能够支撑现场24小时连续监测的试点（无人值守）的情况下，根据嗅探法的四大应用平台，分别开展试点工作，并配合海事局查获在航船舶违规使用高硫油的案件。通过试点，有助于形成标准的遥测站点建设方案，以实际效果作为宣传手段，推动产品市场推广。

5.1 岸基案例

5.1.1 洋山港

选择在洋山港的主航道北侧小岩礁景区安装，适宜在东南风、南风和西南风条件下发挥监管作用。具体位置是在小岩礁景区内已有的海防部门建设的观测平台上，该位置已经经过水泥硬化，已有监控摄像头、气象监测等设施。该位置距离海面高差约50m，能够监测到大吨位的船舶尾气，而小吨位的船舶（如港作船）尾气不会产生明显的干扰。船舶尾气遥测仪在该平台外的草地上安装，为了杜绝雨水对设备底部的浸泡，设备安装在一个加高的支架上。安装日期为2019年3月20日下午，截止到2020年4月30日，共运行约13个月（图5-1）。

遥测结果只挑选产生明显 SO_2 波峰的船舶，这类船舶使用的燃料油为重油。使用柴油的船舶能够产生 CO_2 波峰，但是几乎不产生 SO_2 波峰，不计入遥测结果范围内。

洋山港船舶尾气遥测结果共531艘次，硫含量小于0.1%共263艘次，占比41.6%；硫含量大于0.5%共11艘次，占比1.7%（图5-2）。该结果与洋山港的靠港船舶特征比较吻合。由于大多数船舶来自于欧美，而欧美排放控制区的硫含量限值为0.1%，因此这些船舶进入我国船舶排放控制区后的燃油硫含量远低于我国0.5%的限值，因为船舶很少储备2种以上的低硫燃油。另外，由于该固定遥测点离港口很近，船舶已经处于快靠泊状态，即便是在排放控制区内违规使用高硫油的船舶也大都已经切换成低硫油，以防止靠泊期间被查。遗憾的是，本监测站点测得的高硫油船舶发生在夜间或是驶离洋山港的船舶，未能协同查获违规使用高硫油案件。

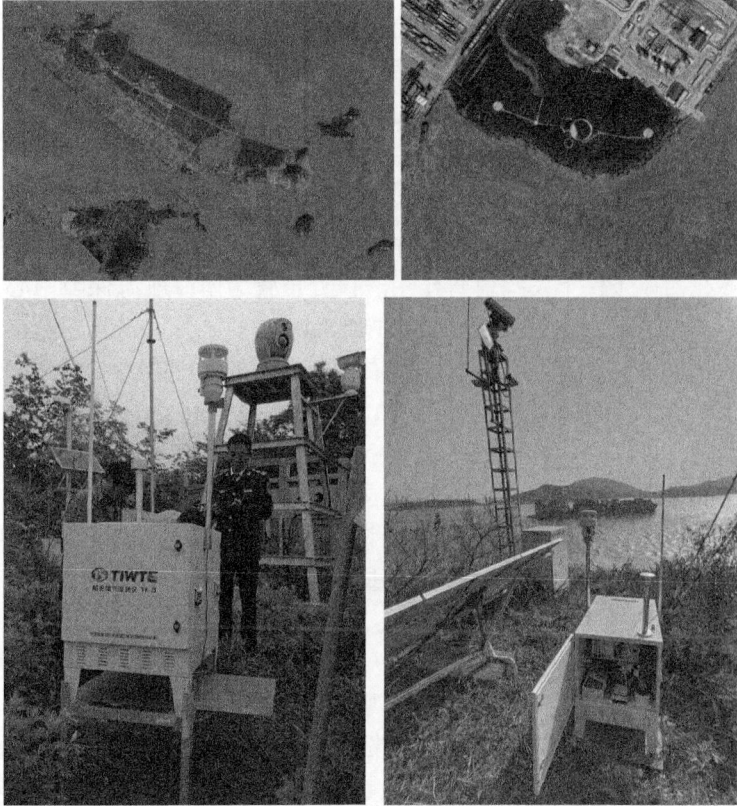

图 5-1　洋山港船舶尾气固定遥测点设备及安装位置

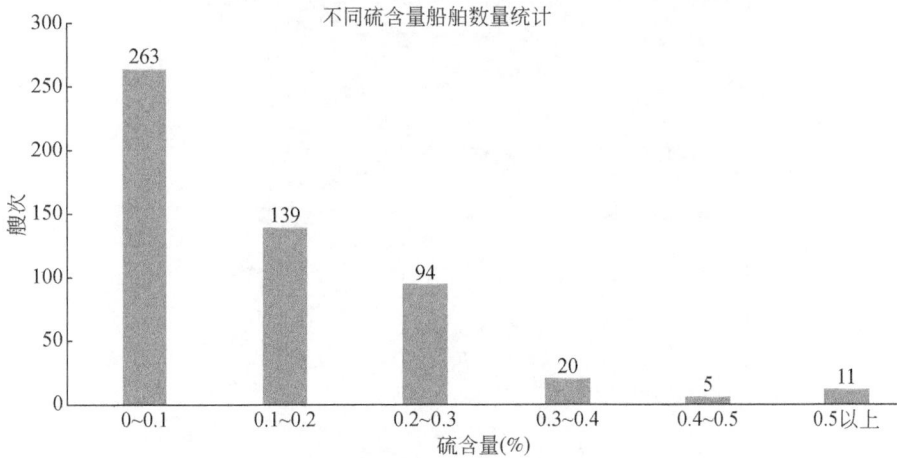

图 5-2　洋山港船舶尾气遥测结果的统计柱状图

　　另外，本试点也发现了一个比较重要的注意事项。试点所在位置是一个小山体的山脚，虽然山体不大，但是依然对风场形成了较为严重的干扰。在测到船舶尾气后，根据风速风向数据锁定嫌疑船舶时，误差很大；根据经验，原因是实测的风速风向结果低于海面上实际风速风向。

5.1.2　坭洲航标楼

　　选择东莞市沙田镇坭洲村南端的坭洲航标楼的楼顶（距离地面高度约 20m）安装，能够在西风条件下发挥监管作用。该处位置为南海航海保障中心广州航标处所有，距离航道东西边界分别是 160m 和 320m，进出广州港和东莞港的船舶与坭洲航标的平均垂直距离约为 240m 左右。安装日期为 2019 年 5 月 11 日下午，截止到 2020 年 4 月 30 日，共运行约近 12 个月（图 5-3）。

　　运行期间，查获违规案件共 2 起。相比其他站点，该站点测得的船舶尾气数量极少，主要原因是建设选址问题。我国处于亚热带季风气候区，常见风向为夏季南风、东南风，冬季北风、西北风。该站点在南北向航道东侧，西风天气极少。该站点充分证明了岸基平台选址的重要性。

5.1.3　黄浦江口

　　选择在黄浦江口的西侧的吴淞水文观测楼安装，适宜在东风、东南风、南风条件下发挥监管作用。具体位置是在吴淞水文观测楼的三楼阳台上，该位置经过

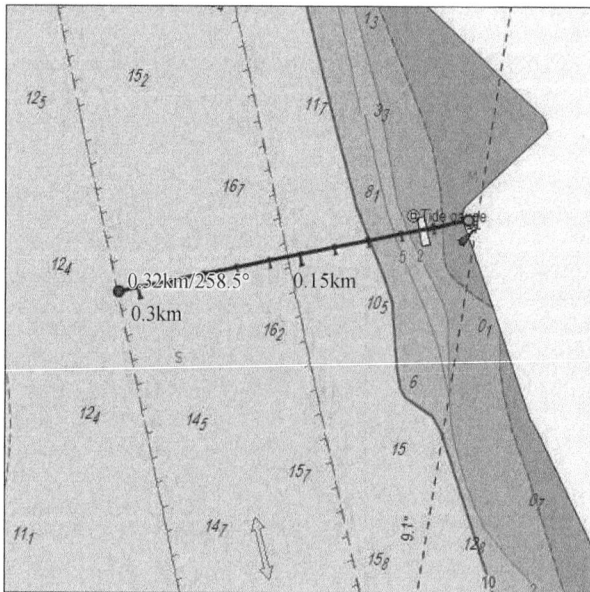

图 5-3 坭洲航标楼船舶尾气固定遥测点设备及安装位置

水泥硬化和垫高处理，防止设备破坏防水层。该位置距离江面高差约 10m，能够监测到大吨位的船舶尾气和小吨位的船舶尾气。为了确保船舶遥测仪测得的风速风向数据不受建筑本身的干扰，设备加装往外延伸 3m 左右的钢管，将风速风向仪和进气口安装在钢管尽头。安装日期为 2019 年 4 月 28 日下午，截止到 2019 年 7 月 31 日，并且剔除期间水文楼施工的断电天数，共运行约 80 天（图 5-4）。

图 5-4　黄浦江口船舶尾气固定遥测点设备及安装位置

　　经过运行发现，该处受到内河船干扰现象极其严重。黄浦江内航运十分繁忙，由于航道水深较浅，绝大多数都是使用柴油的小内河船。经常有多艘小船和一艘大船并行上行或者下行通过监测点位的情况出现，更何况上下行同时有船的情况。因此，即便监测点频繁地监测到尾气信号，但是往往是混合的尾气，因此硫含量估算结果是多艘船舶的燃油硫含量加权平均值（比重取决于扩散至监测点时的浓度）。虽然小船的尾气排放量小，但是距离监测点近时，扩散至监测点的尾气浓度依然较高（气团较小）；虽然大船的尾气排放量大，但是距离监测点远时，扩散至监测点的尾气浓度稀释得厉害（气团极大）（图5-5）。

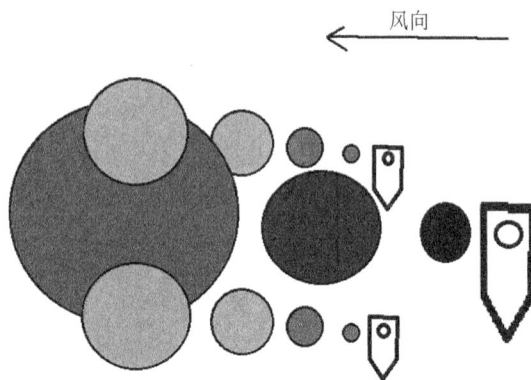

图 5-5　近距离内河船尾气对远距离的海船尾气的混淆现象

5.2　桥 基 案 例

5.2.1　苏通大桥

　　苏通大桥位于江苏省东部的长江口（上海崇明岛以西），连接苏州市（常熟）和南通市。该位置位于长江口至南京的 12.5m 深水航道上，是长江内河航运与沿海航运的重复交叠位置，5 万吨级船舶可以全天候双向通过苏通大桥。另外，在苏通大桥上建设船舶尾气监测站，可以监控几乎所有通往江苏各个港口的船舶，除了苏通大桥以下的太仓港和南通市的沿海港口，因此一站多用、效益明显。苏通大桥大致南北走向（北偏东约 10°），可通航的斜拉桥段的两个桥墩之间距离约 1088m，桥梁净空高度 62m，桥面距离水面约 80m。该试点是全国首个船舶尾气遥测试点，也是全国首个桥基平台的试点。试点分两个阶段，分别是 2018 年上半年和 2019 年下半年至今（图 5-6）。

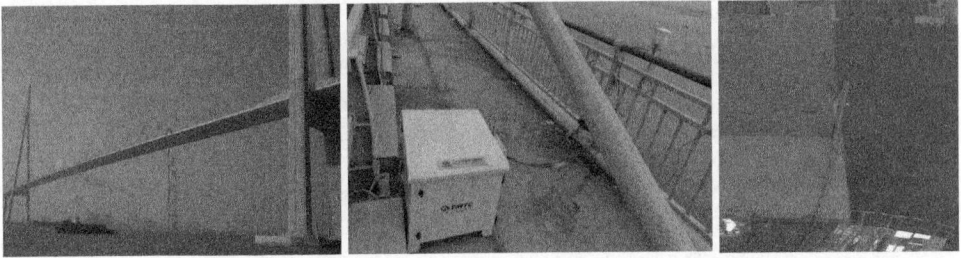

图 5-6 苏通大桥船舶尾气固定遥测点设备及安装位置

2018 年上半年，根据我国的船舶排放控制区政策，仅要求靠港船舶使用 0.5% 以下燃油，对在航船舶没有要求（只需要遵守全球硫含量不超过 3.5% 的要求）。因此，试点期间测得大量燃油硫含量超过 0.5% 的船舶（图 5-7）。根据统计，燃油硫含量呈正态分布，主要集中于 1%~2%，与预期相符。

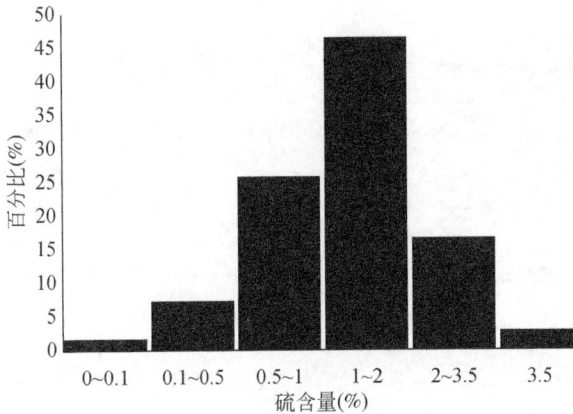

图 5-7 苏通大桥试点在 2018 年上半年遥测结果

2019 年下半年至今，研究人员每日人工识别船舶尾气造成的 SO_2 和 CO_2 浓度波峰，计算燃油硫含量，并根据风速风向和 AIS 数据锁定嫌疑船舶。一旦发现存在燃油硫含量超标的现象，该船舶目的地港所在海事局及时响应，并开展登船取证行动，化验燃油硫含量。目前已经查获多起违规案件。

2019 年 7 月 23 日 12 时，站点同时发现 2 艘船舶在经过苏通大桥时燃油硫含量明显超标，分别是华航××和与长鑫××。江苏海事部门随即对两船进行锁定跟踪，分别于南京港、南通港两船目的港对其实施登轮检查，并同步开展燃油取样、记录核查等取证工作。后经权威部门检测，两艘船舶取样燃油的硫含量均超标 2 倍以上。该案例为全国首例桥基船舶尾气遥测站点帮助查获的违规案件（图 5-8）。

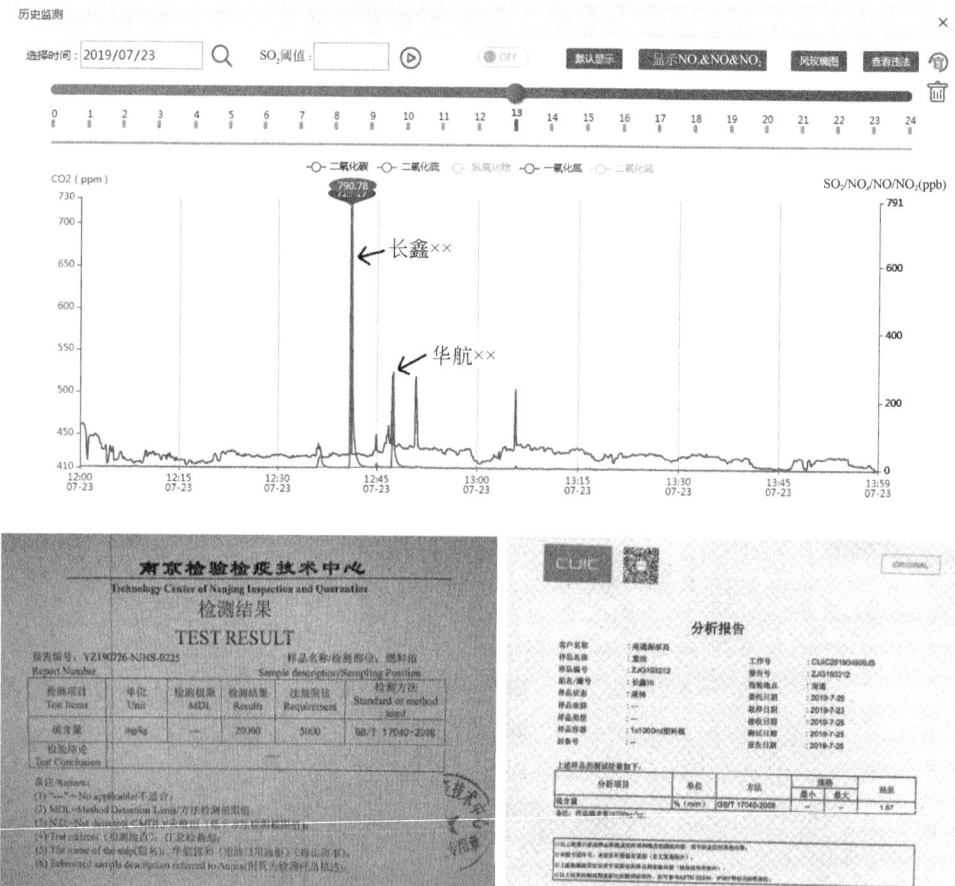

图 5-8　2019 年 7 月 23 日苏通大桥遥测站识别的 2 艘嫌疑船及登船查证结果

2019 年 9 月 12 日，站点发现船舶中昌××在经过苏通大桥时燃油硫含量明显超标。江苏海事部门随即对该船进行锁定跟踪，于镇江港对其实施登轮检查，并同步开展燃油取样、记录核查等取证工作。后经权威部门检测，船舶取样燃油的硫含量接近3%，超标近6倍（图5-9）。

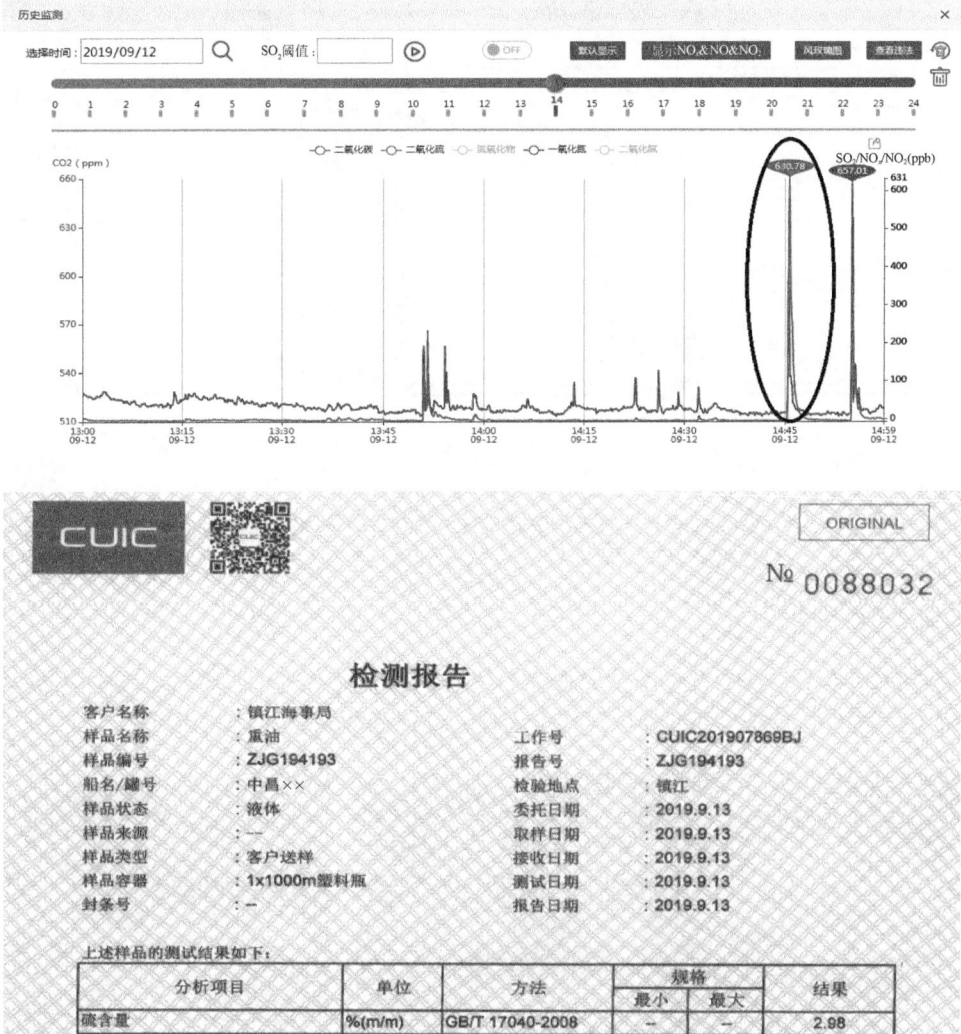

图5-9 2019年9月12日苏通大桥遥测站识别的1艘嫌疑船及登船查证结果

2019年8月7日，站点发现船舶福兴达××在经过苏通大桥时燃油硫含量明显超标。由于该船正驶离长江（据查目的地是广州港），江苏海事部门随即协调广东海事部门对该船进行锁定跟踪，于广州港对其实施登轮检查，并同步开展燃油取样、记录核查等取证工作。后经权威部门检测，船舶取样燃油的硫含量超过4%，已超过国际3.5%的限值。该案例为全国首例船舶尾气遥测站点帮助跨区域协查的违规案件（图5-10）。

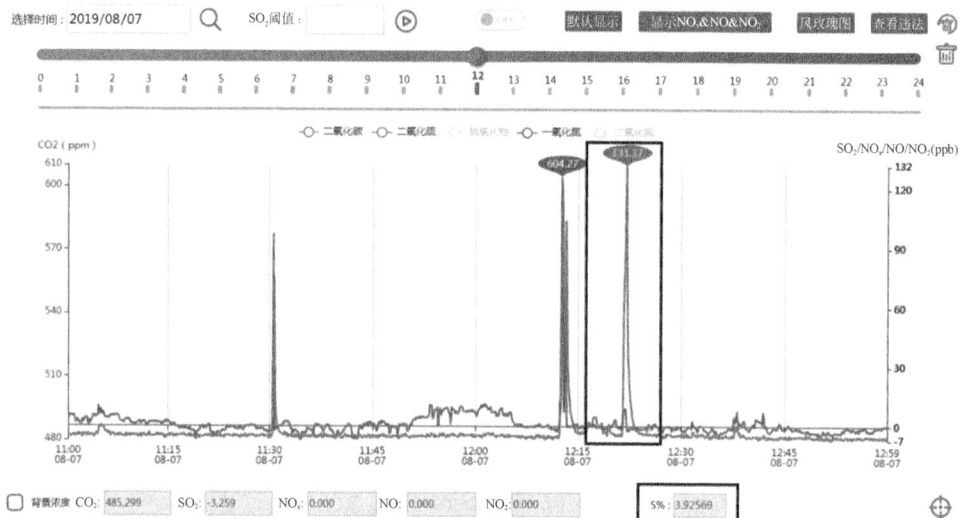

图5-10　2019年8月7日苏通大桥遥测站识别的1艘嫌疑船（协查查实）

5.2.2　南沙大桥

2020年12月21日，南沙大桥船舶尾气固定遥测点建成，该站点位于南沙大桥上行航道正上方，可在静风天气、南风、北风天气发挥监管作用（图5-11）。

图5-11　南沙大桥船舶尾气固定遥测点设备及安装位置

2021年1月5日21点12分该站点检测到一股船舶尾气波峰数据，检测具体信息如下，船名：鑫福××，出发港为广州港，目的地港为宁德港，嗅探遥测结果S%超过1%（图5-12）。

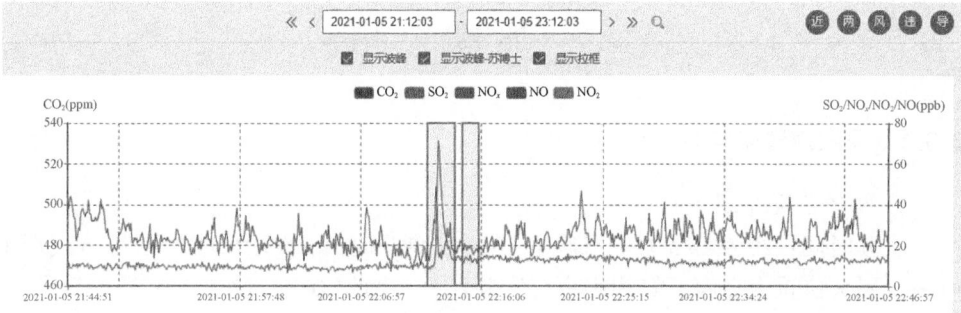

图 5-12 南沙大桥船舶尾气固定遥测点测得某超标船舶的 SO_2 和 CO_2 浓度曲线

船舶目的地海事主管部门对此船油样，此船违规使用高流油，油样检测结果如图 5-13 所示。

图 5-13 某超标船舶的油样化验结果

5.3 船载案例

5.3.1 吴淞海巡艇实验

1. 总体情况介绍

实验时间：2019 年 5 月 1 日晚上 20：45 离开码头，5 月 6 日上午 7：42 回到码头，码头位置为上海五好沟码头。实验船只为海巡 012。设备于 5 月 1 日白天通过吊机上船，并固定于海巡艇驾驶舱后。实验期间，风向以偏北风为主。共计测得船舶尾气 52 艘次，无一艘超标（图 5-14）。

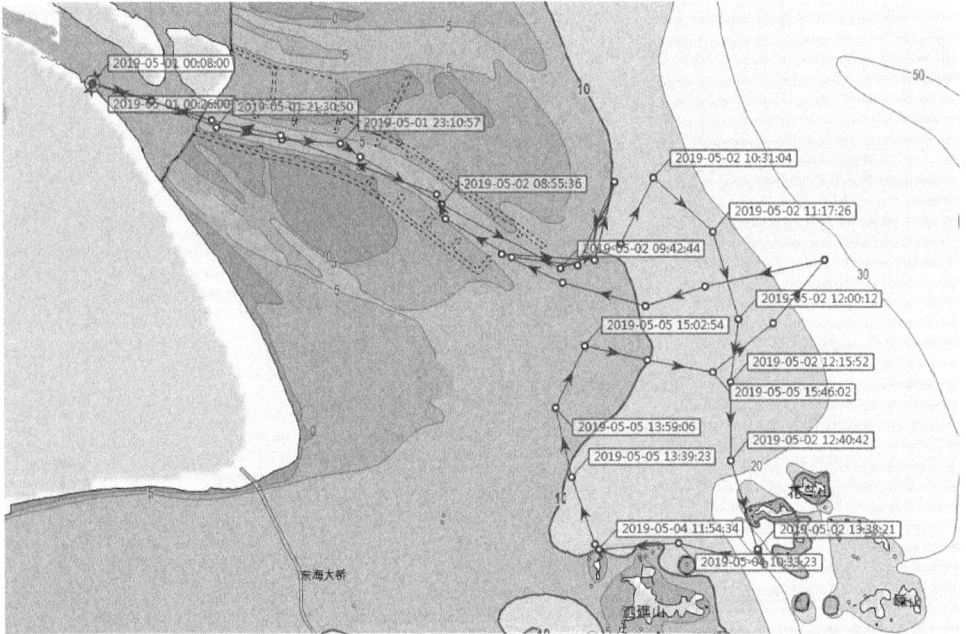

图 5-14　海巡 012 在移动监测实验期间的轨迹

2. 出海经过深水航道段的监测

5 月 1 日晚 21：00 至 21：51，船舶离开码头进入长江口北槽主航道，在航道南侧顺向航行，离开航道进入航道北测的北槽锚地停歇。51min 的航行期间，监测到船舶尾气信号约 10 个，对应的是在航道北侧航行进入长江的船舶（图 5-15）。

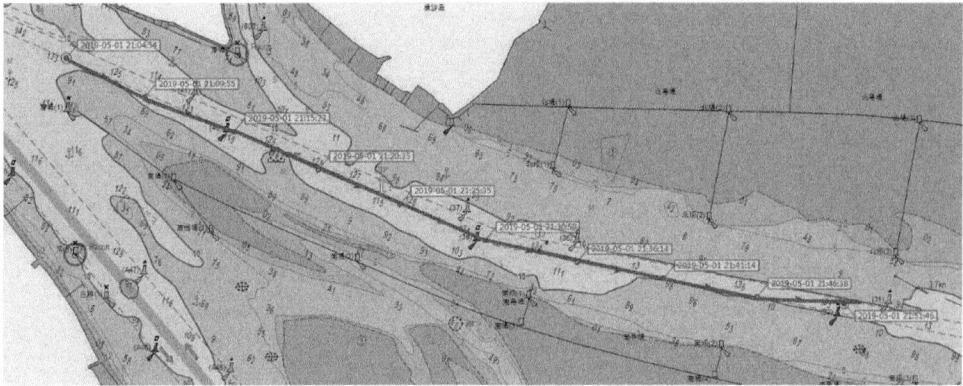

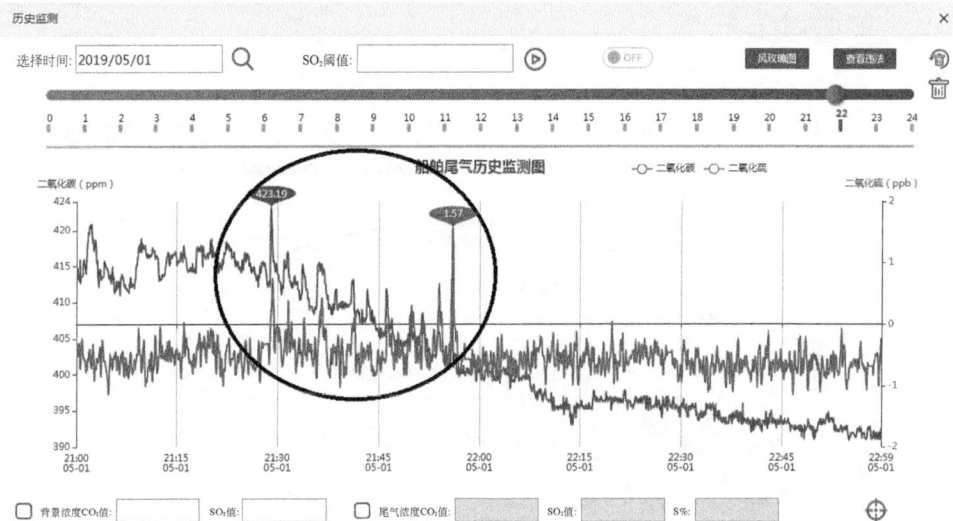

图 5-15 海巡 012 于 5 月 1 日晚上 21:00 至 21:51 在长江口深水航道南侧
航行的轨迹及监测到的过往船舶的尾气信号

5 月 2 日上午 08:23 至 09:42, 从北槽锚地进入长江口北槽主航道, 在航道南侧顺向航行, 上午离开航道。1 小时 19 分钟的航行期间, 监测到船舶尾气信号约 17 个, 对应的是在航道北侧航行进入长江的船舶（图 5-16）。

3. 锚地监测

5 月 2 日上午 10:23, 海巡 012 进入长江口 3 号临时锚地, 对某艘抛锚船舶进行尾气监测, 该船舶抛锚期间使用辅机, 尾气排放量较少。海巡 012 以该船舶为圆心, 大约 100～150m 的半径绕圈航行, 经过该船舶下风向时（正南方）监测到船舶尾气信号（图 5-17）。

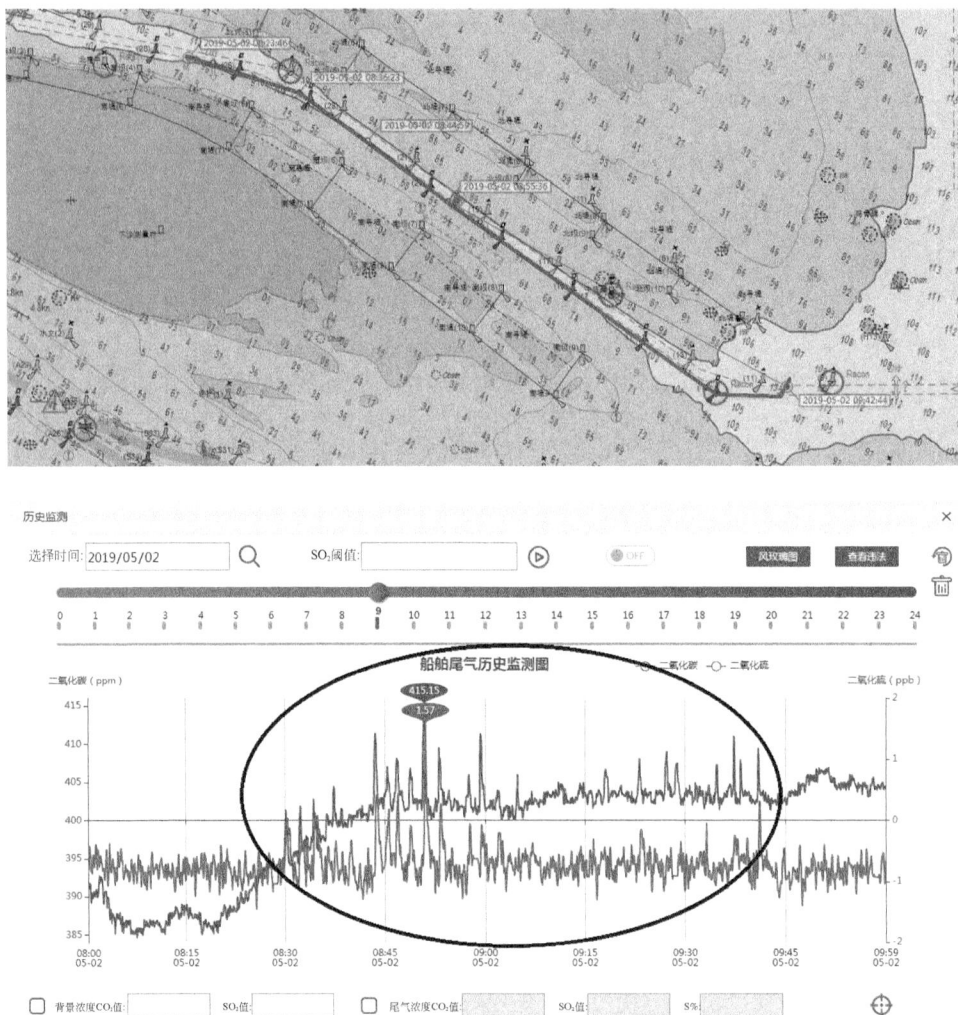

图 5-16　海巡 012 于 5 月 2 日上午 08：23 至 09：42 在长江口深水航道南侧
航行的轨迹及监测到的过往船舶的尾气信号

4. 追船监测

5 月 5 日下午 14：20 至 15：20，风向转为东风，海巡 012 在长江口辅助航道里主动追踪船舶监测。追踪了船舶 3 艘，其中第一和第三艘船舶自西向东航行（尾气向后扩散），海巡 012 从被测船舶的后方交叉驶过；第二艘船舶自东北向西南航行（尾气侧向扩散），海巡 012 从被测船舶的西侧伴行，加速追赶直至穿过尾气团，形成浓度波峰（图 5-18）。

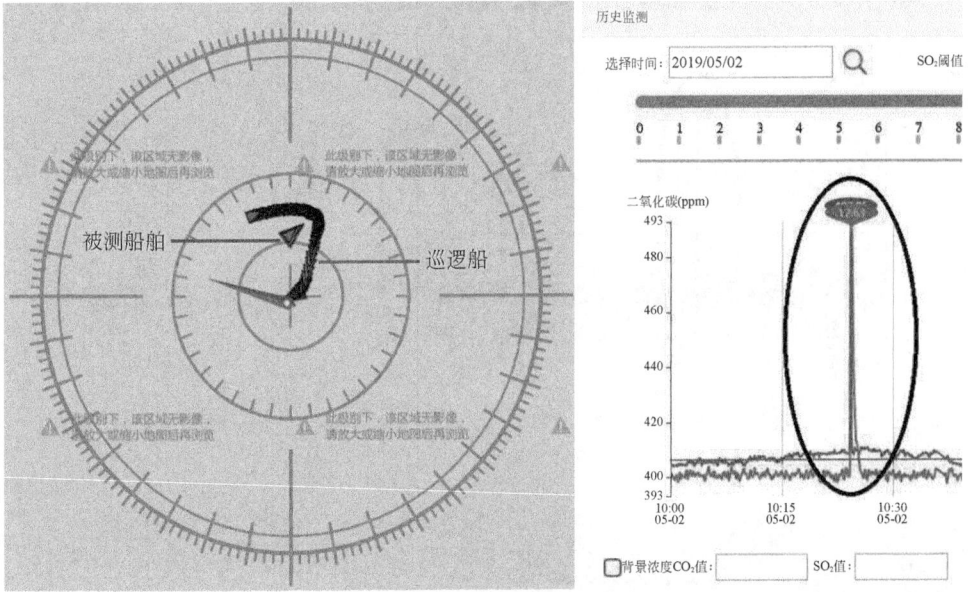

图 5-17　海巡 012 于 5 月 2 日上午 10：23 在长江口 3 号临时锚地对某艘船舶绕圈的
轨迹及测得的尾气信号

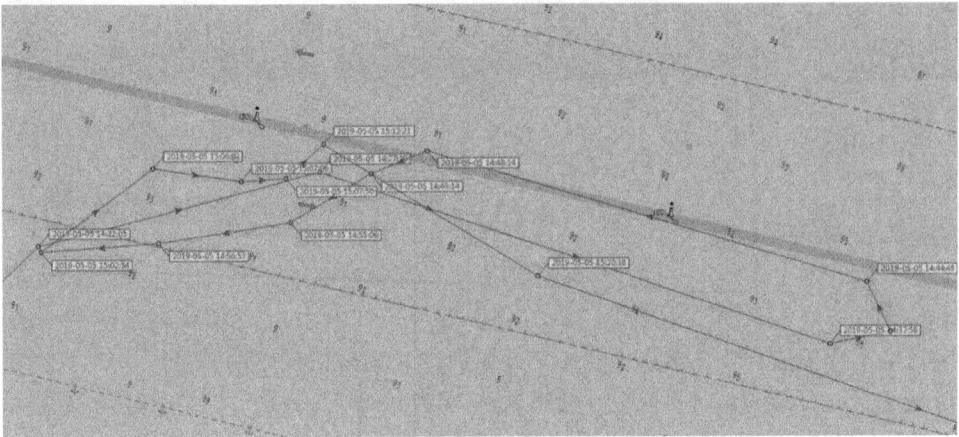

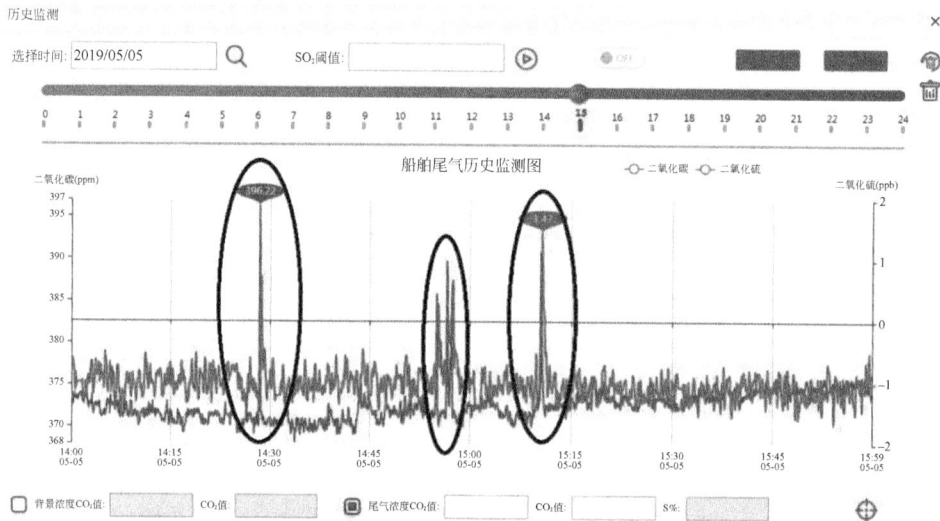

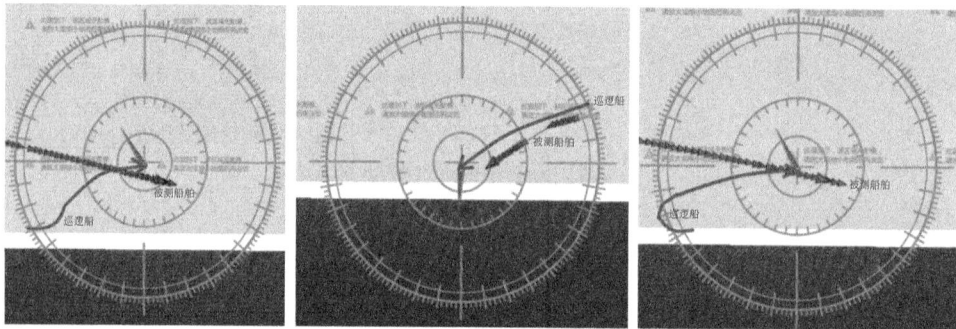

图 5-18　海巡 012 于 5 月 5 日下午 14：20 至 15：20 在长江口辅助航道追赶
3 艘船舶的轨迹及测得的尾气信号

5. 自身尾气监测

5 月 5 日晚上 18：30，风向依然为东风，海巡 012 在长江口深水航道口监测自身排放的尾气。由于船体结构的遮挡，即便风向合适（风从船尾吹向船头），尾气也不会扩散至驾驶舱后的船舶尾气遥测仪，而是从船体两侧绕过。为了监测自身尾气，海巡 012 向西航行，使得风从船尾吹向船头，某一时刻海巡 012 做了一个"摆尾"航行动作（先向西南后向西北），从自身排放的尾气团中穿过，形成浓度波峰（图 5-19）。

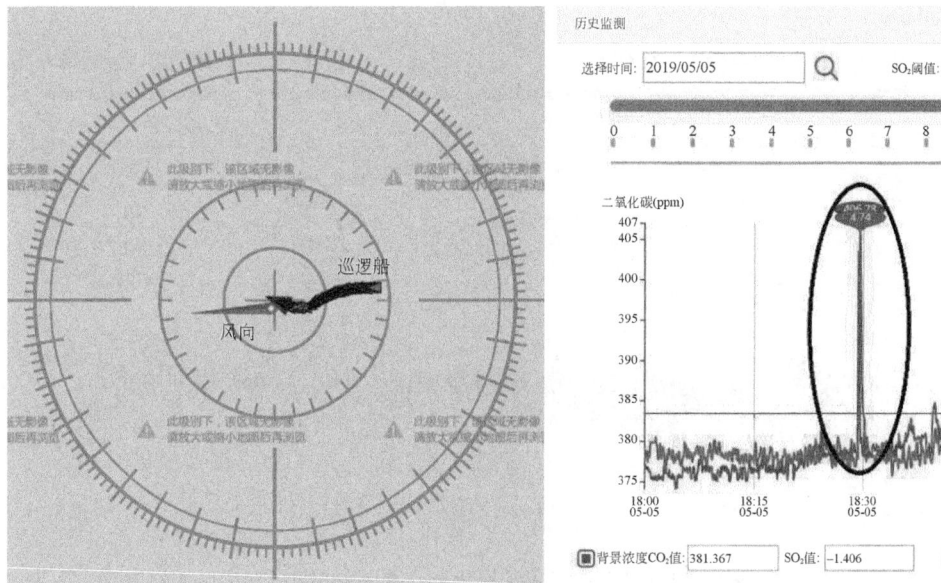

图 5-19　海巡 012 于 5 月 5 日晚上 18：30 在长江口深水航道口监测自身排放的
尾气的轨迹及测得的尾气信号

6. 回程经过深水航道段的监测

5 月 6 日上午 05：00 海巡 012 从航江口深水航道南侧的锚地启程回航，由于风向为偏北风且靠右航行，因此前半程无法监测到过往船舶的尾气。在 07：05 ~ 07：30，海巡 012 跨过航道中心线，在航道南侧航行直至回到位于长江南侧的五好沟码头，在这短暂的逆向行驶过程中，偶遇一艘船舶出海，监测到该船舶的尾气信号（图 5-20）。

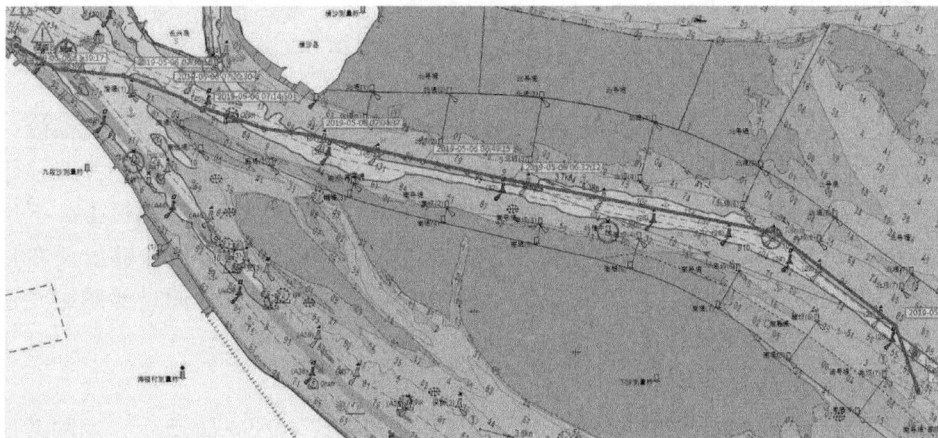

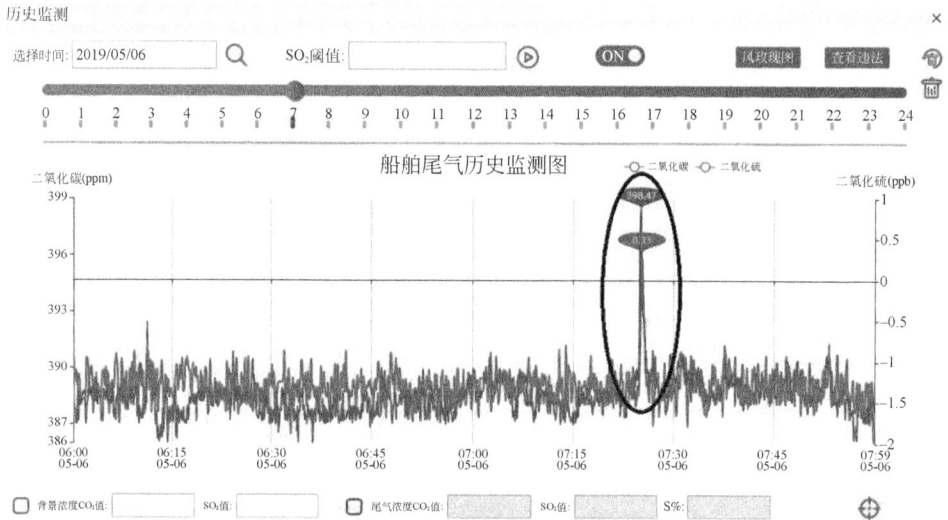

图 5-20　海巡 012 于 5 月 6 日上午回程轨迹及途中跨过航道中心线在航道
南侧逆向航行时偶遇的一艘出海船舶的尾气信号

5.3.2　浦东海巡艇专项行动

1. 总体情况介绍

实验时间为 7 月 15、16、17、19 日共 4 天（18 日海巡 102 另有任务），每天约 2～4h。每天上午 10 时后离开五好沟码头，在附近水域选择目标并开展移动监测，每天下午约 4 时后回到五好沟码头，中间午休和其他团队的无人机飞行等非本实验时间。为期 4 天的专项行动共计监测船舶 44 艘次，燃油硫含量超过 0.5% 的共 6 艘，超过 1% 的共 4 艘，超过 2% 共 2 艘。针对燃油硫含量超过 2% 的嫌疑船舶，随船执法人员通报指挥中心，由指挥中心通知嫌疑船舶到锚地待查，随后组织执法人员开展了登船检查，均得以查实（图 5-21）。

实验期间，当风向与航道方向一致时，移动监测方式是搭载船舶尾气遥测仪的海巡 102 尾随船舶 1～3min，使仪器充分沉浸在目标船舶的尾气带中，即"尾随模式"；当风向与航道方向不一致时，移动监测方式更加简单，海巡 102 下风向侧航行时，与航道上的船舶（位于上风向）错身时仪器就自然能够沉浸在目标船舶的尾气带中约 0.5～1min，即"错身模式"。燃油硫含量通过船舶尾气遥测仪配套的软件分析获得。

2. 7 月 15 日

7 月 15 日，移动监测时间为 10 时、11 时、15 时、16 时（0.5h），期间其他

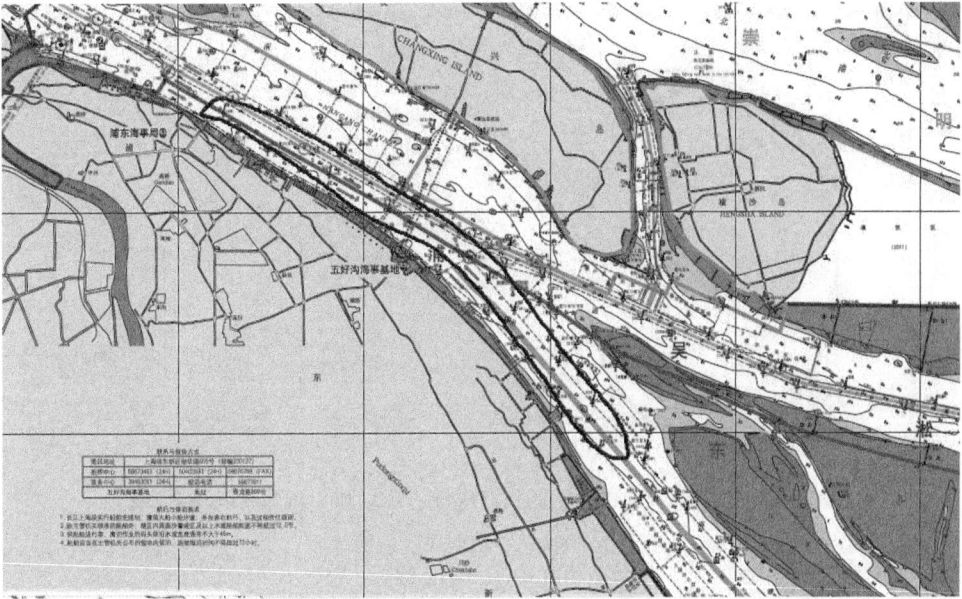

图 5-21 海巡 102 在移动监测实验期间的活动范围（黑色框选区域）

团队的无人机飞行 4 个架次（耗时约 1h），真正有效移动监测时间约 2.5h。共计监测到船舶 17 艘次，其中超标船舶 3 艘，其中燃油硫含量最高的船舶是 LADY××（图 5-22）。

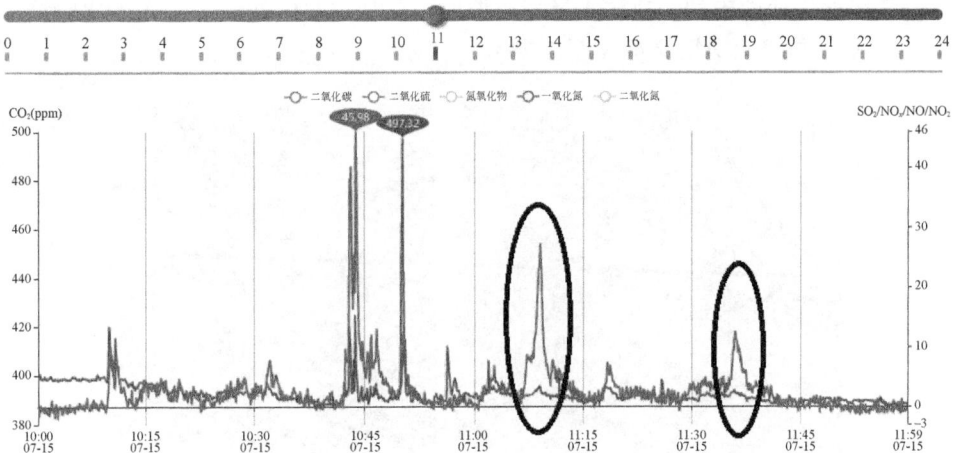

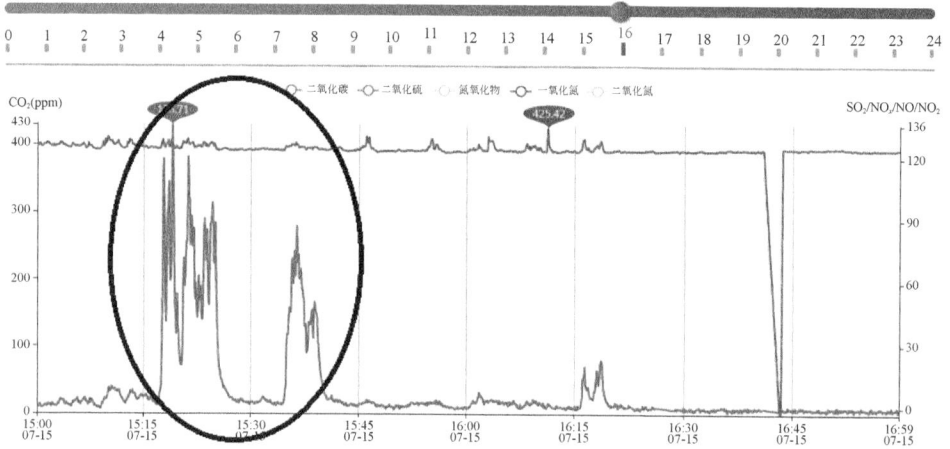

图 5-22　7 月 15 日船舶尾气遥测仪测得的 CO_2 和 SO_2 曲线以及 3 艘超
标高硫油船舶的尾气波峰

　　为了确认 LADY××严重超标的事实，对该船进行了两次跟踪监测，结果都确认严重超标，硫含量分别高达 2.71% 和 3.3%。当地海事局迅速组织执法人员在锚地对该船进行了登船检查，查实了违规的事实。但是，由于事先并没有料到头一天就能测到高硫油船舶，准备不充分。执法人员登船检查时，时间已经过去数小时。虽然实测燃油硫含量超过 0.5%，但是只超过很小数值，且硫含量值低于该船的重油硫含量值，怀疑该船在被勒令停靠锚地时已经着手换油。抽取油样时，该船处于换油末期。执法人员特意抽取了重油油舱中的油样，送检化验结果为 2.82%，与遥测结果相符（图 5-23）。

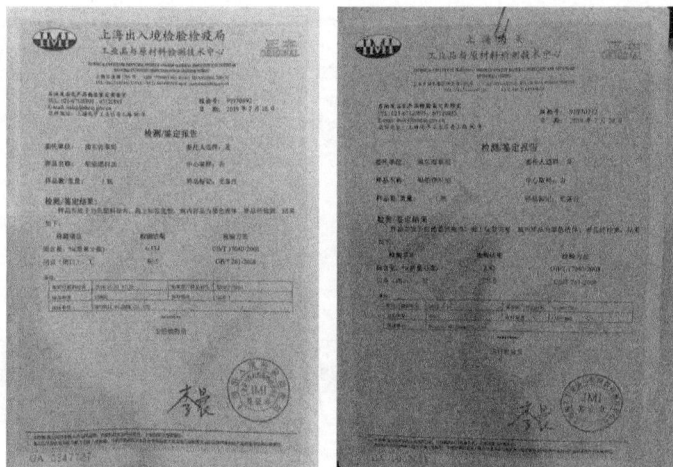

图 5-23 现场跟踪监测 LADY××以及在用油和重油舱油样化验结果

3. 7 月 16 日

7 月 16 日，移动监测时间为 10 时、14 时，期间其他团队的无人机飞行 1 个架次（第 2 次起飞时无人机出故障，巡逻船回码头放下无人机团队，共耗时约 0.5h），真正有效移动监测时间约 1.5h。共计监测到船舶 13 艘次，其中巡逻船自身 5 次，其他船舶 8 艘次，均不超标。本次监测不包括 15 时后测得的巡逻船自身 1 次，15 时后测得时巡逻船正处于靠泊状态。

7 月 16 日有效监测时间较短，主要是因为执行了一次额外任务，即送两位执法人员至锚地登上昨日扣留的违规船舶 LADY××，往返耗费时间较长（图 5-24）。

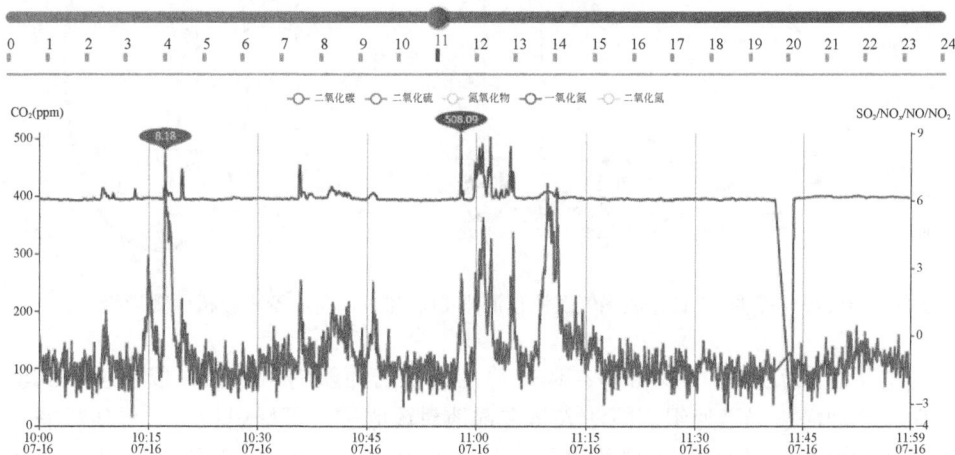

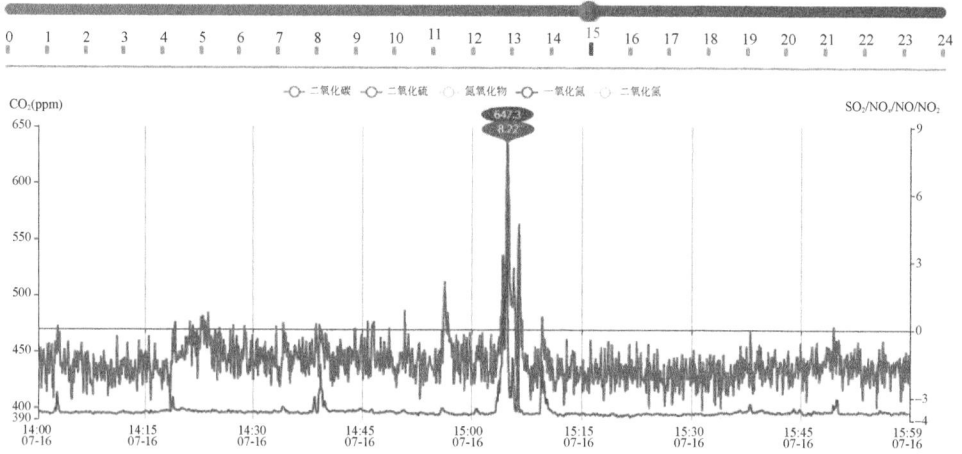

图 5-24　7 月 16 日船舶尾气遥测仪测得 CO_2 和 SO_2 曲线

4.7 月 17 日

7 月 17 日，移动监测时间为 10 时、11 时，期间无人机起飞后发现故障（整日无飞行），真正有效移动监测时间约 2h。共计监测到船舶 11 艘次，其中超标船舶 3 艘，巡逻船自身 4 次。超标船舶汇总，最严重的是 JUN×× （图 5-25）。

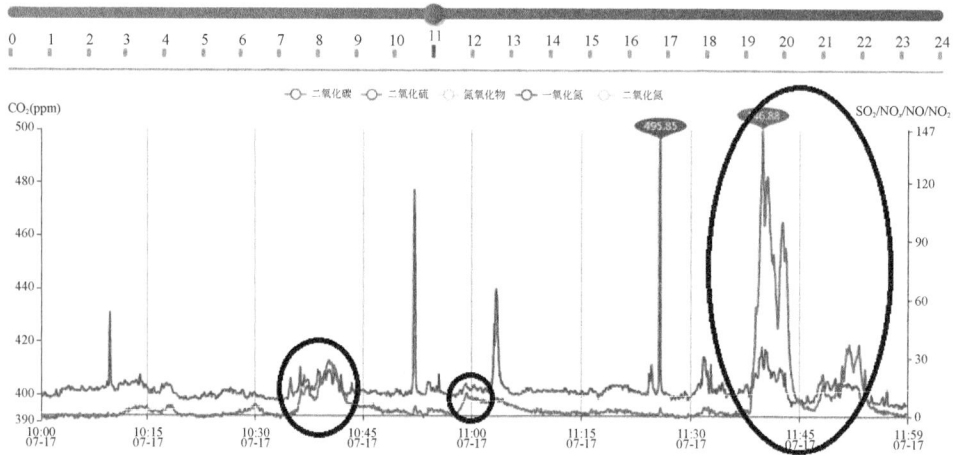

图 5-25　7 月 17 日船舶尾气遥测仪测得 CO_2 和 SO_2 曲线及 3 艘超标嫌疑船

由于有了 7 月 15 日的经验，巡逻船上有 2 名随船的执法人员以及便携式测硫仪，当地海事局迅速组织执法人员在锚地对该船进行了登船检查，登船检查仅滞后了约 0.5h，查实了违规的事实，且快检结果（2.0%）和实验室化验结果

（2.4%）与船舶尾气遥测仪测得结果（2.2%）十分接近，充分验证了船舶尾气遥测仪的可靠性（图 5-26）。

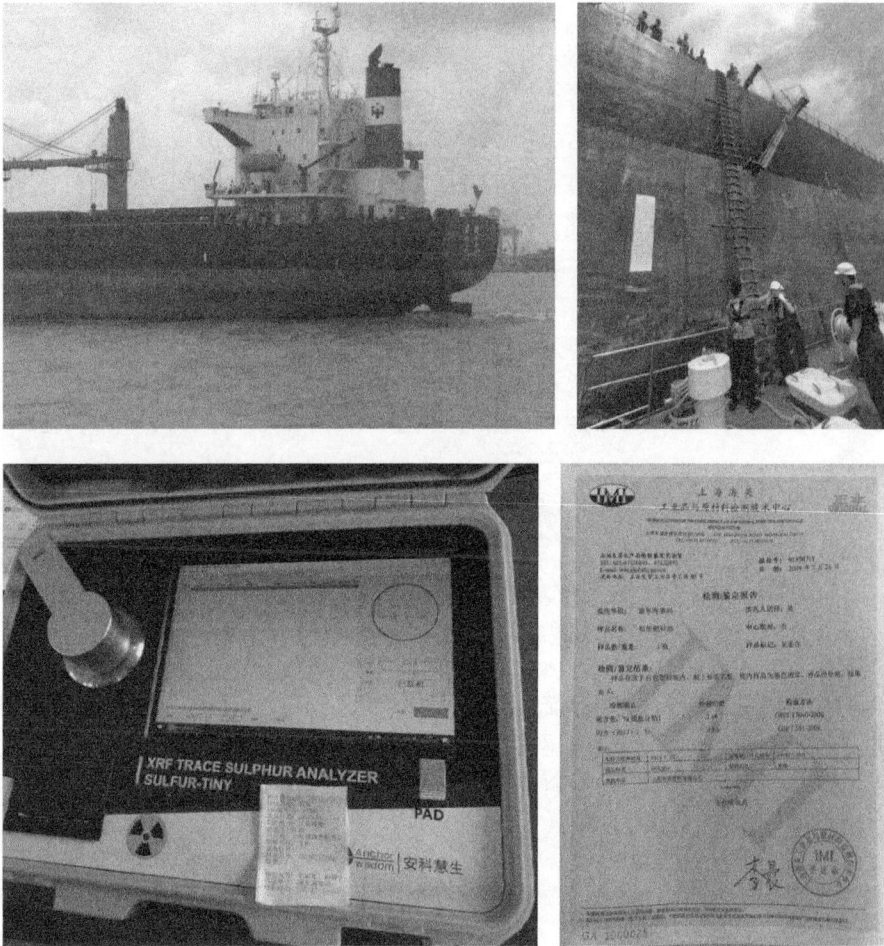

图 5-26 超标高硫油船舶 JUN××、登船检查和油样
快捡及实验室化验结果

5. 7 月 19 日

7 月 19 日，北风。上午，巡逻船停靠在距离航道约 1 海里的码头上自动监测过往船舶的尾气，但是未识别到高硫油船舶（图 5-27）。监测过程中发现，由于距离航道较远，只有吨位较大的船舶的尾气才能够扩散至码头且尾气信号较弱（CO_2 浓度上升不足 3ppm）。当船舶使用重油时，船舶尾气遥测仪能够监测到 SO_2 浓度波峰；当船舶使用柴油时，则 SO_2 浓度波峰不存在。说明，在该距离条

件下，船舶尾气遥测仪可以在码头上作为固定监测站使用，但是只能针对吨位较大的使用重油的船舶，才能保证监测结果具备一定的信噪比和硫含量估测精度（图 5-28）。

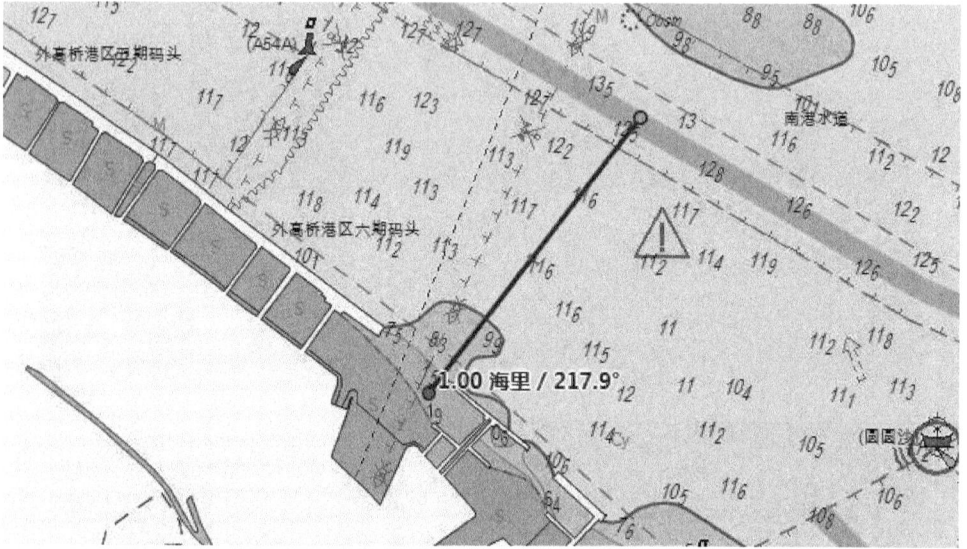

图 5-27　巡逻船码头与航道之间的距离约 1 海里

　　下午，巡逻船接到任务去锚地巡逻，由于风向为北风，船舶尾气遥测仪可以随机监测上风向的过往船舶的尾气。监测结果表明，即便巡逻船执行日常任务，安装在巡逻船上的船舶尾气遥测仪依然能够随机监测到周边船舶的尾气，在不进行船舶尾气监测的情况下，依然发挥监管效益（图 5-29）。

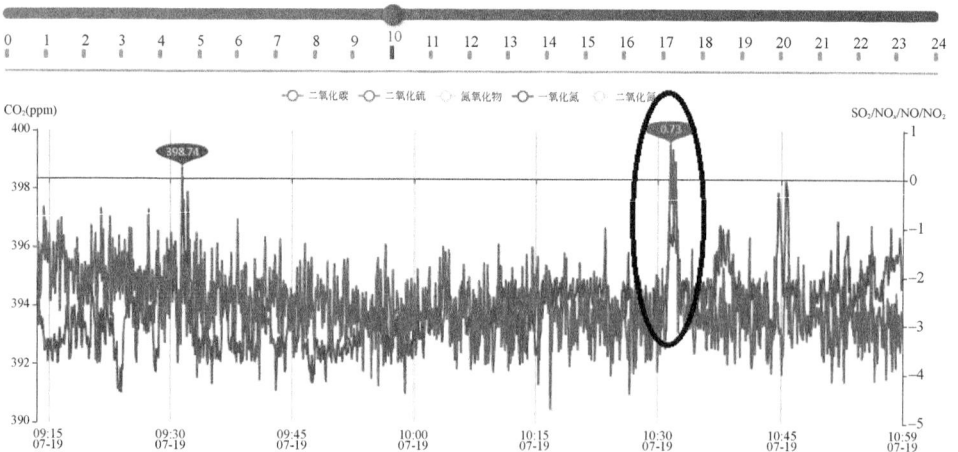

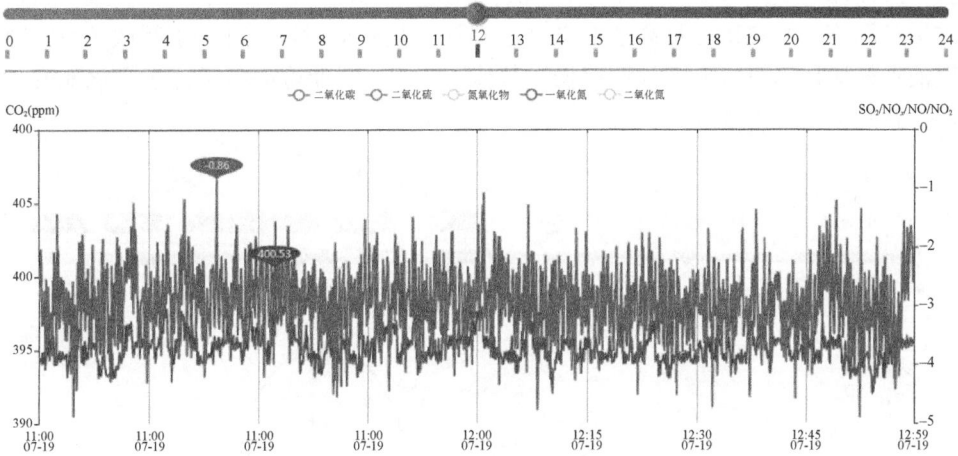

图 5-28　7 月 19 日上午北风条件下船舶尾气遥测仪在距离
航道 1 海里的码头上测得的 CO_2 和 SO_2 曲线

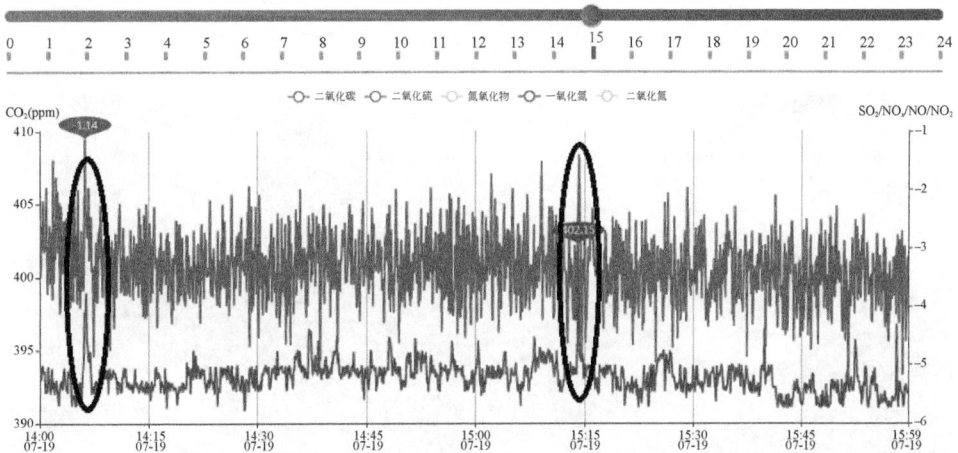

图 5-29　7 月 19 日下午北风条件下船舶尾气遥测仪在巡逻船执行任务过程中
随机监测到上风向过往船舶的尾气

7 月 19 日，总计测得船舶共 13 艘次，其中包括巡逻船自身 1 次。

5.3.3　洋山港海巡艇专项行动

2019 年 8 月 20~23 日，依托船只海巡 011，在洋山港东侧的警戒区水域遥测监管进出和途径洋山深水港的船舶。为期 4 天的专项行动共计监测船舶 35 艘次，燃油硫含量超过 0.5% 的共 2 艘次，针对 "金××" 轮开展了登船检查。检测结果显示该轮燃油硫含量高达 1.77%。执法人员立即对该轮开展了行政调查，将燃油油样送往第三方专业检测机构进行检测鉴定，专业检测结果证实了该船燃用油含量超标（图 5-30）。

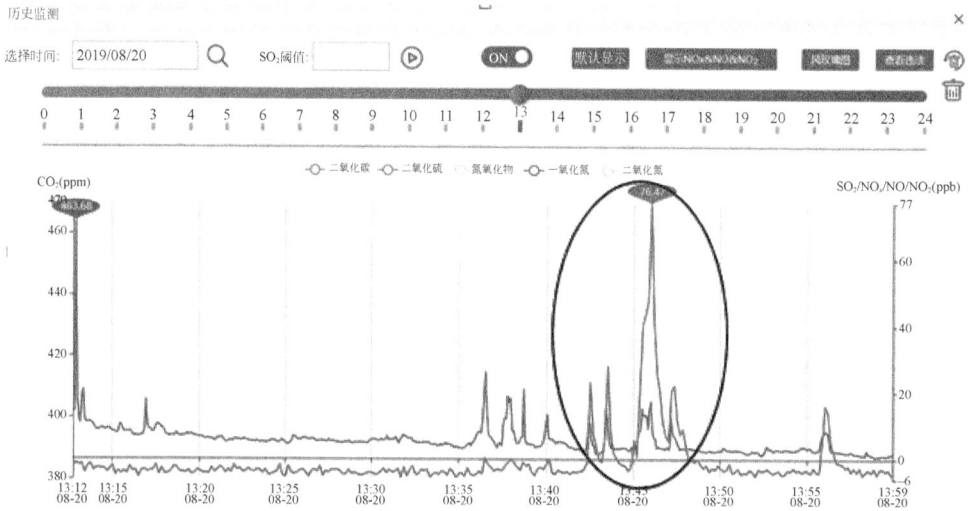

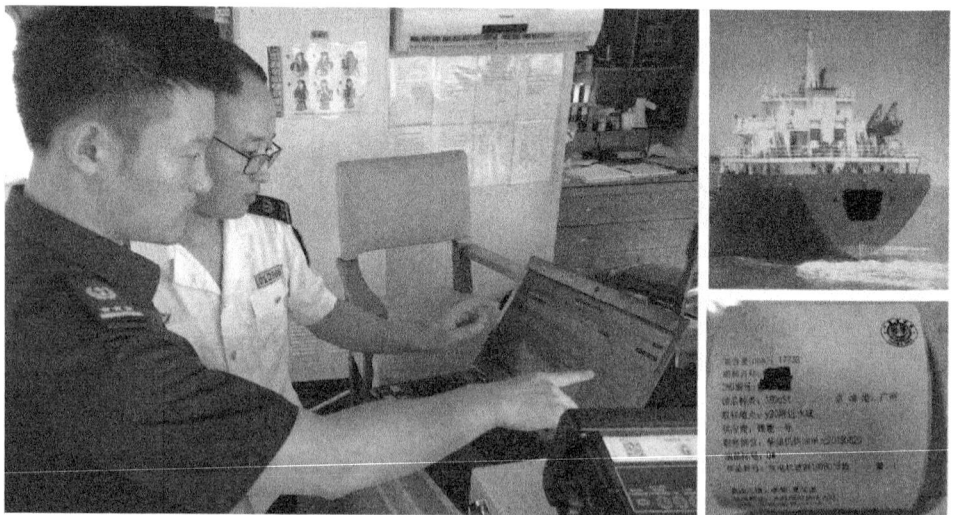

图 5-30　查获的超标高硫油船舶的现场工作照和快检结果

5.3.4　吴淞海巡艇专项行动

2019 年 12 月 27 日 ~ 2020 年 1 月 6 日，依托船只海巡 0103，在长江口北槽航道和圆圆沙三角区遥测监管北槽航道的进出口船舶，行动周期不定，直至查获违规高硫油船舶。1 月 6 日 13：00，在圆圆沙三角区锚泊时，船舶尾气遥测仪监测到高浓度 SO_2 尾气，经过数据分析，燃油硫含量高达 3.61%。值班人员立即通过监测系统记录的船舶 AIS 轨迹和风速风向数据，排查经过上风向的嫌疑船舶，锁定"闽××轮"并迅速通知对方前往吴淞口锚地锚泊待检。14：30，执法人员登船取样并用快检仪测得燃油硫含量为 3.65%。1 月 8 日，第三方检测机构报告油样硫含量结果为 3.41%，与遥测结果和快检结果基本相符。该案例为 2020 年全球"限硫令"下的首起在航船舶违规案件（图 5-31）。

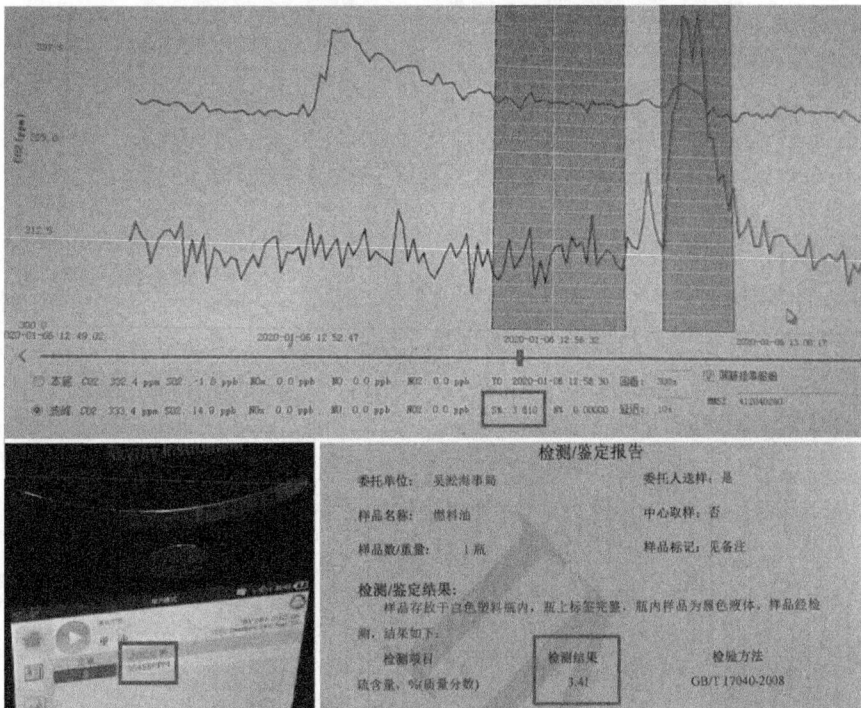

图 5-31　查获的超标高硫油船舶的尾气遥测、快检和实验室结果

5.3.5　宝山海巡艇专项行动

上海宝山长江水域是长江 12.5m 深水航道的必经咽喉要道。辖区内船舶密集，船舶尾气遥测效率较高，是比较理想的实施船舶排放控制区监管的场所（图 5-32）。

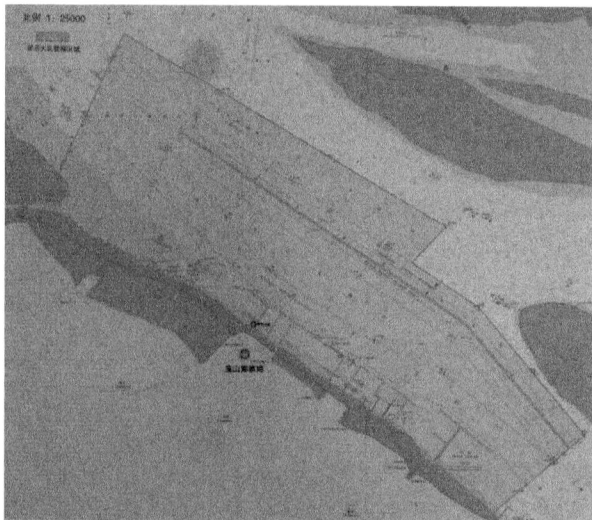

图 5-32　宝山海巡艇专项行动的巡查范围

　　船舶尾气遥测仪安放在海巡艇 01066 驾驶舱内现有的木柜下部。由于驾驶舱本身就是一个良好的防护措施,设备去掉了防护机壳,以减少体积。由于设备不需要再做防晒处理,设备去掉了自带空调,避免空调排放热气对驾驶舱工作环境的影响。为了解决设备散热问题,设备加大了风机,加强了设备与外界的气流循环,达到自然降温的目的。设备安装时恰逢海巡艇入厂维修,因此进气管路和驾驶舱内开孔均由维修厂实施。进气管沿桅杆上延约 3m,进气口距离水面约 10m 左右。

　　专项行动时间为 8 月 31 日 ~9 月 16 日共 14 天 (其中 3 天由于各种原因未开展作业),海巡艇 01066 每天巡航时间约 2 ~4h。每天上午 10 时后离开码头,在附近水域选择目标并开展移动监测,每天下午约 4 时后回到码头。

　　期间共测得 156 艘次 (其中巡逻船自身 31 次),海船 33 艘次,内河船 122 艘次。监测时长为 14 天 (20h),平均每 10min 监测 1 艘。其中,9 月 16 日上午 10:22,测到金成×× 船舶燃油硫含量明显超标,SO_2 波峰明显超过 CO_2 波峰 (图 5-33)。

　　海巡艇上的执法人员立即勒令该船舶开到锚地进行停泊,便于登船取样。但是,该船不听从指挥,拒绝抛锚停船,擅自将船开出辖区,逃至江苏的目的地港——南通港。目的地港海事部门对该涉嫌超标船舶进行协查处理,油样化验结果显示该船燃油硫含量为 1%,严重超过 0.5% 的限值(图 5-34)。

图 5-33　监测金成××船舶时的现场照片及 SO_2 和 CO_2 浓度曲线

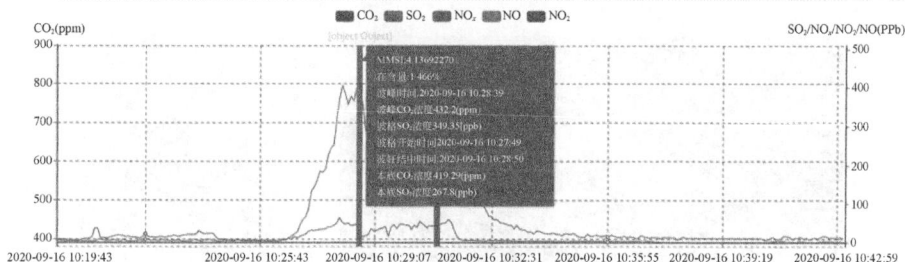

图 5-34　金成××船舶的协查手续和油样抽检结果

5.4　机 载 案 例

5.4.1　东海救直升机专项行动

12 月 12 日，东海救助局的直升机载着研究人员和船舶尾气遥测装备，到预定测试水域——"鸡骨礁"附近，选取监测目标船舶、直升机低空慢速盘旋、接近目标船舶烟羽区域、打开直升机舱门、将气体抽吸管伸出舱门、实施尾气监测。在两个多小时的飞行中，先后对 3 艘船舶实施了尾气监测，成功取得尾气监测数据，通过尾气中硫碳比推算出 3 艘船舶使用燃油硫含量在 0.02% ~ 0.48%。

此次监测案例，虽然没有查获违规案件，但是证实了机载平台的可行性，解决了中远海水域监管的有无问题（图 5-35）。

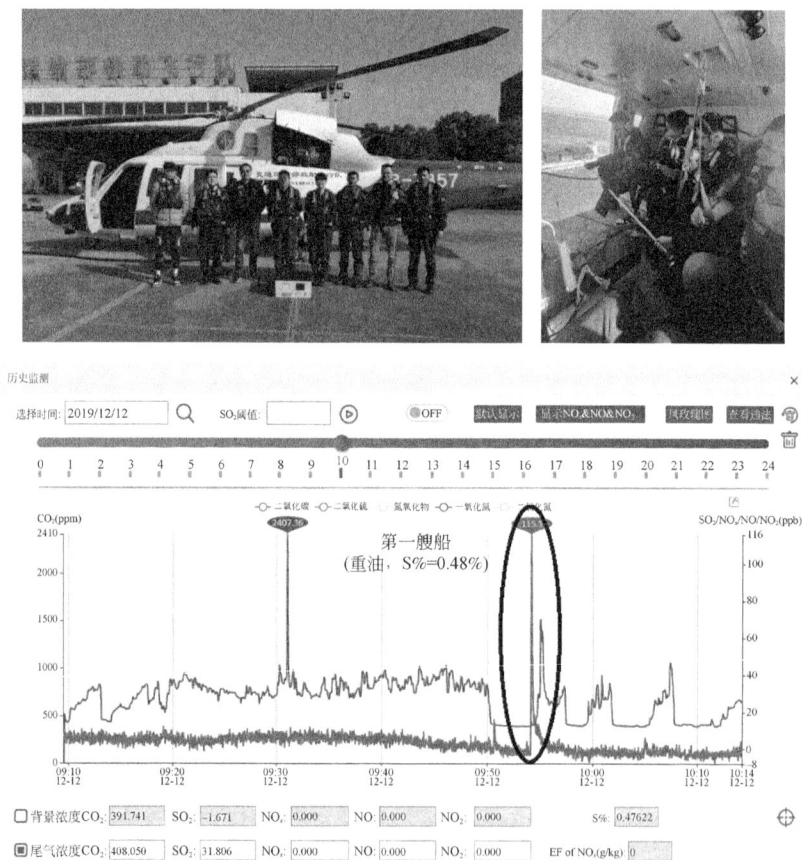

图 5-35　机载平台及机上遥测结果示例

5.4.2 无人机载船舶尾气智能监视监测技术测硫应用案例

5.4.2.1 上海案例

1. 总体情况介绍

根据上海水域特点、港区条件及船舶活动水平情况，综合考虑场地、限飞区域、风向风速等气象条件，拟优先选择在宝山南航道、吴淞江口、长兴岛、黄浦江江口、闵行水域等地（共5处），其次监测浦东、黄浦、金山、洋山港等地水域（共4处），开展船舶尾气无人机监测任务。

项目组前往现场实地调研，综合考虑各辖区特点、风速、地理位置等因素。实际监测位置选择在长江流域船舶航行的重要卡口浦东五好沟码头、宝山邮轮母港码头，长江船舶航行的重要分支流域崇明横沙趸船，以及黄浦江流域的核心江段杨浦殷行趸船和黄浦的龙华趸船。

2. 遥测位置

浦东测试地点：浦东五好沟海巡执法大队附近码头，区域开阔，且此处距离上行航道约为1.8km，距下行航道船舶约为0.9km，符合船舶尾气无人机遥测的要求。尾气遥测技术人员可以在码头前沿起飞，同时遥测上下行航道的在航船舶。另外该遥测点位附近存在充电桩，非常便于无人机电池、遥控器以及传感器电池的充电，有利于无人机长时间的尾气遥测（图5-36）。

图 5-36　浦东船舶尾气遥测无人机起飞地点示意图

　　注意码头前沿有许多金属存在，磁场较强，导致无人机指南针异常，且飞行前需提前关闭无人机下视传感系统。

　　宝山测试地点：上海吴淞口国际邮轮港码头，码头前沿区域开阔，无建筑物遮挡，船舶流量十分充足，且此处距离上行航道约为 1.5km，距下行航道船舶约为 0.7km，十分符合船舶尾气无人机遥测的要求。尾气遥测技术人员可以在码头前沿起飞，同时测量去往宝山和吴淞辖区的船舶。注意码头前沿有许多金属，磁场较强，导致无人机指南针异常，注意飞行前校准无人机（图 5-37）。

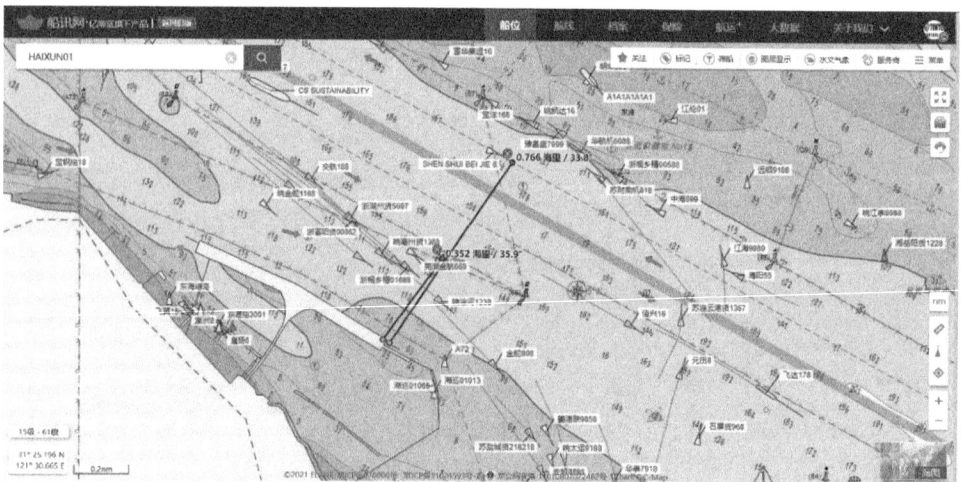

图 5-37　宝山船舶尾气遥测无人机起飞地点示意图

　　崇明测试地点：长兴岛横沙通道海巡执法大队趸船，该位置区域开阔，且起飞位置距离上行航道约为 0.5km，距下行航道船舶约为 0.7km，十分符合无人机遥测要求。且在趸船上非常有利于无人机电池、遥控器和传感器电池的充电。但是由于该处水域面积大且分散，无船舶航行主航道，在航船舶数量较少。

　　注意趸船甲板上有许多金属存在，磁场较强，导致无人机指南针异常，所以选择飞行前注意校准遥控器（图 5-38）。

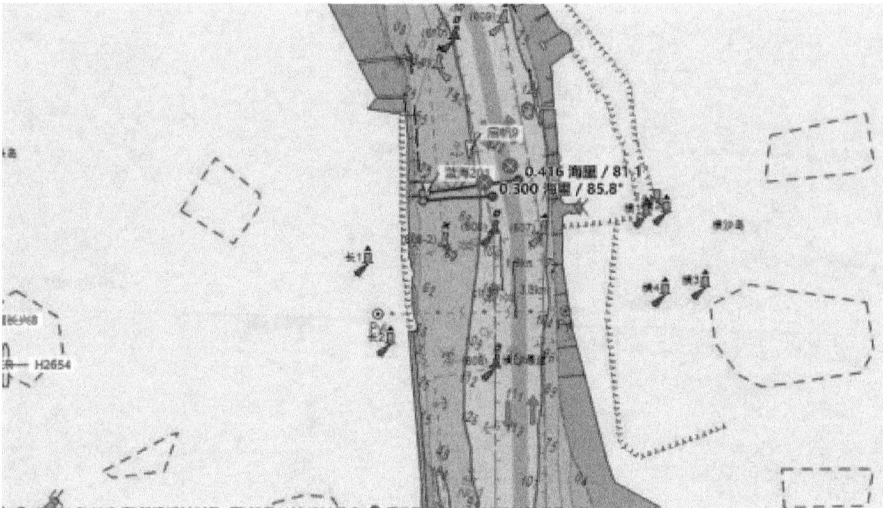

图 5-38　崇明船舶尾气遥测无人机起飞地点示意图

　　杨浦测试地点：杨浦殷行趸船，无人机飞手在趸船附近起飞，此处距离黄浦江上行航道约为 0.2km，距下行航道船舶约为 0.4km，十分符合无人机遥测要求，且在趸船上非常有便于无人机电池、遥控器和传感器电池的充电（图 5-39）。

图 5-39　杨浦船舶尾气遥测无人机起飞地点示意图

　　黄浦测试地点：黄浦龙行趸船，无人机飞手在趸船顶起飞，此处距离黄浦江上行航道约为 0.15km，距下行航道船舶约为 0.3km，十分符合无人机遥测要求，且在趸船上便于无人机电池、遥控器和传感器电池的充电（图 5-40）。

图 5-40 黄浦船舶尾气遥测无人机起飞地点示意图

3. 遥测结果

船舶尾气遥测无人机监测时间：2021 年 7 月 30 日~8 月 27 日、9 月 18~28 日，约计遥测天数为 30 天，遥测地点分别选在浦东五好沟码头、宝山邮轮港码头、崇明长兴岛横沙趸船、杨浦殷行趸船和黄浦龙华趸船。

遥测周期：2021 年 8~9 月，共 2 个月，遥测总体情况信息如表 5-1 所示，共监测船舶 679 艘次，涉嫌超标船舶 13 艘次，海事执法查实 8 艘次，其中未查实船舶的原因是防疫管控要求或已出辖区。

表 5-1 遥测总体情况信息

序号	遥测地点	起降位置	遥测距离	遥测船舶	超标船舶	查实船舶
1	五好沟码头	岸基起降	上行：1.8km 下行：0.9km	99	3	2
2	邮轮港码头	岸基起降	上行：1.5km 下行：0.7km	203	4	4
3	横沙趸船	岸基或 艇载起降	上行：0.5km 下行：0.7km	17	1	0
4	殷行趸船	岸基起降	上行：0.2km 下行：0.4km	110	2	1
5	龙华趸船	岸基起降	上行：0.2km 下行：0.3km	250	3	1
总计				679	13	8

浦东遥测结果：监测时间为 8 月 2、5~6 日共 3 天，船舶尾气遥测无人机操作人员每天遥测约 6~8h。每天上午 9 时后到达码头前沿，在码头前沿对应的辖区内选择船舶目标并开展无人机移动监测，每天下午约 18 时离开码头。在五好沟码头和集装箱码头监测位置共测试 99 艘船舶，硫含量疑似超标船舶 3 艘，其中证实超标 2 艘。

宝山遥测结果：监测时间为 8 月 9~14 日共 6 天，船舶尾气遥测无人机操作人员每天遥测约 6~8h。每天上午 9 时后到达码头前沿，在码头前沿对应的辖区内选择船舶目标并开展无人机移动监测，每天下午约 18 时离开码头。

宝山国际邮轮港码头共测试 203 艘船舶，硫含量疑似超标船舶 4 艘，其中证实超标 4 艘。

崇明遥测结果：监测时间为 8 月 16~20 日共 5 天，船舶尾气遥测无人机操作人员每天遥测约 6h。每天上午 9 时后到达趸船前沿，在趸船甲板前沿对应的辖区内选择船舶目标并开展无人机移动监测，每天下午约 16 时离开码头。

长兴岛横沙通道共测试 17 艘船舶，硫含量疑似超标船舶 1 艘。由于崇明辖区面积大且分散，无船舶航行主航道，船舶数量较少，其中 2 天跟随海巡艇出海进行"找船"测试，监测效率低；另外三天选择在横沙通道趸船处遥测，但由于在航船舶数量较少，所以监测船舶数量较少。

杨浦遥测结果：监测时间为 8 月 23~26 日共 4 天，船舶尾气遥测无人机操作人员每天遥测约 6~8h。每天上午 8 时后到达杨浦殷行趸船前沿，在趸船前沿对应的辖区内选择船舶目标并开展无人机移动监测，每天下午约 18 时离开码头。

杨浦殷行趸船处共测试 110 艘船舶，硫含量疑似超标船舶 2 艘，其中证实超标 1 艘。

黄浦遥测结果：监测时间为 9 月 18~29 日共 10 天，无人机操作人员每天遥测约 8h。每天上午 9 时后到达龙华趸船，在趸船前沿对应的辖区内选择船舶目标并开展无人机移动监测，每天下午约 18 时离开。

在龙华趸船监测位置共测试 250 艘船舶，硫含量疑似超标船舶 3 艘，其中 2 艘疑似超标船舶均来自福建，由于疫情防控，无法登船取证，查实 1 艘。

4. 不同船长遥测结果分析

监测船舶共 679 艘次，所有被测船舶的船舶长度分为 8 个区间，80~120m、120~160m、160~200m、200~240m、240~280m、280~320m、320~360m、360~400m。其中，80~120m 船舶占比最高，达到 51%（图 5-41）。

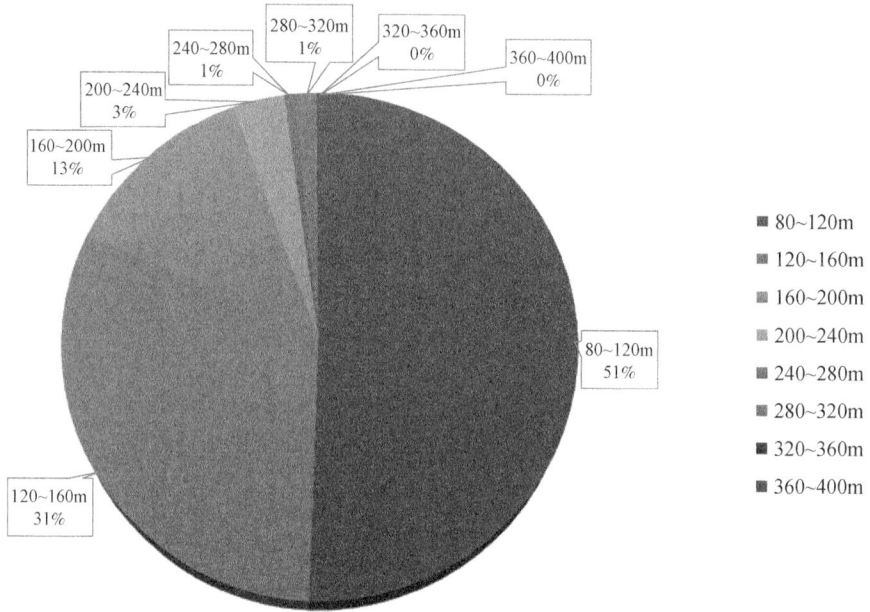

图 5-41　监测船舶的船长分布图

如图 5-42 和图 5-43 所示，超标船舶主要分布在船长 80 ~ 120m、120 ~ 160m 这两个区间内。其中，80 ~ 120m 船长范围的船舶超标比例为 1.7%，120 ~ 160m 船长范围的船舶超标比例为 3.3%。

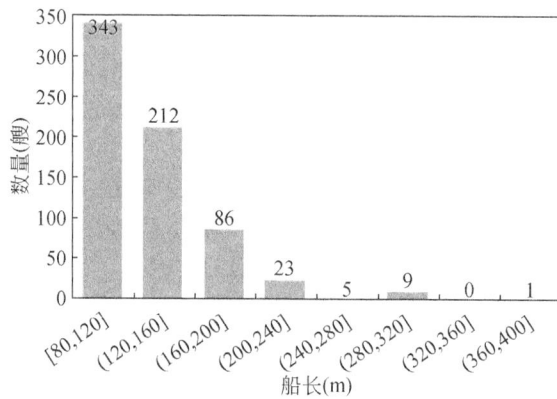

图 5-42　不同船长数量分布图

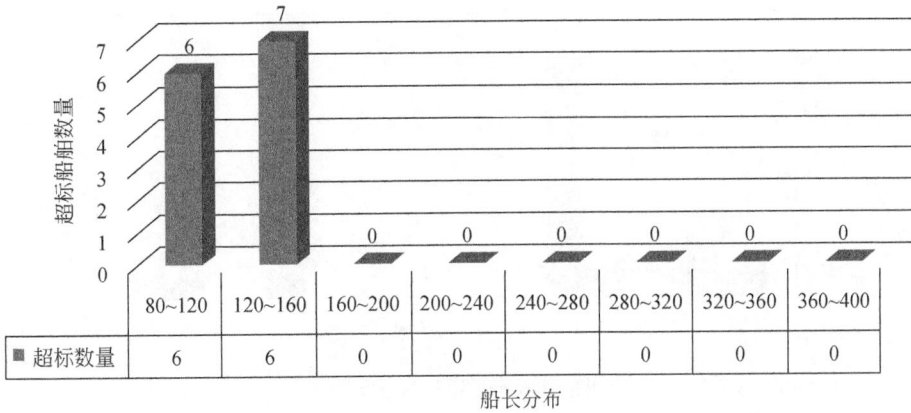

图 5-43　超标船舶的船长分布图

5. 不同国籍遥测结果分析

监测到的 679 艘船舶中，中国船舶为 582 艘，占比 85.7%，其余为外籍船舶（图 5-44）。

582 艘中国船舶中含硫及不含硫船舶艘次如图 5-45 所示。在 5 个被测地点监测的 582 艘大陆船舶中，位于黄埔港的最多，共计 237 艘，占所有大陆船舶的 40.7%。

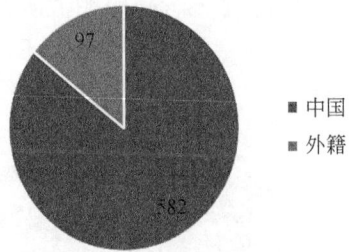

图 5-44　被测船舶国籍分布图

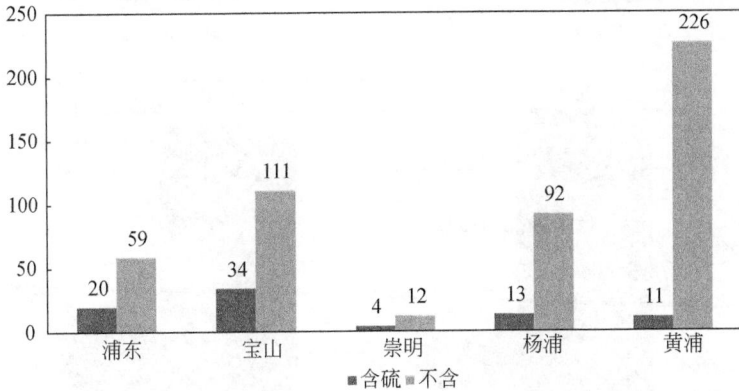

图 5-45　中国船舶分布图

97 艘外籍船舶中含硫及不含硫船舶艘次如图 5-46 所示。与中国船舶不同的是，监测到的 97 艘外籍船舶中，位于宝山港的最多，共计 58 艘，占所有外籍船舶的 59.8%。

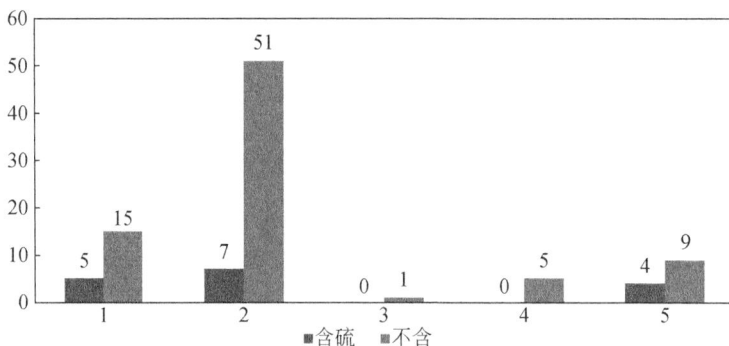

图 5-46　外籍船舶分布图

　　监测到的 679 艘船舶中，中国船舶及外籍船舶含硫占比如图 5-47 所示，其中，中国船舶不含硫船舶占所有监测的大陆船舶 86%。外籍船舶中不含硫船舶占比为 84%，可见大部分为不含硫船舶。

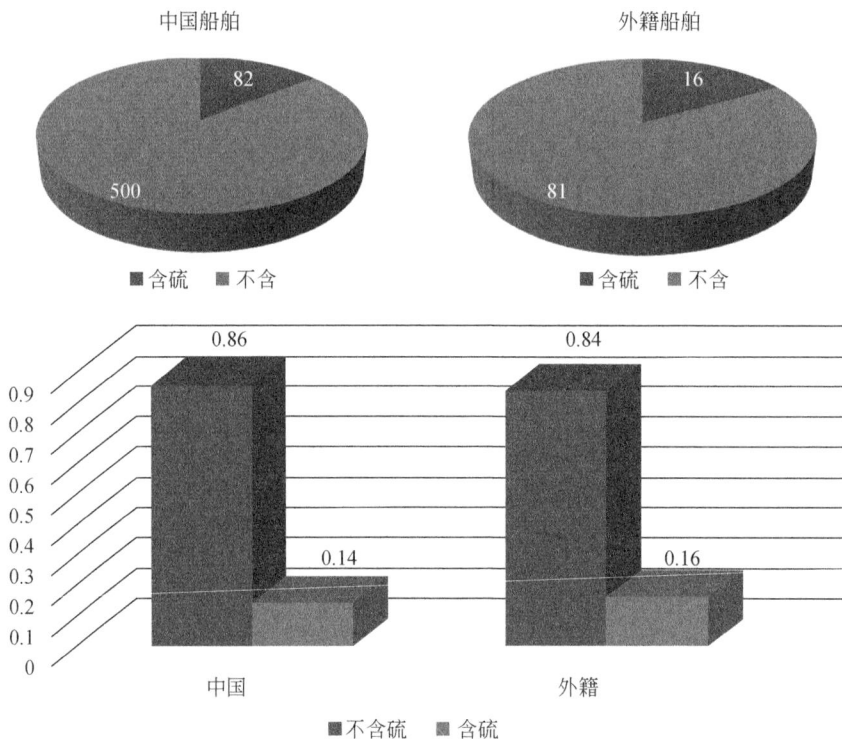

图 5-47　被测船舶含硫占比图

6. 不同流域监测结果分析

监测船舶分别来自于长江流域和黄浦江流域，其中长江流域 319 艘，占所有被测船舶的 47%。黄浦江流域 360 艘，占所有被测船舶的 53%。长江流域中不含硫船舶占比 78%，黄浦江流域中不含硫船舶占比为 92%（图 5-48）。

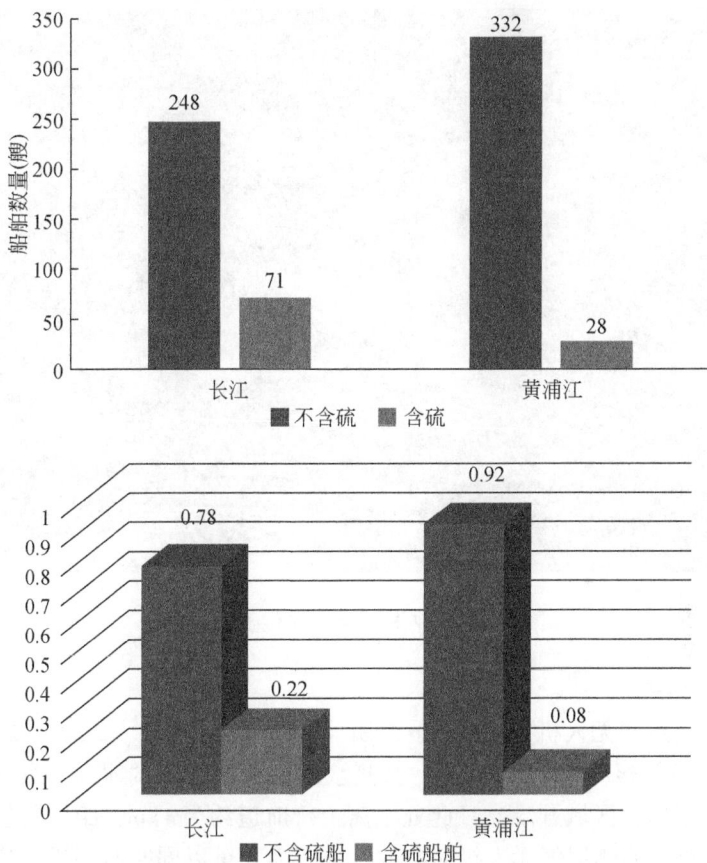

图 5-48　不同流域船舶含硫占比图

5.4.2.2　广东案例

1. 总体介绍

根据东莞水域的特点、港区条件及船舶活动水平情况，综合考虑场地、限飞区域及风向风速等气象条件，拟优先选择在沙田水域，开展船舶尾气无人机监测作业。

综合考虑各辖区特点、风速、地理位置等因素。实际监测位置选择在珠江水域船舶航行的重要卡口南沙大桥附近。

2. 遥测选址

测试地点位于南沙大桥下附近岸边，区域开阔，且此处距离上行航道约为1km，距下行航道船舶约为0.6km，符合船舶尾气无人机遥测的要求。尾气遥测技术人员可以在码头前沿起飞，同时遥测上下行航道的在航船舶（图5-49）。

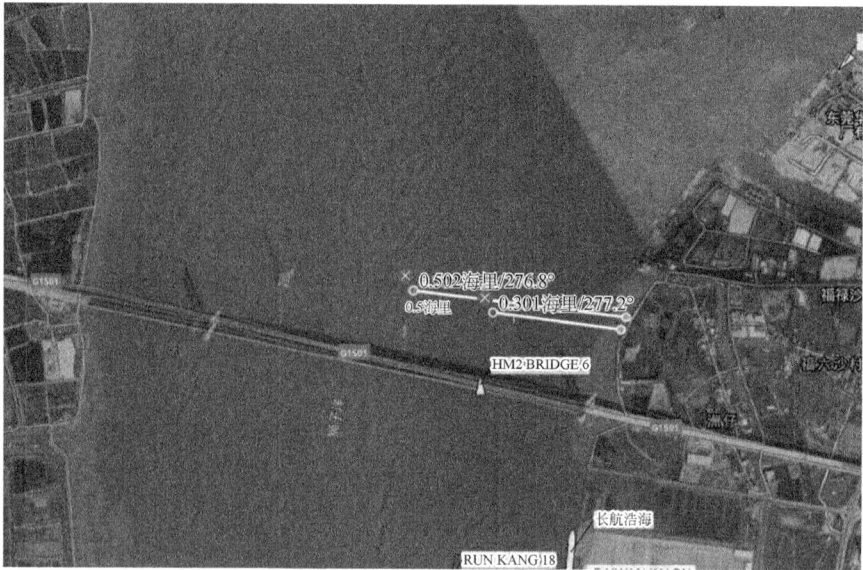

图5-49　无人机实际遥测位置示意图

3. 遥测结果

船舶尾气遥测无人机监测时间：2021年9月14～17日、2022年2月26日～4月15日，约计遥测天数为32天。监测水域：珠江。测试地点：东莞市南沙大桥附近珠江岸边，区域开阔，且此处距离上行航道约为1km，距下行航道船舶约为0.6km，符合船舶尾气无人机遥测的要求，而且可以同时监测进出广州港和东莞港的船舶。尾气遥测技术人员可以在岸边前沿起飞，同时遥测上下行航道的在航船舶。

遥测总体情况信息如表5-2所示，共监测船舶445艘次，涉嫌超标船舶25艘次，海事执法人员登船抽样检测9艘次，执法查实6艘次，其中未查实船舶的原因是防疫管控要求或已出辖区。

表5-2　遥测总体情况信息

序号	遥测地点	起降位置	遥测距离	遥测船舶（艘）	超标船舶（艘）	查实船舶（艘）
1	南沙大桥附近	岸基起降	上行：1km，下行：0.6km	445	25	6

4. 不同船长遥测结果分析

监测船舶共 445 艘次，所有被测船舶的长度分为 9 个区间，80～120m、120～160m、160～200m、200～240m、240～280m、280～320m、320～360m、360～400m。

从图 5-50 可以看出，在所监测船舶中，占比最大的是船长区间为 80～120m 的船舶，第二是 120～160m 的船舶，这两个船长区间的船舶共 304 艘次。

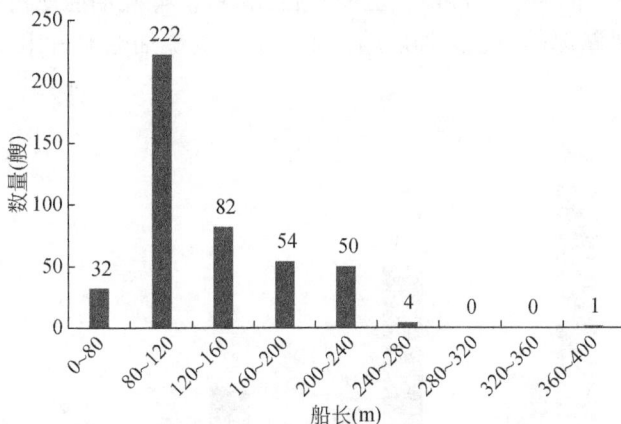

图 5-50　监测船舶船长分布

如图 5-51 所示，监测中发现燃油硫含量涉嫌超标 25 艘船舶，其船长区间分布在 80～120m、120～160m 及 200～240m。而且实验测试发现，燃油硫含量超标船舶多为老旧小的散货船舶，因此可以初步得出珠江辖区内的小海船违规率较高的结论，大多数违规船长约为 80～160m，这为海事未来执法提供了大致方向。

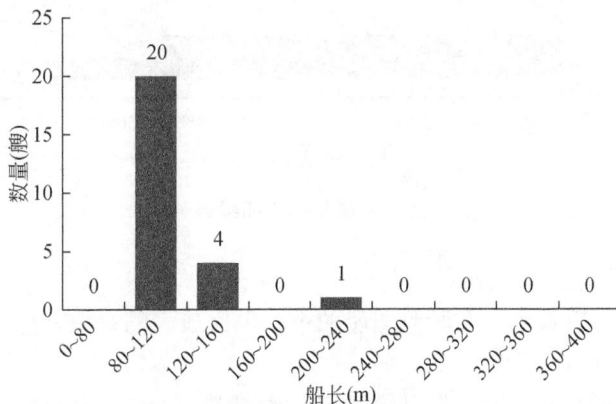

图 5-51　超标船舶船长分布

5. 不同国籍遥测结果分析

监测到的船舶中, 有 346 艘中国船, 占比 77.8%。其余为外籍船舶。其中, 柴油船舶最多, 共计 294 艘。剩余 151 艘均为重油船舶。在 151 艘重油船舶中, 监测到超过 0.5% 控制要求的船舶共 25 艘, 其中中国船舶 23 艘, 外籍船舶 2 艘 (图 5-52)。

从图 5-52 可以看出, 在监测到的所有中国船舶中, 柴油船舶占比 69%, 超过 0.5% 控制要求的船舶 (高硫油船舶) 占比 7%。低硫油船舶占比 24%。而在监测到的所有外籍船舶中, 柴油船舶占比 54%, 高硫油船舶占比 2%, 低硫油船舶占比 43%。

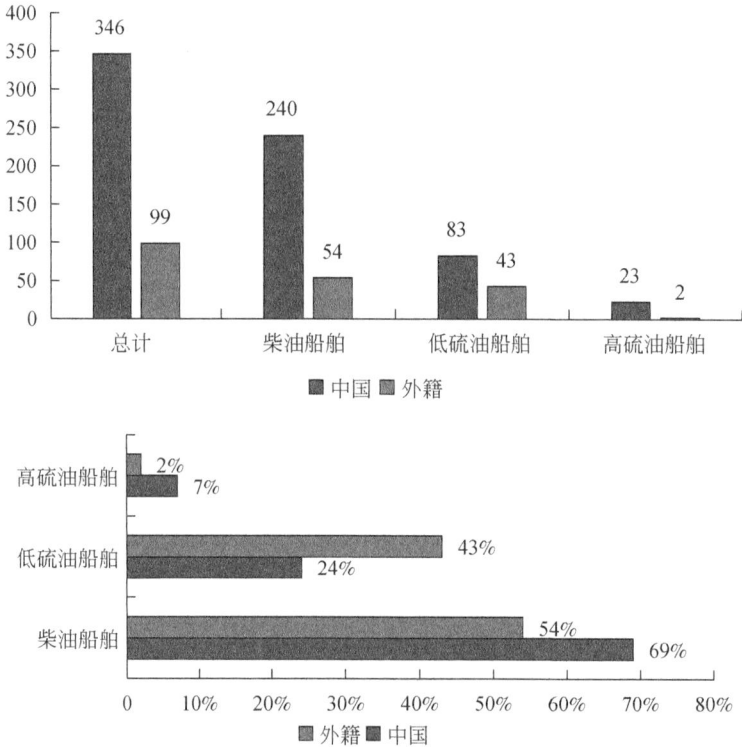

图 5-52 监测船舶不同国籍分布

6. 不同船舶类型监测结果分析

从图 5-53 可以看出, 在所监测船舶中, 占比最大的是散货船, 共 244 艘次, 占总数的 55%。

如图 5-53 所示, 监测中发现燃油硫含量涉嫌超标 25 艘船舶, 其中 20 艘船舶是货船, 4 艘油轮, 1 艘集装箱船。因此可以初步得出珠江辖区内的货船违规率较高的结论。

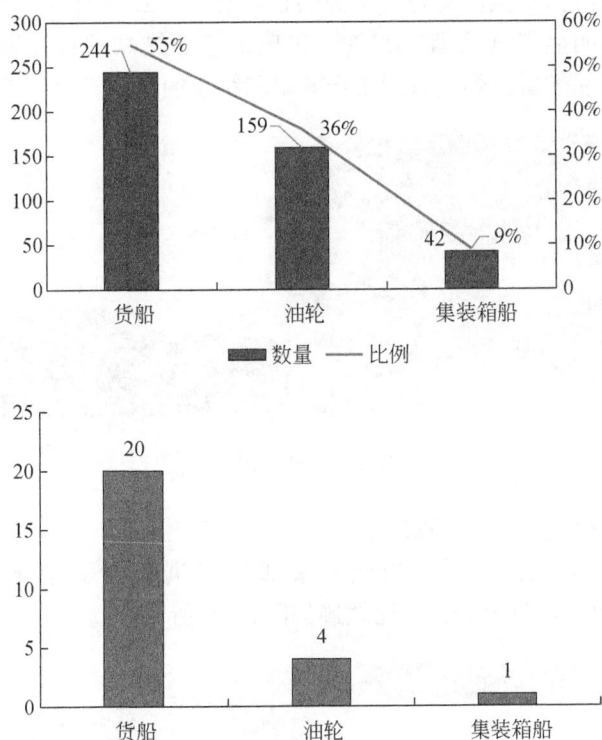

图 5-53　监测船舶不同类型分布

5.4.3　无人机载船舶尾气智能监视监测技术测黑案例

2014 年 10 月 1 日起施行的《上海市大气污染防治条例》明确规定，在上海市行驶的机动船舶不得排放明显可见的黑烟，并授权海事部门进行监管，对排放明显可见黑烟的船舶予以处罚。由于船舶黑烟监管属于国内外执法监管前沿领域，目前尚无判定船舶黑烟黑度的国家或地方标准，因此，上海海事局积极开展了船舶"冒黑烟"监管方法的探索。

然而，传统"林格曼黑度法"应用过程中易受环境光变化、视觉习惯差异、拍摄平台（海巡艇上手持摄像机）抖动等诸多因素影响，在黑度判定准确度上大打折扣，给执法监管带来了一定困惑。随着国家"大气污染防治攻坚战"的深入推进，如何客观和准确地判定船舶黑烟等级、更加规范地开展执法监管，成为摆在上海海事人面前的一道难题。

由作者方提供技术支持，全力开展了船舶冒黑烟监管的深度研究。在充分调研的基础上，作者方采用了基于图像跟踪识别和虚拟比色卡的船舶尾气视频智能测黑技术，为海事监管执法提高效率提供技术支撑。2014 年 10 月至今，已查处了 300 多起船舶明显"冒黑烟"案件，实现了船舶黑烟的自动识别、跟踪、判定，大大提高了船舶冒黑烟监管的工作效率和结果的客观性（图 5-54）。

图 5-54　现场图

1. 查处 ROYAL×× 冒黑烟现象

2021 年 3 月 13 日 18 时，当地海事部门在执行电子巡查任务时，发现 ROYAL×× 排放明显可见黑烟，该船轨迹如图 5-55 所示。

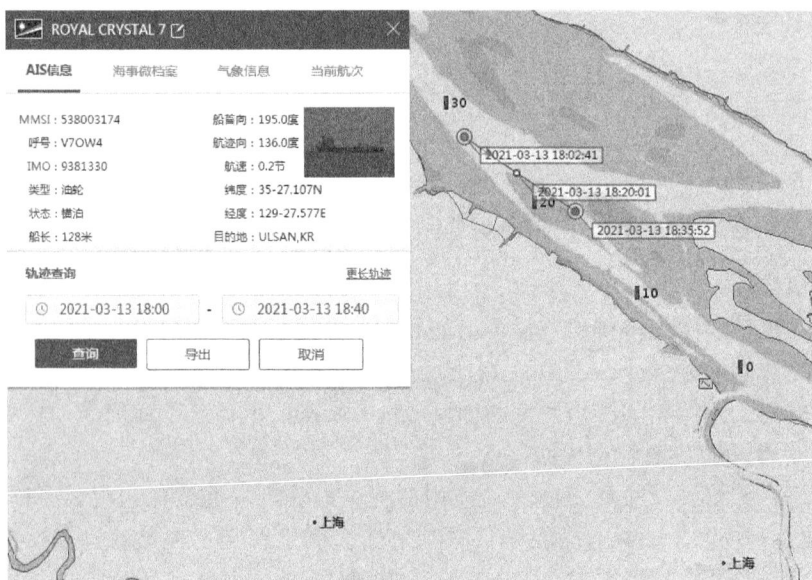

图 5-55　ROYAL×× 被发现排放明显可见黑烟时的轨迹

该时刻光线极其昏暗，虽然经验丰富的执法人员有把握断定该船舶排放黑烟的事实，但是结果主观性较重，易产生纠纷（图 5-56）。

图 5-56 ROYAL××排放明显可见黑烟的视频截图

作者方立即将拍摄视频存档，随后利用船舶黑烟检测软件精准、定量测定该船尾气的林格曼黑度（图 5-57）。

图 5-57 利用船舶黑烟检测技术测定 ROYAL××尾气林格曼黑度

技术人员对视频进行了剪辑，提取了画面聚焦在船舶尾气且拍摄稳定的 4 个时段，分别是 18：15：29 ~ 18：15：36、18：16：07 ~ 18：16：10、18：16：11 ~ 18：16：17、18：16：22 ~ 18：16：42，共计时长约 35s。4 个时段的林格曼黑度检测结果分别是 2.65、3.00、3.45、2.92，平均黑度值为 2.95。最终成功查实该船冒黑烟的违规行为（图 5-58）。

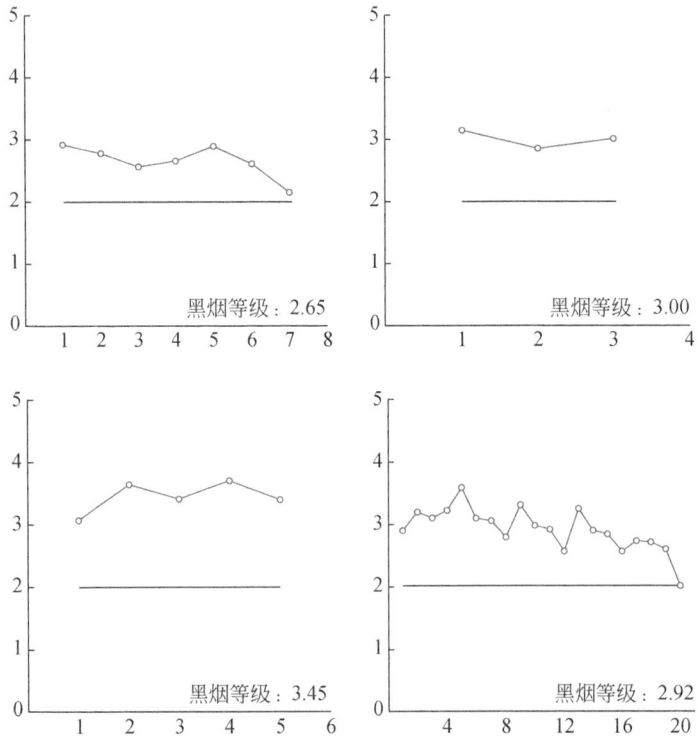

图 5-58　ROYAL××在 4 个时段的尾气林格曼黑度检测结果

2. 查获北仑××、天子××、五好沟等多艘船舶冒黑烟现象

2021 年 8 月间，上海海事局利用智能测黑烟技术又相继查处多艘船舶冒黑烟现象。

首先，技术人员分析了北仑××近 90s 视频，平均黑度值为 2.48。最终成功查实该船冒黑烟的违规行为（图 5-59、图 5-60）。

图 5-59　利用船舶黑烟检测技术解析北仑××尾气林格曼黑度
（左侧为第 30s 视频截图，右侧为第 75s 视频截图）

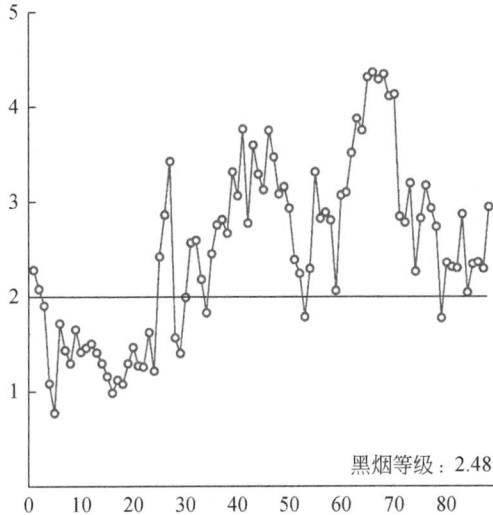

图 5-60　北仑××尾气林格曼黑度检测结果

随后，在无人机巡航过程中，技术人员发现天子××冒黑烟现象十分严重，虽然只拍摄了 15s 视频，但经过技术分析，平均黑度值达到了 3.27。最终成功查实该船冒黑烟的违规行为（图 5-61、图 5-62）。

图 5-61　利用船舶黑烟检测技术解析天子力量尾气林格曼黑度
（左侧为第 3s 视频截图，右侧为第 13s 视频截图）

接着，技术人员分析了 120s 五好沟黑烟视频，平均黑度值达到了 2.41。最终成功查实该船冒黑烟的违规行为（图 5-63、图 5-64）。

综上，利用无人机"快""精""准"的特性，起飞后可以快速锁定目标船舶，并对船舶尾气进行满足分析要求的视频拍摄，保存固定证据，技术人员利用

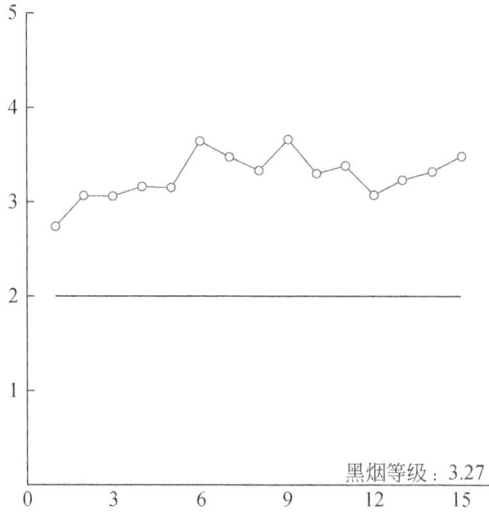

图 5-62　天子××尾气林格曼黑度检测结果

图 5-63　利用船舶黑烟检测技术解析五好沟尾气林格曼黑度
（左侧为第 30s 视频截图，右侧为第 75s 视频截图）

所述的智能测黑技术可以准确识别视频中的船舶尾气并利用算法软件进行黑度级别的自动判定。

　　上海作为全国首个对船舶冒黑烟进行管控的城市，利用此技术已取得良好示范效果，黄浦江中冒黑烟船舶大大减少，引起了行业和公众的不小反响，环境效益显著。

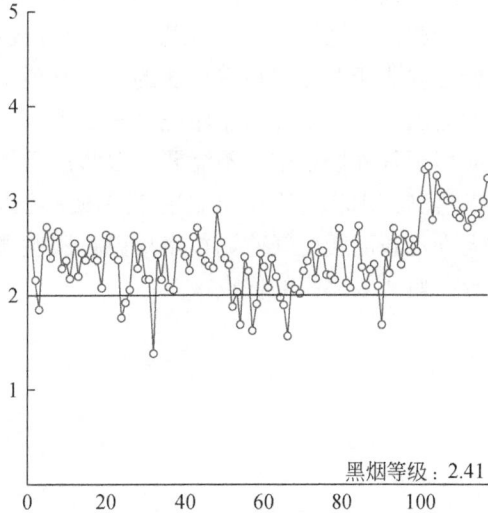

图 5-64　五好沟尾气林格曼黑度检测结果

5.5　小　　结

经过对桥基、岸基、船载、机载这 4 种嗅探法应用平台进行试点，试点期间帮助海事局查获多起在航船舶违规使用高硫油的案件，形成了非常好的宣传效果。掌握了各自的适用条件和优劣势，在产品推广时，有助于海事局因地制宜地编制最优的船舶尾气遥测站点建设方案。具体结论包括：

①岸基平台的特点是在风向合适、距离合适的情况下发挥作用，具有 24h 无人值守连续监测的优势。其选址十分重要，会直接影响站点的有效监测效果，需着重考察常见风向、周边污染或风场干扰因素（建筑或山体）、内河船尾气干扰问题等。

②桥基平台的检出率效果最佳，可在无风天气下发挥作用（尾气向上热力扩散），也可以在有风天气下发挥作用。以南北向跨江大桥苏通大桥为例，在上行航道（东西向）正上方的桥上，可以在无风、东风、西风天气监管上行船舶，只是东风或西风时船舶尾气混杂情况相对严重；另外，可以在南风天气监管下行船舶。相比岸基平台，由于位置较高，桥基平台天然不受小型内河船干扰。

③船载平台可以视为一种更加主动的"岸基平台"，只要驾驶得当，不受风速风向（航行于下风向）和距离（保持有效距离）的影响，具有比较明显的优势，经过试点研究成功查获多起在航船舶违规案件。考虑到船载平台本身的运营成本较高，宜结合海巡艇的日常巡逻任务，顺道开展船舶尾气监测。

④机载平台中，无人机载船舶尾气监测技术具有其他三种应用场景都无法代替的优势：首先，无人机载船舶尾气监测技术既可以将嗅探遥测传感器主动带到被测船的下风向，也能与被测船舶保持在嗅探法的有效监测距离以内，既可以近距离地完成船舶尾气的监测，又可以提高船舶尾气测硫效率。其次，由于无人机特殊的移动性，可以应用于各种场景中，不需要过多考虑天气、风速、风向等影响。无人机载船舶尾气监测技术相比固定船舶尾气遥测站可以完成更多情况下的船舶尾气监测工作。无人机载船舶尾气监测技术可以克服监测效率低、成本高的影响。且具备操作简单、监测效率高的优点。